HAD
jamena
SUDAN
Blauer Nil
Weißer Nil
Addis Abeba
ÄTHIOPIEN
NTRALAFR.
REP.
ui
SOMALIA
Kongo
Kampala
KENIA
Mogadischu
UGANDA
Nairobi
DEM. REP.
KONGO
Lake
Victoria
RUANDA
zaville
nasa
Lake
Tanganyika
Dodoma
TANSANIA
Dar es Salaam
Lake
Nyasa
MALAWI
A
Sambesi
SAMBIA
Lusaka
MOSAMBIK
Antananarivo
Harare
SIMBABWE
A
MADAGASKAR
BOTSWANA
Viktoria-Fälle
Gaborone
Pretoria
Maputo
Oranje
Mbabane
Maseru
SÜDAFRIKA
LESOTHO
Kapstadt

Wolfram Dufner

Safari am Sambesi

Diplomatische Umtriebe in Afrika

SOCIETÄTSVERLAG

Wolfram Dufner, 1926 in Konstanz geboren, studierte Rechts- und Wirtschaftswissenschaften in Zürich, Bern, Cambridge und Freiburg/Br., wo er 1951 bei Prof. Walter Eucken promovierte. Vierzig Jahre im Auswärtigen Dienst führten ihn ab 1952 nach Bern, Helsinki, Ottawa, Stockholm und Ankara. Nach 1977 vertrat er als Botschafter die Bundesrepublik Deutschland in Sambia, Singapur, Malaysia (mit Brunei) und der Schweiz. Der König von Schweden betraute ihn nach der Pensionierung 1991 mit der Leitung der Welt-Pfadfinder-Stiftung in Genf. Heute lebt er in Konstanz.

Wolfram Dufner hat zahlreiche Bücher veröffentlicht, darunter historische Miniaturen „Schwedische Portraits" und eine „Geschichte Schwedens". Im Societäts-Verlag sind in mehreren Auflagen erschienen: Jugenderinnerungen im Dritten Reich „Frühe Wegweisungen", nordische Jahre im Kalten Krieg „Finnische Reise", erlebte Zeitgeschichte als Botschafter in Singapur, Brunei und Malaysia „An der Straße von Malakka" und über seine Freundschaft mit Ernst Jünger und Golo Mann „Tage mit Ernst Jünger".

Satz: Nicole Proba, Societäts-Verlag
Schutzumschlaggestaltung: Jutta Schneider, Frankfurt am Main
Afrikakarte Vorsatz: Sylvia Mohrhardt
Druck und Verarbeitung: freiburger graphische betriebe
Printed in Germany 2008

ISBN 978-3-7973-1109-2

Für Brigitte,
die alles miterlebt und mitgetragen hat

Inhaltsverzeichnis

I. Einleitung

Auch ich hatte ein Haus in Afrika. Es war keine Farm, wie Karen Blixen sie besaß. Es war ein hübscher weißer Bungalow unter dem Blätterdach rotglühender Flamboyant- und blaublühender Jacarandabäume. Zur Gartenseite ging die Terrasse über in eine luftige Pergola, eingehüllt von burgunderroten Bougainvillea. Über dem kleinen Schwimmbecken flirrten die Libellen, und wenn sie über dem plätschernden Brünnlein am Ende des Beckens verweilten, schillerten sie wie Opale.

Das Haus lag im Gartenviertel von Lusaka, der Hauptstadt von Sambia. Es gehörte mir nicht, ich hatte es als Residenz und Dienstsitz des Botschafters zu bewohnen. Für diese angenehme Pflicht zahlte ich Miete, eine von den Botschafterkollegen anderer Länder belächelte Eigenheit der deutschen Bundesverwaltung. Dafür bekam ich einen kompliziert zu berechnenden sogenannten Mietzuschuß, auch dieses eine deutsche Spezialität. Das recht große Grundstück war zu den noch in britischen Kolonialzeiten erbauten Nachbarvillen abgegrenzt durch einen hohen Drahtzaun. Davor standen als Sichtschutz Hecken von roten und weißen fast baumhohen Weihnachtssternen.

Hier haben meine Frau und ich von 1977 bis 1980 gewohnt, bis die Malaria mich vertrieb. Von hier und in der nahegelegenen Botschaftskanzlei habe ich über eine dramatische Epoche des südlichen Afrika nach Bonn berichtet. Jeder Tag brachte neue und aufregende Überraschungen. Hunderte von Gästen haben wir empfangen, Minister und Ordensschwestern, Guerillaführer und Entwicklungshelfer, Diplomaten und die deutsche Kolonie.

Es war die Zeit der großen Utopie, die man noch heute „Entwicklungshilfe" nennt. Der amerikanische Präsident Jimmy Carter sah in der Hilfe zur Entwicklung der armen Länder dieser Erde seine Vision vom Guten und Wahren, von Freiheit und Demokratie. Die Bundesregierung unter Bundeskanzler Helmut Schmidt und Außenminister Hans-Dietrich Genscher hat diese weltpolitische Zielsetzung in ihren nationalen Wertekanon übernommen. Hinzu kam: Afrika war die Herzenssache des Außenministers, hier lag sein besonderes Interesse, weniger in dem wirtschaftlich so viel wichtigeren Asien oder Lateinamerika.

Die meisten afrikanischen Staaten waren in den Sechzigerjahren zur Unabhängigkeit gelangt. Die Dekolonisierung war eine der wesentlichen historischen Leistungen der Kolonialmächte Europas nach dem Zweiten Weltkrieg. Jetzt galt es, den souveränen jungen Ländern den Weg in eine bessere Zukunft zu ebnen. Der Botschafter wurde neben seinen hoheitlichen Aufgaben auch zum ersten Entwicklungshelfer seines Landes.

Als ich 1963 von Stockholm, wo mich als Pressereferent die Berlinfrage und der Bau der Mauer in Atem hielten, in die Zentrale nach Bonn versetzt und dem Grundsatzreferat „Entwicklungspolitik" zugeteilt wurde, fragten wir uns im Kollegenkreis, was denn das nun wieder sei: „Entwicklung". Eine neue Variante unserer Außenpolitik? Die Entwicklung friedlicher internationaler Beziehungen, die auch noch den eigenen staatlichen Interessen dienten, war ohnehin die Aufgabe des Auswärtigen Dienstes. Nun aber gab es eigens gegründete Institutionen und Referate für „Entwicklungshilfe", „Kapitalhilfe", „Technische Hilfe", „Personelle Hilfe", den „Deutschen Entwicklungsdienst" (DED) und vieles mehr. Sogar ein eigenes „Bundesministerium für Entwicklungshilfe" war gegründet worden, um sich des neuen Menschheitsideales anzunehmen. Willy Brandt schlug vor, den Begriff „Entwicklungshilfe" durch „gemeinsame Interessen" (mutual interests) zu ersetzen, was mehr als ein Spiel mit Worten sei.

Hatten wir nicht genug zu tun im Auswärtigen Amt in der Bonner Adenauerallee mit der Europäischen Integration, mit NATO, Außenwirtschaftspolitik und dem Kalten Krieg, dem geteilten Vaterland im Ost-West-Konflikt? Es hätte nahegelegen, und war auch diskutiert worden, allenfalls dem Auswärtigen Amt eine Abteilung VII „Entwicklungspolitik" hinzuzufügen. Aber aus koalitionsbedingten Erwägungen gleich ein neues teures Ministerium?

Es war der Zug der Zeit, in den westlichen Industriestaaten eine Art internationale Sozialhilfe für die „Dritte Welt" ins Leben zu

Auch ich hatte einmal ein Haus in Afrika:
die Residenz des deutschen Botschafters in Lusaka

rufen, anknüpfend an die guten Erfahrungen mit dem Marshallplan nach dem Kriege. Wir dachten zuvörderst an Afrika. Tansania war das erste Land, in das wir die jungen Menschen vom Deutschen Entwicklungsdienst für ein Wohnbauprojekt schickten. Ich reiste 1964 als erster Verhandler für dieses Projekt nach Daressalam. Bis heute ist die Vision eines entwickelten, prosperierenden Afrika nicht aufgegangen. Aber Afrika schlägt auf uns alle zurück.

Als ich mich im Haus der Landesvertretung Baden-Württemberg im September 1977, wie das für ausreisende Botschafter üblich ist, von Freunden und Kollegen mit einem Empfang verabschiedete, wünschte man mir „Viel Glück an der Front" und sagte: „Sie gehen einen schweren Gang, Sambia ist ein Land im Krieg, Lusaka ist ein hardship post".

Sambia, das ehemals britische Nordrhodesien, war ein „Frontstaat" und zusammen mit den in einer „Patriotischen Front" vereinten Staaten Tansania, Mosambik, Botswana und Angola im latenten Kriegszustand mit Rhodesien, Sambias südlichem Nachbarn. Dort hatte 1965 der „weiße Rebell“ Ian Smith die Macht an sich gerissen, ein ehemaliger RAF-Pilot und jetzt ein Condottiere wider den Strom der Zeit. Anstatt freie Wahlen zuzulassen, bäumte er sich gegen alle Dekolonisierungspläne der früheren britischen Kolonialmacht auf und suchte als Ministerpräsident eine sogenannte „interne Lösung“ der Unabhängigkeit, also eine Fortsetzung der Herrschaft der weißen Minderheit, durchzusetzen. In den Frontstaaten waren Regierungen der schwarzen Bevölkerungsmehrheit an die Macht gekommen.

Ungelöst war auch das politische Schicksal der Republik Südafrika und des unter ihrer von den Vereinten Nationen beschlossenen Kontrolle stehenden ehemaligen Deutsch-Südwestafrika. Zwei Kräfte versuchten, Südafrika als Schutzmacht abzulösen und den unabhängigen Staat Namibia zu gründen: eine militärisch organisierte „South West African Peoples Organisation“ (SWAPO) mit Guerillaarmeen, die in Sambia und Angola stationiert waren. Sie hatte ihr Hauptquartier in Lusaka und wollte die Machtübernahme in Windhuk mit Gewalt erzwingen. Und die „Namibia-Initiative“ der fünf westlichen VN-Sicherheitsratsmitglieder USA, Frankreich, Großbritannien, Kanada und Bundesrepublik Deutschland, die aufgrund eines VN-Mandates eine friedliche Übergangslösung durch allgemeine Wahlen unter internationaler Kontrolle anstrebten. Der verlängerte Arm des VN-Sicherheitsrats waren die fünf in Lusaka stationierten Botschafter.

Aus politischem Kalkül, vermutlich auch aus seiner Staatsphilosophie des „sambischen Humanismus“ heraus, hatte der Staatspräsident von Sambia, Kenneth David Kaunda, den „Befreiungsorganisationen“ der SWAPO für Namibia und der „Zimbabwe African Peoples Organisation“ (ZAPU) für Rhodesien-Zimbabwe Gastrecht auf dem Boden seines Landes gewährt. In Lusaka residierten die Guerillaführer der ZAPU Joshua Nkomo und der SWAPO Sam Nujoma, Erzkommunisten beide, mit Geld und Waffen alimentiert sowohl von Moskau als von Peking. Hier sollte ich mit meinen westlichen Botschafterkollegen neben allen bilateralen Beziehungen zu Sambia die Aufgabe lösen, wie man die beiden Staaten im

Süden des afrikanischen Kontinents in die Souveränität entlassen kann. Ein DDR-Botschafter, gesteuert von Ostberlin und Moskau, wirkte auf Lösungen im Sinne der kommunistischen Weltrevolution.

Etwa sechzigtausend Guerillakämpfer und Flüchtlinge aus Rhodesien, darunter etwa dreißigtausend entführte Kinder und Kindersoldaten, belasteten die Versorgung Sambias. Ihre Lager auf sambischem Boden, oft Hunderte von Kilometern jenseits der rhodesischen Grenzen, waren die Ziele rhodesischer Militäraktionen. Die marodierenden Guerillabanden wurden zu einer Stadt- und Landplage, es kam zu unzähligen Gewaltverbrechen und zum Exodus Tausender weißer Farmer und Fachkräfte. Kaunda hatte auf das falsche Pferd gesetzt, als er seinem Jugendfreund, dem pragmatischeren ZAPU-Präsidenten vom rhodesischen Stamm der Matebele Joshua Nkomo und dem Marxisten Sam Nujoma die Grenzen seines Landes öffnete. Sambia stand vor dem wirtschaftlichen Ruin. Zu allem Ungemach kam hinzu: Das Land hat keinen direkten Zugang zum Meer, hat keine Häfen und ist auf Transit für allen Verkehr angewiesen.

Auch im östlichen Nachbarland Mosambik hatte die Dekolonisierung der einstmals portugiesischen Kolonie zur Verarmung weiter Teile der Bevölkerung geführt und zu einer chaotischen Sicherheitslage. Von hier leitete Robert Mugabe, der starr bei der marxistisch-leninistischen Ideologie angesiedelte Präsident der „Zimbabwe African National Union“ (ZANU) mit einer achttausend Kämpfer starken Guerilla-Armee den Grenzkrieg um die Befreiung Rhodesiens. In der von den Frontstaaten erzwungenen Allianz der „Patriotischen Front“ traten schon früh die Gegensätze stärker hervor als die Gemeinsamkeiten. Auch Stammesgegensätze zwischen den Matebele-Ndebele mit Joshua Nkomo und die Gruppe der Shona unter Robert Mugabe wirkten in den beginnenden Machtkampf der Schlüsselfiguren um die Macht in Zimbabwe hinein. Die „Partner“ im Befreiungskampf waren sich selbst die besten Feinde. Somit stand die „Patriotische Front“ nur auf dem Papier. In einem von der weißen Vorherrschaft befreiten Zimbabwe drohte der Bürgerkrieg. Von den Führern der „Patriotischen Front“ ist es schließlich Robert Mugabe 1980 in Zimbabwe und Sam Nujoma 1990 in Namibia gelungen, die ersten Ministerpräsidenten ihrer mit westlicher Hilfe unabhängig gewordenen Staaten zu werden.

Ich freute mich auf Sambia, dieses weite stille Savannen-Hochland im Herzen des südlichen Afrika, in seiner wilden Schwermut faszinierender als etwa Tansania oder Kenia. Und ich sagte mir, nicht jedes Feldgeschrei der dortigen Regierung ist schon für Krieg zu halten. Ich habe den Posten gewollt. Ich hatte das Land vor zehn Jahren kennengelernt. Es machte 1967 mit seiner Hauptstadt Lusaka einen geordneten und freundlichen Eindruck. Und ist nicht jeder erste Posten als Missionschef eine besondere Herausforderung, ein Beweis des Vertrauens des Dienstherrn, das Ziel eines jeden Diplomaten? War man nicht an eine prekäre Sicherheitslage im eigenen Land gewöhnt, an eine schleichende Malaise durch die große Ohnmacht der Regierenden im Kampf gegen die Terroristen der „Rote Armee Fraktion"?

Damals, drei Jahre nach der Unabhängigkeit, leitete ich im Auftrag des General Agreement on Tariffs and Trade (GATT) in Genf einen Lehrgang über internationale Handelspolitik für junge afrikanische Regierungsbeamte. Ich wohnte nicht im Hotel, sondern mit diesen jungen Menschen zusammen im Campus der Universität Lusaka. Es wurde viel diskutiert, geschwatzt, gelacht, ich lernte Afrika von innen kennen. Die Hauptstadt hatte den Charakter einer kolonialen Gartenstadt noch nicht verloren, etwa hunderttausend Europäer waren als Farmer, Geschäftsleute, Ingenieure der Bergbauunternehmen im Land geblieben. Der Frohsinn, der den Bantustämmen eigen ist, überwog jeden übertriebenen Fleiß in der Bevölkerung. Das Bild, das ich in der Erinnerung behalten hatte, war der freundliche Sambier mit seinem Chibuku-Bier unter dem Blätterdach mächtiger Bäume in Straßen, die wie blaue und rote Tunnels durch die Jacaranda-Alleen führten. Die Regale in der Cairo Road, der schnurgeraden verschlafenen Hauptstraße, waren gefüllt mit südafrikanischen und englischen Waren. Weiße Sekretärinnen regierten noch in den Büros des Außenministeriums und auch der zahlreichen Firmen, die noch britische Namen trugen. Auch das Bild der abendlichen Parties in den Gärten und Bunga-

Ein gutgelaunter Präsident Kaunda beim Empfang zum 3. Jahrestag Sambias 1967

lows der Minendirektoren und Farmer glich noch jenem der kolonialen Zeit in Nordrhodesien. Das Klima auf 1300 Meter Höhe war günstig, in dem riesigen Land, zweimal so groß wie Deutschland, lebten nur sechs Millionen Menschen.

Der Ort Lusaka hatte sich schlicht aus einem Kral entwickelt. Gewisse Bedeutung erhielt er erst, als ihn die 1905 von Süden heraufkommende Eisenbahn erreichte und er bald für einige hundert

Kaufleute und Farmer zum Wohnort wurde. Die britischen Behörden machten Lusaka 1913 zur Dorfgemeinde und 1935 zur Hauptstadt von Nordrhodesien. Bisher schien alles gutgegangen zu sein in Sambia nach der erreichten Selbständigkeit. Man hatte Grund zum Feiern. Damals 1967: Im Park der Residenz des Staatspräsidenten, dem State House, spielte eine Militärkapelle in weißen Uniformen und rotem Fez. Kenneth David Kaunda hatte zum Empfang anläßlich des dritten Jahrestages der Unabhängigkeit eingeladen. Der englisch gepflegte Rasen nahm einige hundert Gäste auf, Offiziere, Priester und Ordensschwestern, Lehrer und Geschäftsleute, Direktoren der Minengesellschaften, Diplomaten, und die neue schwarze Elite schäkerte mit elegant gekleideten Damen. Ich wurde dem Präsidenten vorgestellt, eine großgewachsene, gewinnende Gestalt, irgendwie an einen schwarzen Max Schmeling erinnernd.

Empfang im Park des State House in Lusaka 1967

Kaunda, Sohn eines presbyterianischen Pfarrers und einer Lehrerin, 1924 in Lubwa in Sambia geboren, wurde selbst Lehrer und Schulleiter, gründete 1960 die „United National Independence Party“ (UNIP) und führte vier Jahre später sein Land als erster Ministerpräsident und Staatspräsident in die Unabhängigkeit. Ich hörte nur Gutes, er regiere gerecht und doch mit starker Hand, eine Vaterfigur für die weit verstreut lebenden Stämme im Lande, in der westlichen Welt anerkannt als eine Leitfigur für das politische Gelingen der Dekolonisierung. Ein Führer der gemäßigten Kräfte auf dem unruhigen schwarzen Kontinent. Auch schien er ein Mann mit Humor zu sein, ein Politiker als begabter Schauspieler. In Abständen dirigierte er mit dem weißen Taschentuch, seinem Markenzeichen wie bei Jomo Kenyatta von Kenia der Fliegenwedel, den Sprechchor seiner Minister und Getreuen „One Zambia – One Nation“. Damit deutete er das einzige Problem an, das Sorgen machte: der Zusammenhalt der Nation. Der Tribalismus als die Gefahr für Regierung und Verwaltung im weiten Land der Bembas, Tongas, Lozi und Barotse und ihrer etwa siebzig Unterstämme und dreißig Sprachen. Nur eine von allen anerkannte Autorität vermag die Sambier zusammenzuhalten. Daß seine Familie aus einem Stamm in Malawi kommt, hilft ihm beim Zusammenhalt und friedlichen Zusammenleben der Rassen. Mit der Schaffung eines Vielrassenstaates versucht er, ein Beispiel gegen die Apartheidspolitik Südafrikas zu setzen. Für die Beziehungen zwischen Regierung und Stämmen sorgt eine Häuptlingsversammlung aus zweihundertdreißig Stammesoberen, sie hat beratende Funktion.

Kaundas Lebensstil ist schlicht und ohne übertriebenen eigenen Pomp und Luxus. Er raucht nicht und trinkt nicht, aber er lamentiert als väterlicher Lehrmeister über das verbreitete Laster der Trunksucht. Er verlangt die Achtung moralischer und christlicher Prinzipien auch in der Politik. Beim Ringen um die Unabhängigkeit Sambias hat er Mord und Gewalttaten öffentlich verurteilt und darauf bestanden, daß der Freiheitskampf sich nur gegen das Unrecht und nicht gegen die Weißen richten durfte. Seine Inhaftierung von neun Monaten im Gefängnis von Salisbury als Präsident des „Zambia African National Congress“ 1959/1960 hat ihn in dieser Haltung noch bestärkt. Er ist auf die Erhaltung seiner eigenen Machtstellung und die Würde seines Amtes bedacht.

Nur einmal knatterten die Gewehre im Land. Im Jahr der Unabhängigkeit störte eine Frau den Frieden der Seelen und des Landes, eine eigenwillige Heilsgestalt und Prophetin: Alice Lenshina. Die Mutter von fünf Kindern gründete eine Sekte mit fanatischer Frömmigkeit, die einen den Bantu ohnehin eigenen Geisterglauben mit Taufe und Beichte verband und das Trinken, Rauchen und auch die Vielehe verbot. Ihre Anhängerschaft aus dem Heer der Unzufriedenen wuchs rasch an die hunderttausend. Kaunda hat die Sekte mit ihrem eigenen, auch die alten Dämonen einbeziehenden Evangelium mit Gewalt unterdrückt. Mit der Staatsphilosopie eines „sambischen Humanismus" versucht er, ein zeitgemäßeres moralisch-politisches Gefüge zu schaffen.

Damals spielte die Militärkapelle noch mit rotem Fez

Wiederum damals 1967: In jenen sechs Wochen, die ich in Lusaka und auch in den Städten des Kupfergürtels Kitwe und Ndola verbrachte, kamen besorgte Stimmen von verbliebenen Europäern auf, der Friede werde nicht mehr lange halten. Die Sambier ließen es die Weißen fühlen, daß sie jetzt die wahren Herren im Lande seien, die Eigentümer der Bodenschätze wie Kupfer, Kobalt, Zink und Mangan. Die ersten Ärzte, Kaufleute, Großfarmer wanderten aus nach Rhodesien und Südafrika. Noch herrsche Heiterkeit unter dem milden tropischen Himmel. Aber die von Kaunda gegründete „partizipatorische Einparteiendemokratie" steuere auf eine ungewisse Zukunft für die europäischen Bewohner hin, ihr Zentralkomitee schlage bedrohliche Töne an. Der Weiße, so notwendig seine Tätigkeit in Verwaltung und Wirtschaftsleben auch sei, werde zunehmend als ein Fremdkörper im schwarzen Organismus empfunden.

Damals wie heute hing das Gedeihen Sambias buchstäblich an einem Kupferdraht. Im nordwestlichen Kupfergürtel, an der Grenze zum Kongo-Zaire, wird ein großer Teil der Weltkupferproduktion gewonnen, im Tagebau und von höchster Qualität. Der Kupferpreis erlaubte 1967 noch, aus dem vollen zu schöpfen, um das Sprudeln der Devisenquelle machte man sich keine Sorgen. Nach Japan ist Westdeutschland der größte Abnehmer von sambischem Kupfer. Es gab in jener Zeit keinen Hunger, keine Armut, keine Bettler in den Straßen von Lusaka. In meiner Erinnerung sah ich die Sambier als heiteres Volk, trällernd und pfeifend auf dem Fahrrad durch die Cairo Road kurvend.

*

Was ich zehn Jahre später als Botschafter dort erlebt habe, liegt von heute gesehen schon lange zurück. Die Seiten im Buch der Zeitgeschichte blättern sich 2007 schneller um als vor vier Jahrzehnten im Jahr 1967. Afrika lag im Fokus unserer Außenpolitik und des allgemeinen Interesses. Vieles was uns damals bedeutend erschien und die Medien beschäftigte, ist in der Vergessenheit versunken. Hunderte von Milliarden an Deutscher Mark, Dollars und briti-

Bei Ndola im Kupfergürtel liegt die Stelle, an der VN-Generalsekretär Dag Hammarskjöld als Friedensvermittler in der Kongokrise 1961 auf noch immer ungeklärte Weise mit dem Flugzeug abstürzte

schen Pfund der Steuerzahler in den westlichen Industriestaaten sind als „Entwicklungshilfe“ nach Afrika geflossen, allein nach Sambia über eine Milliarde Mark.

Der Westen war guten Willens. Jimmy Carters Saat ist aber nicht aufgegangen, sein Eintreten für eine gerechtere Welt ist bis heute eine Hoffnung geblieben. Auch die damalige Sowjetunion hat ihr strategisch-politisches Ziel nicht erreicht, die labilen jungen Staaten Afrikas vom Westen zu lösen. Der Zustand in den meisten Ländern Schwarzafrikas ist erbärmlich. Woran liegt es? Kein Politiker wagt es zu sagen, aber jeder weiß es. Sollte etwa doch etwas sein an Albert Schweitzers Beobachtung: „Ohne den weißen Mann geht es nicht“? Man erinnere sich an die Hilfestellung der Europäischen Union bei den Wahlen im Kongo 2007.

Was ich über mein Diplomatenleben in Afrika berichte, beruht im wesentlichen auf Tagebuchnotizen und einigen diplomatischen Berichten nach Ablauf der Aktensperrfrist. Ich versuche hierbei, vergangene Stimmungen einzufangen und Alltägliches aus dem Leben und Wirken eines Diplomaten im südlichen Afrika festzuhalten. Dank schulde ich meiner Frau Brigitte, die diese Ereignisse miterlebt und miterlitten hat. Ferner danke ich für wertvolle Hinweise dem ehemaligen österreichischen Botschafter Herrn Dr. Franz Palla, dem ehemaligen britischen Hochkommissar Sir Leonard Allinson und Frau Botschafterin Dr. Irene Hinrichsen in Lusaka, ferner Herrn Professor Dr. Wolfgang Schuller in Konstanz. Einige Fotos stammen von der Bundesbildstelle und vom Zambia Information Service, die übrigen vom Verfasser.

II. Es beginnt mit Kaunda

Es ist der 9. September 1977. Ein schlafloser Flug ist gut, um die Gedanken zu ordnen. Tief unter mir schläft Afrika, seine Menschen, seine Tiere, die silbrige Mondsichel steht über der geheimnisvollen Welt von Tschad und Rudolfsee. Bei meinem ersten Flug in den schwarzen Erdteil 1964 gab es noch mehrere Zwischenlandungen von Frankfurt nach Daressalam. Heute können wir die Erdteile wechseln zwischen Mittag- und Abendessen. Ich denke an meinen Urahnen, der zu Anfang des neunzehnten Jahrhunderts noch siebzig Tage brauchte, um mit dem Segelschiff Philadelphia zu erreichen. Mit Schwarzwalduhren und Schnupftabak hat er am frühen Welthandel teilgenommen.

Beim Abschiedsbesuch sprach Bundespräsident Walter Scheel voller Sorge über die Unruhe im Volk, trotz des allgemeinen Wohlstands und des Fehlens krasser sozialer Gegensätze. Über eine Million Arbeitslose, das sichtbar veränderte Klima in Bonn, das alltägliche Bild von gepanzerten Polizeifahrzeugen und Polizei mit Hunden in der Adenauerallee, die Ermordung von Jürgen Ponto, des Vorstandssprechers der Dresdner Bank, und von Generalbundesanwalt Siegfried Buback. Jetzt die Entführung des Arbeitgeberpräsidenten Hanns-Martin Schleyer und der Tod der begleitenden Polizisten: für die Regierung eine schreckliche Lage, soll sie den Erpressungen der RAF-Terroristen nachgeben und die inhaftierten Baader-Meinhoff-Terroristen freilassen, oder soll sie Schleyer opfern? Am Tage nach seiner Entführung wollte der Präsident des Bundesverbands Deutscher Arbeitgeber mit Hans-Dietrich Genscher über unsere Handelspolitik gegenüber Südafrika und die Krisenlage in Rhodesien und Namibia konferieren. „Sehen wir im südlichen Afrika einer Entwicklung in die Richtung von marxistischen Militärdiktaturen entgegen? Sie gehen an einen Brennpunkt des Geschehens. Machen Sie's gut und grüßen Sie Kaunda."

Ähnliches gab mir unser Staatssekretär Günter van Well mit auf den Weg: „Berichten Sie auch über aktuelle Geschehnisse in Sambia, über Personalia. Sie wissen, daß unser Minister auf Lusaka größten Wert legt. Wir werden von hier aus alles tun, um zur Vermeidung eines Krieges in Afrika beizutragen. Setzen Sie alle Mittel unserer Entwicklungshilfe ein."

Wie werde ich mit Präsident Kaunda zurechtkommen? Von der persönlichen Beziehung hängt schließlich alles ab. Er ist nicht nur das Staatsoberhaupt, sondern auch der Politiker, der die Innen- und Außenpolitik gestaltet und die Richtung seiner United National Independence Party bestimmt. Die Bundesrepublik bezieht vor allem Kupfer und Kobalt aus Sambia. Entweder man findet ein gutes Verhältnis zueinander, was den gegenseitigen Beziehungen nützt, oder nicht, dann liefe alles Wirken in bloßen protokollarisch-diplomatischen Kontakten ab.

Vor wenigen Monaten, im Juni 1977, war Kaunda zu einem offiziellen Besuch in der Bundesrepublik Deutschland gewesen. Auf Schloß Gymnich, dem Gästehaus der Bundesregierung, wurde ich ihm als sein Ehrenbegleiter vorgestellt. Das Agrément als Botschafter in Sambia hatte er mir kurz zuvor erteilt. Der Bundespräsident gab ihm und seiner großen Delegation von nahezu vierzig Personen ein Essen in der Godesberger „Redoute". Hier zeigte sich der Afrikaner in bester Laune, er ließ seine Begleiter ein Lied singen und dirigierte, fröhlich sein weißes Tuch in der Luft schwenkend. Er ist beliebt, es ist sein zweiter offizieller Besuch in unserem Land. Vom Temperament her wie auch durch seine christliche Herkunft und Erziehung ist er ein Mensch der Kooperation, nicht der militanten Konfrontation wie so mancher der afrikanischen Führer. Vielleicht ist er der entscheidende afrikanische Politiker, dem es gelingen wird, zwischen den weißen Minderheitsregierungen und den schwarzen Nationalisten in Rhodesien und Südwestafrika zu vermitteln, vielleicht selbst im schwierigsten Fall von Südafrika?

Zwei Jahre zuvor war es im Salonwagen auf der Eisenbahnbrükke über den Victoriafällen zu einer Begegnung mit dem südafrikanischen Premier Johannes Vorster gekommen, ein hoffnungsvolles Anzeichen für dessen Gesprächsbereitschaft mit den Staaten nördlich des Sambesi. Seitdem hatte sich die Lage wesentlich verdüstert. Die Sowjetmacht hatte den Kalten Krieg nach Afrika hineingetragen, sie unterstützt die gewaltbereiten afrikanischen Nationalisten,

Gutgelaunter Auftakt zum Staatsbesuch von Präsident Kaunda 1977 in Bonn

die in Sambia, Mosambik und Angola ihre Guerillatruppen stationiert haben und sich „Befreiungsbewegungen" nennen. Die Fortsetzung der Politik von Sambia mit anderen Mitteln, sprich der Waffengewalt durch die Guerilla für die Unabhängigkeit von Rhodesien und Namibia, hätte unabsehbare Konsequenzen für den Weltfrieden und die Rohstoffversorgung des Westens. In letzter Zeit scheint Kaunda den Kräften nachgeben zu wollen, die für eine Beseitigung der Vormachtstellung der Weißen in Rhodesien, Namibia und Südafrika durch Gewalt plädieren.

Kaunda ist für die Sicherheit des Westens, für unsere Wirtschaft, für frei gewählte Regierungen in jenen Ländern zu einer Schlüsselfigur geworden. In den Bonner Gesprächen legte ihm der Bundesaußenminister eindringlich nahe, Afrika dürfe nicht zu einem Tummelplatz außerafrikanischer Interessen und zum Austragungsort des Ost-West-Gegensatzes werden. Er sehe einen blutigen Rassenkonflikt voraus, wenn nicht großer Druck auf das Burenregime am

Kap ausgeübt werde. Mit Walter Scheel war sich Kaunda einig, daß das, was man den Geist der Zeiten nennt, für die afrikanische Zukunft noch nie so günstig gewesen sei wie seit John F. Kennedys Eintreten für die Menschenrechte. Heute erhebt Jimmy Carter seine Stimme. Kaunda meinte dennoch, er habe Zweifel, ob das amerikanische Establishment die weltweite Verbreitung der Menschenrechte wirklich wolle.

Mit diesem Gepäck an Eindrücken befrachtet, begleitete ich Kaunda und seine freundliche Frau Betty durch das Land. In Düsseldorf begeisterte ihn eine Aufführung von „Rigoletto“, mit der sich die Landesregierung und die Wirtschaft präsentierten. Am folgenden Tag flogen wir in vier Großhubschraubern der Bundeswehr über den sonnigen Pfälzerwald, rheinaufwärts über den Schwarz-

Das übliche offizielle Foto von Gastgebern und Gästen

wald zu einem Bauernhof im Linzgau am Bodensee. Kaunda, exotisch in Tropical Khaki gewandet, gewann die Herzen der Menschen. Der Alltag der Bauern interessierte ihn. Er ist kein Staatsmann von „Pomp and Circumstance". Zu seiner zahlreichen Entourage ist er von landesväterlicher Strenge und wird respektiert. Wir besuchten den Gottesdienst im Münster von Freiburg, er lobt den Klang der Orgel im hohen Kirchenraum. Im Auto zum Kloster von St. Peter im Schwarzwald spricht Kaunda von den Lehrern, die zum Wichtigsten für jeden Menschen wie für das Wohlergehen eines Volkes gehörten. Er klagt über das weitverbreitete Übel der Trunksucht in seinem Land, über das Problem der Tuberkulose für Mensch und Tier.

Dann will er wissen, wo er sich befinde, wie sich die seltsame Architektur des Schwarzwälder Bauernhofes erkläre, was in den Tälern und Tannenbergen einmal früher gewesen sei, Römer und Alemannen. Im Hotel „Adler" in Hinterzarten versteht er sich spontan mit dem badisch-zugänglichen Ministerpräsidenten Hans Filbinger, dessen Gast er zwei Tage ist. Kaunda versucht, das Charakteristikum seiner für uns schwer verständlichen Regierungsform einer „Partizipatorischen Einparteien-Demokratie", die auf die Legalisierung eines autoritären Einparteienstaates hinausläuft, zu erklären und seine in Afrika sonst nirgendwo anzutreffende Staatsphilosophie des „sambischen Humanismus" als eine Maxime von „christlicher Sozialdemokratie". Demokratie in Afrika habe eben viele Formen, das habe er auch Willy Brandt klarzumachen versucht.

Stille Dörfer beim Flug über den grünen Hunsrück, Sonntagsfriede, die Himmelskarawane der Hubschrauber kehrt nach Bonn zurück. Die Bundesregierung war ein kluger Gastgeber für den großgewachsenen Afrikaner mit dem ergrauten Haar, es könnte für den Botschafter ein guter Einstand werden. Mit solchen Erinnerungen lande ich am frühen Morgen in Lusaka, es ist der 10. September 1977.

„Zuerst die gute, dann die schlechte Nachricht", empfängt mich der Geschäftsträger der Botschaft und mein zukünftiger Ständiger Vertreter, der hochgewachsene Schwabe Rainald Steck. „Es ist dem

Kanzler gelungen, den davongelaufenen Koch wieder einzufangen. Sie werden einen etwas höheren Lohn bezahlen müssen, aber was wären Sie ohne Morton den Koch! Er ist ein Schlitzohr, aber er kann kochen – wenn er will! Und die schlechte Nachricht: Abends ist Verdunkelung in Lusaka wie in anderen Städten und ab acht Uhr totale Ausgangssperre, auch für Diplomaten. Kaunda will ein Zeichen setzen, daß wir uns im Krieg befinden. Es ist eine völlig überflüssige Maßnahme, um das aufmuckende, schlechtversorgte Volk von inneren Schwierigkeiten abzulenken. Mit dieser Inszenierung läßt Kaunda sogar eine VN-Konferenz in Lusaka über die Westsahara-Frage absagen." Zeigt sich hier doch schon ein irrealer Machtpolitiker?

Dann stehen sie alle auf dem Vorplatz der Residenz unter den hohen Platanen zur Begrüßung angetreten, der kräftige Morton Malupante, der zierliche malawische Diener Ulomba Kaunda, die beiden Gärtner und Zeugen Jehovas „Big Phiri" und „Small Phiri", der Chauffeur Ernest Kapongola, alle in weißer Dienstuniform, nebst zweien am neuen Herren herumschnuppernden Ridgebacks. In den sogenannten „servants quarters" mit den buntbemalten runden Lehmhütten hinterm Haus krähen die Hähne, gackern die Hennen, schreien die Kinder. Fünfunddreißig Personen hätte ich mitzuernähren, unterrichtet mich mein Kanzler Michael Kapp, ein Badener und versierter Afrikakenner. Das ist also jetzt meine amtlich verordnete Wohnstätte im Grünen mit den Menschen, die täglich um mich sind.

Die Botschaftskanzlei ist, man hatte ein Herz für Afrika, erst kürzlich für zweieinhalb Millionen Mark gebaut worden, ein etwas zu aufwendiges Haus für die Wahrung unserer Interessen im Sechsmillionenvolk von Sambia. Hier erfolgt die Vorstellung der zwanzig Mitarbeiter, alles positiv auf Afrika eingestimmte Menschen, die meisten von Bonn entsandte Beamte und Angestellte mit früheren Kenntnissen dieses Kontinents. Neben Vertreter und Kanzler ist die Chefsekretärin die wichtigste Person für den Botschafter, wie überall in der Welt. Ursula Kulawig hat ein Imbißbuffet hergerichtet, es muß also noch Lieferanten geben, die in der Vorstadt Weißwürste und Schinken produzieren können. Auch ein

Botschafter ist nur ein Mensch, dem die dienstliche Seelenlage etwas bedeutet: Ich glaube, ich habe eine gute Mannschaft vorgefunden, um unsere Aufgabe erfüllen zu können. Das ist nicht an jeder Auslandsvertretung so.

Der Staatsgast und der Kanzler in einem heiteren Moment

Dann ziehen wir alle in den Garten von Rainald Steck und seiner Frau. Mein Ständiger Vertreter hat zur Barbecue-Party eine lokale Trommler-Band engagiert, um mir Sambia näherzubringen. Mit wilden Tänzen und Rhythmen zeigen die Afrikaner eine Geisteraustreibung, ein Fußballspiel, ein Diktat auf der Schreibmaschine, das stille Bierchen unterm Affenbrotbaum und was die sambische Seele sonst noch angeblich so liebt. Ich denke an Bayreuth in diesem Sommer. Wir machten Besuch bei Winifred Wagner, die „Hohe Frau“ auf dem Sofa in ihrem Haus neben „Villa Wahnfried“, ihre blauen Augen blitzten, als sie die Neuinszenierung von Patrice Chéreaus „Ring“ kommentierte: „Sehen Sie sich lieber ein Kafferntheater in Afrika an als diesen scheußlichen Kitsch! Der Waldvogel sitzt im Vogelbauer!!“ Auch Walter Scheel kam bei meiner Abschiedsvisite auf dasselbe Thema zu sprechen: „Später wird man über diesen

‚Ring' einmal sagen: was für eine altmodische Aufführung! Schlimm war nur der Inszenierungsfehler im ‚Tristan', das Segel im ersten Akt war viel zu groß und hat die Sänger überdeckt. Überhaupt, die Nachfolgefrage auf dem Grünen Hügel ist ein über Deutschlands Grenzen hinaus wirkendes Problem."

Beim Besuch in Hinterzarten zeigt sich der Schwarzwald von seiner gastlichsten Seite

Rasch sinkt die Nacht in den Tropen herein, der „curfew", die Ausgangs- und Stromsperre, zwingt uns nach Hause. Dann bin ich allein im Haus mit Ulomba, dem stillen, freundlichen Gehilfen, der die Lichter anzündet. Undefinierbare Vibriergeräusche geistern durch die Nacht, Zikaden sirren, Hunde bellen, in allen Ecken der süßlich-beißende Geruch von Holzfeuer, nirgendwo ein Lichtschein, der von draußen herblinzelt. Das ist Afrika. Doch etwas vermisse ich, was in der Erinnerung lebendig war durch alle die Jahre, seit ich 1967 in Lusaka war: Wo bleibt die Trommel? Wo ist der Klang der Trommel geblieben, diesem uralten Symbol menschlicher Nähe und Kommunikation in den townships, von Dorf zu Dorf und Hütte zu Hütte im Busch? Der dumpfe Urklang des schwarzen Kontinents ist anderen Medien gewichen, der Rundfunk sendet auf englisch und in sieben Stammessprachen.

Die Botschaft in Lusaka: das leicht überdimensionierte Gehäuse für die Umsetzung deutscher Afrikapolitik

Lusaka bei Tage erinnert an eine Provinzstadt im Mittleren Westen, so weiträumig wie langweilig. Ich habe Zeit, durch die Cairo Road und Nebenstraßen zu gehen. Noch bin ich ein Mensch ohne Flagge am Mast, solange der Tag der Beglaubigung nicht gekommen ist. Die Straßen sind saubergefegt und aufgeräumt, es gibt keine Cafés, wo sich die jungen Leute treffen könnten. Aber Mädchen wie Männer aus den Büros der Ministerien und Firmen sind adrett gekleidet, westlich mit einem Tupfer afrikanischer Farbenfreude, und dazu recht selbstbewußt. Es gibt keine Bettler, im Zentrum der Hauptstadt scheint niemand Hunger zu leiden. Über den Dächern ziehen Raubvögel ihre Kreise. Das grenzenlose Land beginnt nur wenige Ecken weiter, zunächst die Mais- und Hirsefelder, dann die von Eisenoxyd rostrot gefärbten Wege und Naturstraßen, die in die townships und in die Savanne führen.

Überall treffe ich freundliche Neugier auf den Neuen im Diplomatischen Corps, der Berufsfamilie von rund vierzig Botschaftern, wo mancher Neuankömmling eine gesellschaftliche und persönliche Bereicherung bedeutet. Dieser profitiert vom Puzzlespiel vieler Informationen und Erfahrungen, um sich ein Bild vom Land und seiner Führung zu schmieden. Alle sagen, dieses südliche Afrika sammelt seine Kräfte für die große Freiheit, die in der Unabhängigkeit liegt. Die Zöglinge der einstigen Kolonialherren sind mündig geworden und streben zur Macht. Macht kann auch das Spiel mit der Gewalt bedeuten, ein großer Krieg in Rhodesien, Südafrika, Mosambik, Angola, Namibia werde immer wahrscheinlicher. Neben den Vertretern der NATO-Staaten und der Europäischen Wirtschaftsgemeinschaft sind es drei weitere Personen, die das Leben bestimmen: der britische Direktor der Barclays Bank, der Vertreter der Lufthansa, Wilhard von Koeller, und ein kleingewachsener levantinisch gewiefter Grieche, Honorarkonsul Athanasios Afendoulis. Er ist der Besitzer von „Kapulonga Supermarket“, einem zweistöckigen Ladenlokal in einem blauen Betonbau. Der Laden befindet sich im Erdgeschoß, darüber ist die Privatwohnung, in der Eingeladene von Zeit zu Zeit in den Genuß von Delikatessen kommen konnten, an die man sich in Lusaka sonst nur vom Hörensagen aus längst vergangenen Zeiten erinnerte: Gänseleber aus dem Elsaß, Champagner vom Kap, Mousse au chocolat aus Brüssel, alles Wunderdinge, die aus mysteriösen Quellen den Weg zu Afendoulis finden. Zudem kennt der Grieche beide, Volk und Führung. Schon in den ersten Tagen höre ich die verschworene Gemeinschaft der Diplomaten sagen: „Rasch, eilen Sie zu Afendoulis, er hat Speiseöl bekommen."

Dieses sei jetzt der schönste Frühling, bald werde der heiße trokkene Sommer kommen, sagt mein Besucher, der seit vielen Jahren als Missionar vom Orden der Weißen Väter in Sambia lebt. Adolf Fürstenberg ist Bischof von Mbala, seine Diözese hat eine Ausdehnung größer als die Bundesrepublik. Die Briten haben den Deutschen im Weltkrieg nicht interniert, sondern in ihrer Kolonie weiterhin wirken lassen. Er gilt auch bei Kaunda als ein bedeutender Kirchenmann, für die deutsche Kolonie ist er die große Autorität schlechthin. Wir spazieren durch meinen parkähnlichen Garten, in dem die Bananen und Avocados heranreifen und die großen bunten Falter bis hinauf zu den Platanen fliegen. Wir beschließen beim Tee, uns zu sehen, wann immer er die tausend Kilometer vom Diözesansitz am Tanganjika-See in die Hauptstadt kommt. Und der hagere Bischof berichtet aus seinem Leben: Nach der Priesterweihe 1936 kam er ins Land, wurde Apostolischer Vikar im ehemaligen Abercorn, das seinen vorkolonialen Namen Mbala wieder angenommen hat. In Sambia überwiegen die katholischen Christen, da schon in der Kolonialzeit die Weißen Väter des schweizerischen Ordens vom Heiligen Kreuz missionieren durften. In seiner Diözese sind es etwa achtzigtausend, hinzu kommen sechstausend Anwärter auf die Taufe. Er gründete und betreut sechs Missionsstationen mit Schulen und Hauswirtschaftsschulen, in denen vierhundert Weiße Väter tätig sind, vier Krankenhäuser in den ländlichen Gebieten, zahlreiche Schwesternkonvente, Banken und Genossenschaften und die Seelsorge in etwa dreitausend Dörfern. „Ich lade Sie herzlich ein, sie alle zu besuchen." Das werde ich gerne mit meiner Frau zusammen tun, sobald sie in einem halben Jahr nach Lusaka kommt, verspreche ich leichtherzig.

Reges Treiben in der Hauptstraße von Lusaka, der Cairo Road

Banges Warten über Wochen. Noch sind meine Kisten mit Büchern und Haushaltsgut nicht eingetroffen. Die Residenz zählt zu den „amtlich eingerichteten", die auch einen privat möblierten Teil besitzen. Meinem österreichischen Kollegen Franz Palla ist es schlimm ergangen, sein Umzugsgut ist nie in Lusaka angekommen. „Die ganze Bibliothek, die Fotoalben, die in diesem Wanderleben so sehr der Erinnerung dienen, das ist grausamer, als wenn Schmuck und Auto gestohlen würden."

Einen Einblick in die christliche Entwicklungshilfe bekomme ich bei den Schwestern des Dominican Convent. Ganz in meiner Nähe liegt die große Anlage mit Schule, Internat, Kirche und Kloster. Die aus Bayern stammende Oberin Sr. Amadea hat Lebkuchen gebakken und erzählt vom entbehrungsreichen und erfüllten Leben der deutschen und amerikanischen Schwestern als Lehrerinnen für fünfhundertvierzig Mädchen. Früher seien die Schwestern ins Land Nordrhodesien gekommen, um hier zu leben und zu arbeiten, und wenn es hoch kam, sind sie ein- oder zweimal für einen Besuch in die Heimat gereist. Es waren junge Frauen aus ländlichen Gebieten, aus Baden und Württemberg zumeist, weil sie auf dem elterlichen

Die Cairo Road verliert sich ohne Übergang in der Savanne

Bauernhof kein Auskommen fanden und oft nur der Weg ins Kloster und nach Afrika übrigblieb. Die Oberin zeigt mir die modernen Schulräume, Biologie-, Chemie-, Physiksäle, die Bibliothek und die Sportanlagen mit Schwimmbad. Ich habe eine solche „feste Burg" für die Erziehung junger Afrikanerinnen im christlichen Glauben noch nie gesehen, eine Selbsthilfe ohne den Staat.

Was ihnen fehle, wo ich vielleicht unterstützen könnte, frage ich die Oberin. „Was uns fehlt ist – Zeit! Wir können die Arbeit kaum mehr bewältigen. Von unseren zehn Lehrerinnen sind die meisten an die siebzig Jahre alt, sprechen auch nicht mehr ganz reines Deutsch, Nachwuchs kommt nur selten noch zu den Missionsstationen." Dann führt mich Schwester Annunciata durch den großen Obst- und Gemüsegarten: „Schauen S' die Schwalben, die da oben fliegen, das sind unsere Zugvögel, die kommen aus der Heimat, sie überwintern in Afrika." Das Wort „Heimat" hat noch immer eine besondere Bedeutung, auch noch nach Jahrzehnten. Sie schauen auf uns von der deutschen Botschaft, denn wir sind nicht nur Beamte, sondern „Menschen, die aus der Heimat kommen". Mit zwei Körben voller Gelberüben, Bohnen, Wirsing, Avocados, Petersilie, Kopfsalat, Papaya, Zitronen, Pfirsichen und Maulbeeren, dem ganzen Füllhorn der sambischem Natur, werde ich verabschiedet. Zur „Entwicklung“ gehört, lange bevor aus dem Begriff ein Politikum wurde, der freiwillige lebenslange Dienst am Menschen, vor allem die Arbeit an der Jugend.

Auch Pater Faulhaber aus Ulm, eigentlich schon im Pensionsalter, ist seit bald zwanzig Jahren im Lande. In einem Slumviertel von Lusaka betreut er eine Gemeinde von über viertausend Menschen, sein Gehalt bezieht er von den Spenden seiner Afrikaner. „Zur Messe stehen sie bis auf den Vorplatz zum Gemeindesaal, die Kollekte vom letzten Sonntag betrug etwa hundertfünfzig Mark, also mehr als in mancher Kirche zuhause. Am Kirchenleben beteiligen sich alt und jung, Frauen vor allem. Familienplanung? Die steht nur auf dem Papier. Der Stolz des Mannes, vor allem im Dorf, sind viele Kinder. Die Frau leidet und duldet, sie kennt nicht die Vorgänge ihres Körpers, und der Mann weiß nichts von Menstruation, es ist tabu, davon zu sprechen. Die Kindersterblichkeit ist erschrekkend hoch. Aus Mangel an höherwertigen Lebensmitteln stillen die Mütter ihre Kinder bis zu zwei Jahre, dann führt der abrupte Übergang zu Maisbrei zu Magenerkrankungen, oft mit Todesfolge.“ Und wie schon bei den Dominikanerinnen klingt die Sorge an: „Hoffentlich läßt die UNIP-Partei die Kirchen unbehelligt. Solange Kaunda da ist, ist nichts zu befürchten, was aber folgt nach ihm? Aus dem Zentralkomitee dringen kirchenfeindliche, marxistische Töne. Der Exodus der Weißen deutet auf nichts Gutes, mit der ‚Sambianisierung‘, die nichts anderes ist als ein gewaltiger Nachholbedarf an Chauvinismus, verliert das Land die Fachleute und Farmer.“

Die Gegensätze zwischen kirchlicher und staatlicher Entwicklungshilfe können nicht größer sein. Ich besuche die Helfer des Deutschen Entwicklungsdienstes (DED), mit dessen Aufbau ich 1963 im Verwaltungsrat betraut gewesen war, vor allem mit den außenpolitischen Fragen hinsichtlich der ersten Einsatzländer. Die junge Organisation war das besondere Anliegen von Walter Scheel, dem ersten Bundesminister für wirtschaftliche Zusammenarbeit. Ein Offizier und Mitglied des Widerstandes vom 20. Juli 1944,

Axel Freiherr von dem Bussche, „der Mann mit der Bombe im Tornister im Führerhauptquartier", leitete die dem American Peace Corps nachgebildete Gruppe von Ingenieuren und Technikern, Ärzten und Krankenschwestern, die für einige Zeit in der Dritten Welt dienen wollten. In Lusaka treffe ich auf etwa dreißig bärtige DED-Helfer, deren genaue Tätigkeit sich mir nicht ganz erschließt. Plakate der Guerilla mit ihren kommunistischen Leitfiguren hängen an den Wänden. Es sind junge Idealisten, die in der Gedankenwelt der Achtundsechziger-Bewegung erzogen wurden. Jetzt wirken sie in Sambia und anderswo und meinen, sie täten Gutes, wenn sie den Afrikanern ihren sozialistischen Idealismus nahebringen. Ich lege ihnen nahe, bei ihren fachlichen Aufgaben zu bleiben als Voraussetzung dafür, wenn wir vernünftig miteinander auskommen sollen.

Besuch bei den Schwestern des Dominican Convent in Lusaka

Bald sind die ruhigen Abende der von Kaunda verordneten Ausgangssperre vorbei. In meiner Bibliothek hatte ich ungestört Akten und Zeitungen und die Berichte der Kollegen aus den umliegenden

Ländern studieren können. Eine wesentliche Entdeckung im Schallplattenbestand der Botschaft war der „Ring“, dirigiert von Karl Böhm. Bei offenen Türen zur Gartenseite konnte ich auf der Terrasse das „Rheingold“ hören, während die kleinen roten Blüten von den Hecken der Bougainvillea auf dem Wasser des Pools im Winde trieben. Einige Male hatte ich einen Mitwirkenden bei meiner kleinen Nachtmusik, es war ein Buntspecht, der Wagners Musik vom Stamm des Jacarandabaumes mit seinem Klopfen begleitete, aber nicht im Takt düsterer Leitmotive, sondern exakt im Rhythmus der Schlagermelodie „Wonderful, wonderful Copenhagen“.

Am 21. September 1977 wird die Ausgangssperre aufgehoben und ich kann endlich meine Tätigkeit im Gastland beginnen. Frühmorgens donnern die schwarzen Weißen Mäuse auf drei Hondas durch das Tor der Residenz, ihnen folgen die Autos des Protokollchefs des sambischen Außenministeriums, um mich und meine Mitarbeiter, die Legationsräte Rainald Steck und Eberhard Melzer und Kanzler Michael Kapp zur Zeremonie der Überreichung des Beglaubigungsschreibens abzuholen. An der Treppe des Präsidentenpalais, dem State House, empfängt uns der Aide de Camp. Helle Räume, afrikanische Ölbilder an den Wänden, einfaches Mobiliar. Im Atrium plätschert ein Springbrunnen neben Kübelpalmen. Das Haus entspricht ganz dem schlichten Lebensstil der Familie Kaunda, mehr Sein als Scheinen. Es ist dreizehn Jahre her, seit der letzte britische Gouverneur Sir Evelyn Hone seinen Amtssitz verließ. Der Brite hatte dem neuen Landesherrn ein Land mit einer wohlgeordneten Verwaltungs- und Infrastruktur hinterlassen. Industrie, Handel, Straßen und Schulen, kleinere und große Farmen garantierten einen reibungslosen Übergang in die Zukunft des souveränen Staates. Die Eisenbahn von Livingstone bis zu den Kupferbergwerken im Nordwesten besorgte noch den Transport der mineralischen Rohstoffe zu den Häfen in Südafrika. Eine liberale Wirtschaftsordnung, ein funktionierender Markt und eine strenge Finanz- und Haushaltspolitik sollten die Grundlage für die Fortsetzung der ehemals britischen Regierungspraxis sein. Jetzt, wo ich das State House betrete, ist aus dem ehemaligen Nordrhodesien ein Land geworden, das der fremden Hilfe zum Überleben bedarf, ein Entwicklungsland.

Der Aide de Camp geht in die Knie und schaut durch das Schlüsselloch, beobachtet eine Weile die Vorgänge im Saal, wie der Inspizient durch das Guckloch im Theater. Dann öffnet sich die hohe Palisandertüre und ich stehe vor dem Präsidenten, der hinter dem grünen Tisch mit den Mikrophonen freundlich sein weißes Tüchlein schwenkt. Ich verbeuge mich, wie vom Protokoll vorgeschrieben, und lese meine Rede ab. „Zum Schluß entbiete ich Eurer Exzellenz die guten Wünsche des Bundespräsidenten und des deutschen Volkes für eine glückliche und friedliche Zukunft für Sambia. Der Bundespräsident hat mich ferner gebeten, Ihnen seine besten Wünsche für Ihre Gesundheit und Ihr Wohlergehen zu übermitteln." Hierauf überreiche ich das kalligraphisch kunstvoll geschriebene Abberufungsschreiben meines Vorgängers und meine eigene Beglaubigung. Jetzt antwortet Kaunda, er denke gerne an unsere erste Begegnung bei seinem Besuch in der Bundesrepublik Deutschland und an die Herzlichkeit, mit der er in Bonn und auf dem Lande empfangen worden sei. „Zwischen unseren Ländern gibt es keine Probleme. Mit Gottes Hilfe werden wir auch die Probleme im südlichen Afrika lösen. Auf der Fahrt durch den Schwarzwald habe ich Ihre Einstellung kennengelernt. From now on I shall call you my brother." Es folgt die gegenseitige Vorstellung meiner Mitarbeiter und seiner Minister. Fotos werden gemacht auf der Freitreppe zum Park, in dem die Pfauen stolzieren, so wie damals vor zehn Jahren.

Dann sprechen wir in seiner Bibliothek allein, die Herzlichkeit ist beeindruckend, aber er sieht müde aus und geht gebückt, so anders als in Bonn. Kaunda lobt die Entscheidung Genschers, unser Konsulat in Windhuk zu schließen und die deutsche Schule für Schüler aller Rassen zu öffnen. Ob Schleyer noch am Leben sei, er habe solche Probleme auch im eigenen Land. Nach einer halben Stunde begleitet er mich durch das Haus zum Auto des Protokollchefs.

Am Kotflügel ist nun zum ersten Mal der Stander mit der Bundesflagge aufgesteckt. Ich bekenne gern, daß ich stolz bin, das Hoheitszeichen führen zu dürfen, daß ich unser Land an einem neuralgischen Punkt auf der politischen Weltkarte vertreten kann, an dem sich entscheiden wird, ob die Entwicklung friedlich oder gewaltsam verläuft. Aber diese Gefühle erhalten sogleich einen abrupten Dämpfer: Im raschen Tempo der Fahrt macht sich der nicht ganz fest angebrachte Stander davon. Die Wagenkolonne hält an, und unter fröhlichem Geschnatter wird das Hoheitszeichen wieder angebracht. Auch am Mast in der Residenz geht jetzt die deutsche Flagge hoch. Ursula Kulawig, meine Sekretärin, die sich in den umliegenden Farmen auskennt, hat im Bürohaus zur Feier wieder ein Buffet aufgebaut, es gibt also doch Quellen für Weißwürste, Schinken und dunkles Brot. Jetzt wird mit meiner Mannschaft der offizielle Einstand gefeiert, das Quecksilber zeigt 32°. Seit Tagen

Bundespräsident Heinrich Lübke verabschiedet 1964 die ersten Entwicklungshelfer

vermisse ich das Plätschern meines Brünnleins in das Schwimmbad, wir haben wieder einmal kein Wasser im Quartier. Also holt Ulomba das Wasser aus dem Pool, auch Kaffee mit leichtem Chlorgeschmack ist Afrika. Nun kann ich „ins Geschäft einsteigen", Besuche bei den wichtigsten Ministern und Botschafterkollegen machen, denen ich beziehungsweise ihren Ehefrauen am frühen Morgen beim Griechen Afendoulis begegne auf der Suche nach Brot, Mehl, Seife, Speiseöl. Am vierten Oktober, um ein Beispiel herauszugreifen, fährt mich Ernest, das Hoheitszeichen diesmal fest am Kotflügel, zum Kapulonga-Supermarket, denn wer zu spät kommt, erhält kein Rinderfilet. Danach zum Eingeborenen-Gemüsemarkt wegen Gurken und Karotten, leider zu spät für Erbsen. Die folgende Stunde bei Ministerpräsident Mainza Chona, einem rundlichen Mann und als komödiantischer Spaßmacher bei den Leuten beliebt. Mit ihm bespreche ich einen Vertrag über die Erschließung und Lieferung von Uran für unsere Firma Saarberg-Interplan. Die bedeutenden Lagerstätten im Kupfergürtel und am Karibadamm versprechen eine Ausbeute des atomaren Ausgangsproduktes Yellowcake bester Qualität, dazu im Tagebau. Die nächste Stunde bei Minister Peter Matoka, zuständig für die gewünschte oder angebotene Entwicklungshilfe. Er bittet um hundert Mercedes-Busse aus dem Paket unserer Warenhilfe. Hier muß ich die Hilfeleistung weit auslegen, nicht ganz im Sinne unserer Werteverkünder, denn die Busse werden, einmal im Lande, vorerst nicht für den Transport von Schulkindern, sondern von Wahlhelfern für die Wiederwahl Kaundas gebraucht werden. Zum Mittagessen in der Pergola habe ich achtzehn Gäste, die sich mit dem GTZ-Projekt (Gesellschaft für Technische Zusammenarbeit) für ländliche Bewässerung befassen.

Der großgewachsene Lord Mayor von Lusaka, Mr. Mwele, den ich am Nachmittag besuche, versieht sein Amt als Oberbürgermeister der Halbmillionenstadt nur halbtags. Einträglicher sei seine Funktion als Geschäftsführer der Nationalen Wohnungsbaugesellschaft. Für den Stadtkern stehen ihm nur siebzigtausend Wohnungen zur Verfügung, die meisten Bewohner leben in einfachen Lehmhütten rund um die Stadt. Die Landflucht ist das Problem, die „Träume von einem besseren Leben", worauf die Ernüchterung folgt. Der Personentransport mit völlig veralteten Bussen ist das Hauptproblem. Die Idee, Abhilfe durch den Bau einer Untergrundbahn mit deutscher Hilfe zu schaffen, versuche ich ihm auszureden. Dann Fahrt ins Außenministerium. Staatssekretär Nzunga ist ein ruhiger, höflicher Mann, mit ihm wird gut zu arbeiten sein. Wir sprechen über die deutsche VN-Initiative einer Geiselnahme-Konvention. Zum Abendessen bei Jean Français, der als Widerstandskämpfer den von Charles de Gaulle verliehenen Titel eines „Ambassadeur de France“ trägt, auf Posten beim Alliierten Kontrollrat in Berlin tätig war und ein Verehrer von Ernst Jünger und Thomas Mann ist.

Wir sind uns einig: Das Argument, die Kolonialmächte hätten zu ihrer Zeit fürchterlich an der afrikanischen Bevölkerung gesündigt, ist unbestritten. Man sollte unseren kritischen Medien und manchem Politiker zuhause aber auch klarmachen, daß dem nicht nachstehe, was die afrikanischen Machthaber in den Jahren seit der Unabhängigkeit an ihren Landsleuten gesündigt haben.

Immer werde ich auf die Entführung von Hanns-Martin Schleyer angesprochen. Seine Lebenschancen scheinen minimal geworden zu sein. Man befürchtet auch RAF-Aktionen in Afrika. Die sambische Presse nimmt sich des Falles an. Zu alledem fehlt auch nicht der afrikanische Charme des gutgemeint Naiven. Vorsorglich bat ich den Protokollchef um je einen wachhabenden Polizisten vor der Kanzlei und der Residenz. Doch statt der zwei Beamten marschiert eine furchteinflößende Truppe von zwölf paramilitärischen Kriegern an die gefährdeten Plätze, es ist wie in „Carmen“, erster Akt, nur ohne Tätärätätä. Sie wird angeführt vom höchsten Chef der landesweiten Organisation, Mr. Katambi, wobei sich herausstellt, daß er einer meiner Nachbarn ist. Wir wollen gut aufeinander aufpassen, uns Verdächtiges mitteilen, Diebe, Banden und Guerillas sind überall am Werk.

Georg Stein, mein Kollege vom anderen Deutschland, bekennt bei meinem Antrittsbesuch, daß er Stalingradkämpfer gewesen und jetzt, nach Jahren auf Posten in Daressalam und Lusaka, afrikamüde geworden sei. Er strebe nach Hause, er könne mir nicht einmal ein Radeberger Bier anbieten – die Sendung, von der so viel für ihn abhänge, sei zwar in Daressalam ausgeschifft worden, aber nie hier angekommen. Zwei deutsche Lebensläufe, er kämpfte in der Wehrmacht als junger Infanterist gegen die Russen, ich als achtzehnjähriger Panzersoldat gegen die Amerikaner. Ich muß mich daran gewöhnen: Die Hallstein-Doktrin mit unserem Alleinvertretungsanspruch, eine Erfindung des Staatssekretärs des Auswärtigen Amts Professor Walter Hallstein, ist längst versandet, in Sambia amtieren zwei deutsche Botschafter aus verschiedenen Lagern. Auf früheren Posten, als Wirtschafts- oder Pressereferent, hätte ich weisungsgemäß nie einem Kollegen aus der DDR einen Antrittsbesuch gemacht. So änderten sich seit Kanzler Willy Brandt die Zeiten.

Kaunda ruft das Parlament zu einer Sondersitzung zusammen. In hellen und dunklen Anzügen eilen die Abgeordneten der Einheits-

Die Schwelle zum Präsidentenpalais, dem State House, muß erst überwunden werden

partei United National Independence Party in das pompöse Gebäude. Die Sitzanordnung ist zwar wie in Westminster, doch kennt die „partizipatorische Einparteiendemokratie“ keine Opposition, die den Machterhalt und die Regierungstätigkeit des Parteichefs in Frage stellen könnte. Es ist ein Spektakel ohnegleichen. Sie lachen, schwatzen, rufen und haben ebensoviel Spaß an dem heiteren Durcheinander wie die zur Dekoration herbestellten Diplomaten. Der kauzige Ministerpräsident Mainza Chona gefällt sich im wilden Gestikulieren, das dröhnende Palaver verstärkt sich noch, als die ebenfalls für Fragen der Entwicklung zuständige Ministerin Lily Monze mit einem riesenhaften braun-gelben Turban auftritt und mit Komplimenten überhäuft wird. Die Missionschefs auf der Tribüne, durch einen schmalen Gang in Ost und West getrennt, als ob wir in der stickig-heißen Arena einen neuen Krieg anzetteln könnten, staunen über die nächste Komik der parlamentarischen Prozedur. Gemessenen Schrittes treten die Vertreter der drei Gewalten auf, alle mit weißer Perücke. Der erste Würdenträger, die Exekutive vertretend, trägt das Szepter und legt es auf einem von Löwen- und Leopardenfellen eingehüllten „politischen Altar“ nieder. Der zweite ist der Speaker im schwarzen Talar, gefolgt von drei Protokollanten. Dann kommt der Oberste Richter.

Der Speaker spricht ein Gebet, die Nationalhymne quietscht aus den Lautsprechern, und als alle Anwesenden wieder sitzen, hebt der fröhliche Lärm im Hohen Hause von neuem an. Nach einer Viertelstunde öffnet sich eine bisher unsichtbare rückwärtige Türe, der Thron des Speaker wird hinaus- und ein kupferroter Prunksessel, eingefaßt von Elefantenzähnen, wird hereingetragen. Diskret stellt ein Adjutant eine Kühlbox hinter den voluminösen Sitz, und „KK“ erscheint. Mit gespielter Empörung poltert der Präsident ohne Umschweife auf seine Abgeordneten ein: Auf, ihr Faulenzer, geht zurück aufs Land und werdet Farmer, die Ernährungslage ist katastrophal, der Kupferpreis ist erschreckend tief gesunken, und an allem ist nur der weiße Rebell Ian Smith in Rhodesien schuld. Was ist das doch für eine Not, ein schwarzes Zimbabwe liegt ferner denn je. So predigt der Lehrer der Nation und erntet devotes Beifallsgemurmel.

Nun kann der Botschafter offiziell tätig werden – nach der Überreichung des Beglaubigungsschreibens an den Präsidenten

Kaunda zeigt sich als der Schauspieler, der seine Wirkung kennt. Aber was soll das Ganze, jeder weiß, sein Volk ist etwas träge und verwöhnt, Klima und Sonne fördern kaum die Tatkraft. Wir Diplomaten fragen uns, was wir hier sollen, wir sind doch nur Staffage für die auch aus Diktaturen bekannte Propagandaschau. Nach einer Stunde eilen wir mit den Ermahnten in die Kantine des Hohen Hauses. Im Foyer treffe ich den Vizepräsidenten der ZAPU in Rhodesien Chinamano, der sich lebhaft bedankt für alle deutsche Unterstützung seiner Befreiungsbewegung. Man sagt dem umgänglichen, klugen Politiker eine bedeutende Stellung unter einem Premier Joshua Nkomo in einem zukünftigen Zimbabwe voraus. Ich sage ihm, unser Ziel sei die Verhandlungslösung und nicht der Krieg. Als junger Soldat hätte ich seine Schrecken in Deutschland erlebt, der Wiederaufbau des zerstörten Landes habe ungeheuere Opfer und Anstrengungen von mehr als einer Generation verlangt. Er wolle doch gewiß ein unzerstörtes und intaktes Land Zimbabwe übernehmen, wenn der Tag gekommen sei. Dann verstummt Chinamano plötzlich, das Mitglied des UNIP-Zentralkomitees Grey Zulu, ein hagerer Gnom, ist hinzugetreten. Er erinnert an die unheimliche Erscheinung des Medizinmanns in dem Film „Schnee am Kilimandscharo". In der Parteiführung gilt er als der Mann Moskaus und als streng sozialistischer Parteiideologe, er könnte eine reale Gefahr für Kaunda werden. Selbst Chinamano geht dem Führer des linken Flügels der UNIP aus dem Wege, es gibt also Animositäten trotz der gemeinsamen Ziele für die Zukunft Rhodesiens.

Auch in Südwestafrika ist die Lage verfahren. Der Vorsitzende der „Turnhalle", d.h. der Verfassungskonferenz in Windhuk, Dirk Mudge, hat eine allen Rassen offenstehende „Republikanische Partei" westlich-demokratischer Prägung gegründet. Aber Sam Nujoma, der soeben von einem Instruktionsbesuch aus Moskau zurückgekehrte SWAPO-Chef, hat sich bisher geweigert, mit uns fünf von der Kontaktgruppe des VN-Sicherheitsrates überhaupt zu sprechen. Er will eine sozialistische Volksrepublik Namibia „als einzige legitime Vertretung des namibischen Volkes" und kein aus freien Wahlen hervorgehendes Staatsgebilde. Von Sambia und Angola aus kämpfen eintausendzweihundert Guerillas gegen die Truppen der Schutzmacht Südafrika. Auch dem Vertreter der Friedrich Ebert Stiftung in Sambia, dem über erhebliche Mittel verfügenden Willy Meck, ist die Türe versperrt. Nujoma bleibt stur.

Auf einem Empfang in der chinesischen Botschaft begegne ich verwegenen weiblichen Gestalten, es sind Guerilla-Amazonen in Lederjacken und mit Pistolen, keine charmanten Cocktailgäste.

Über das vom Bundesministerium für wirtschaftliche Zusammenarbeit mitfinanzierte Namibia-Institut in Lusaka versuche ich, Kontakt zu den Führungsgremien der SWAPO zu bekommen. Sein Direktor Gottfried Goingab zeigt mir die nüchternen Gebäude. Anstatt der vorgesehenen einhundert werden zur Zeit zweihundert „Studenten" in dieser Kaderschmiede des afrikanischen Leninismus-Marxismus ausgebildet, sie kampieren in kleinen Kammern zu viert. In der Bibliothek stehen die kommunistischen Klassiker, aber auch Solschenyzin. Goingab ist die Stimme seines Herrn, wenn er sagt, die von Außenminister Genscher verfügte Schließung des deutschen Konsulats in Windhuk und die Annullierung des deutsch-südafrikanischen Kulturabkommens für Namibia genügten nicht als Beweise guten Willens in der Namibiafrage. Ich frage mich, wie weit die Bundesregierung Nujoma und seiner „Befreiungsbewegung" noch entgegengehen will, nur um ins Gespräch zu kommen. Es ist mehr als diplomatischer Aktionismus, es ist ein Fehler, wenn eine mit dem Schutz und der Fürsorge deutscher Staatsbürger in Südwestafrika beauftragte Vertretung ihre Arbeit aus Rücksicht auf etwa kommende Machthaber einstellt. Hier werden Fragen des Völkerrechts und der Würde unseres Staates berührt.

Die Leitstelle der SWAPO in Lusaka ist mein sowjetischer Kollege Wassili Solodovnikov. Bei meinem Besuch, wie unter Neuankommenden üblich, zeigt sich der bullige, kleingewachsene frühere Leiter des mächtigen Afrika-Instituts in Moskau jovial und unterhaltsam. Alle wissen es, er ist der sowjetische Arm des KGB im südlichen Afrika, und Präsidentenberater Marc Chona meinte: „He is a very dangerous and difficult man." Bei Kaffee und Kognak, von einer hübschen Russin serviert, tasten wir uns vorsichtig an unsere jeweiligen Positionen heran und sprechen über dies und das, über den Maler Schischkin mit seinen Landschaften und über Aiwasowskis leuchtende Seestücke, über den legendären Reitergeneral Budjonny, den ich bei einem Empfang des Ministerpräsidenten Bulganin 1956 in Moskau sah. Ach wie habe sich doch das Bild Moskaus gewandelt, meint der russische Kollege, seit dieser Verstädterung und der Landflucht. Er sei auf dem Dorf aufgewachsen und liebe die stille Natur. Die Nachricht vom deutschen Angriff 1941 habe im Dorf wie eine Bombe eingeschlagen. Niemand habe es glauben wollen, und jeder hatte es zunächst für eine Falschmeldung gehalten, auch Stalin habe die überraschende Kampfansage seines damaligen Vertragspartners zuerst nicht für wahr gehalten.

Solodovnikovs Auftrag ist es natürlich, mit einem Gürtel sowjethöriger Regierungen von Mosambik bis Angola und Namibia das für den Westen strategisch und rohstoffpolitisch lebenswichtige Südafrika zu isolieren. Der wichtigste Mann Moskaus in Afrika scheint über die „Befreiungsbewegungen" für Zimbabwe und Namibia auf erfolgreichem Wege zu sein. Uns Vertretern der NATO-Staaten obliegt es, dieses zu verhindern. Immer wieder werden in Lusaka, New York, Luanda, Daressalam neue Termine vorgeschlagen, zugesagt, in Aussicht gestellt, abgesagt, um die am Namibia-Konflikt beteiligten Seiten zum Gespräch über die vom VN-Sicherheitsrat unterstützte anglo-amerikanische Initiative zu bringen. Auch in der Rhodesienfrage gelingt es nicht, einen Verhandlungsblock aufzubauen. Ein Waffenstillstand der aus Mosambik und Sambia in den Grenzgebieten Rhodesiens operierenden Guerilla-Armeen mit den Truppen des Smith-Regimes in Salisbury ist nicht in Sicht. Auch hier liegt eines der zentralen Probleme der Vereinten Nationen, prekärer noch als in Nahost. Ein Funke kann zu einem Bürgerkrieg in Rhodesien führen und zu einem noch größeren Kriegsherd im südlichen Afrika. Es gibt zur Zeit zu viele und zu divergierende Mitspieler in allen Lagern, überwölbt vom Weltproblem des Ost-West-Konflikts. Nur langsam und unter Blutvergießen nähern sich die beiden Überbleibsel der Kolonialzeit ihrer demokratisch legitimierten Souveränität. Wir westlichen Botschafter üben uns in Geduld und versuchen, täglich kleine Schritte zu tun.

Man kann historische Prozesse wie denjenigen, der jetzt im südlichen Afrika abläuft, als einen tragischen Verlauf des Geschichtlichen sehen, wie der Schriftsteller und Historiker Reinhold Schneider meint. Man kann ihn aber auch positiv sehen als eine Chance für die Zukunft des schwarzen Kontinents, wie Kaunda glaubt, aber dann nur auf dem Wege von Verhandlungen und nicht der Gewalt.

Auf dem Campus der National University of Zambia ist Graduiertenfeier. Die Sonne sticht auf die ausgetrocknete Erde, die Botschafter schwitzen unter den mitgebrachten Sonnenschirmen. Es ist eine bunte, volksfestartige Veranstaltung, und alle kommen, die Spitzen von Partei und Staat. Ein Storchenpaar kreist über der Menge. Für Kaunda wurde vorgesorgt, er steht unter einem Baldachin im bunten Ornat eines „Chancellor" und überreicht vierhundert Studenten die Diplome. Eine Musikkapelle spielt Pop, auch sie sind wie die Diplomaten nahe daran umzufallen. Die Gegenwart ihres Staatsoberhauptes Kaunda hindert die einige tausend jugendlichen Zuschauer keineswegs, zu pfeifen und zu lachen oder auch im Chor zu johlen, wenn langbeinige Schönheiten aller Fakultäten in knapper Kostümierung und kunstvoll gedrechselten Antennenfrisuren aufs Podium stelzen.

Dann spricht Kaunda, alle Gaudi weicht. Er spricht auf englisch mit viel Farbe in der Stimme, meidet Politik und „Frontstaat-Rhetorik" in seiner zweistündigen Rede, die nur auszuhalten ist, weil das Nachmittagsgewitter seine Windstöße in die Menge pustet. Der Landesvater redet den jungen Akademikern ins Gewissen: „Bleibt nicht auf eueren Diplomen sitzen, nur um Geld zu verdienen. Ihr sollt nützliche Arbeit leisten, um die Produktivkräfte eueres Vaterlandes zu mehren. Und alles im Gleichklang mit den Prinzipien des sambischen Humanismus. Es gibt Männer und Frauen, die Wunder vollbracht haben mit dem, was sie auf der Universität gelernt haben. Es gibt aber auch solche, die sich für die Gesellschaft als wenig nützlich erwiesen haben, nützlich nicht einmal für sich selbst. Wie oft hören wir auf unserem Kontinent von Schwarzen, die französischer sind als die Franzosen selbst und englischer als die

Die Independence Avenue mit ihrem Flaggenschmuck begrenzt das weite Gelände des State House

Engländer. Aber der Wind der Veränderung weht über unserem Erdteil. Afrika legt sein falsches Gewand ab, seine eigenständige Kultur gewinnt an Boden und erhält weltweite Anerkennung. Viel zu lange haben wir Afrikaner zugelassen, von Fremden manipuliert zu werden und unsere eigenen Werte zu mißachten. Diese verschwenderische Erosion muß jetzt aufhören. Afrikaner müssen stolz sein auf ihr Afrikanertum, und das ohne Arroganz gegenüber anderen Rassen."

In diesem Zusammenhang steht auch die Idee einer Partnerschaft mit der Universität Konstanz, wie im Helikopter über dem Bodensee mit Kaunda erörtert. Jetzt nimmt sie Gestalt an. Rektor Professor Horst Sund wird in Lusaka den Kooperationsvertrag verhandeln. Eine großzügige Bücherspende der Landesregierung von Baden-Württemberg ist die erste und sehr willkommene Geste der zukünftigen Zusammenarbeit.

Nach zwei Stunden streben Studenten wie Diplomaten erschöpft zur Mensa und zu den Autos. Am Stand für Erfrischungen frage ich eine Studentin: „How did you like the show?" Es stellt sich heraus, daß die hübsche junge Frau aus fürstlichem Hause ist, Prinzessin Jane Akashambatwa aus dem Königshaus der Barotse und Studentin der Romanistik. Wir sprechen französisch. Das, was hier vor sich ging, sei schon recht und gut, aber doch bar aller afrikanischen Tradition, meint sie. Dieser sambische Humanismus sei nur eine abstrakte ideologische Vision von Kaundas Partei. Tradition, das werde in den Stämmen bewahrt, etwa im fernen Westen an der Grenze zu Angola, wenn der Paramount Chief der Barotse das jährliche „Fest des Exodus" begehe. Der Sambesi überflutet im Februar die Weidegründe ihres Stammes. Dann zieht der König in einer feierlichen Prozession auf dem Wasser mit Tausenden auf das höhergelegene Ufer. Im ersten Boot ist der König im grauen Cutaway und Zylinder mit seinen Haupt- und Nebenfrauen, gerudert von siebzig Familienmitgliedern. Ihm folgt eine Armada von vielen Booten und alles unter Schreien und Lachen und dem Klang von Trommeln und Xylophonen. Der König würde sich sicher freuen und geehrt sein, wenn ich zu dem Fest käme. Zumal ihr Großvater und Paramount Chief noch eine kaiserlich deutsche Admiralsuniform getragen habe, obwohl die Barotse mit Queen Victoria einen besonderen Schutzvertrag geschlossen hätten.

Der Hornist vom State House hat schon seinen Zapfenstreich „last post“ geblasen, es ist stickig schwül. Ich mache zum Tagesausklang noch einen Spaziergang zu Unto Korhonen. Er ist finnischer Botschafter und leidet unter dem allen seinen Landsleuten eigenen Heimweh nach Seen und Wäldern. Und er leidet unter der für seine Mission wenig aufregenden Einsamkeit des Postens Lusaka. Also nimmt er die Querflöte und verzieht sich in die Sauna unter den hohen Bäumen, hier spielt er die traurige Weise vom „Schwan von Tuonela“ und anderes von Sibelius. „Das ist kein Tick“, sagt er, „das ist eine Frage des Überlebens.“ Ich verstehe ihn gut, Helsinki war mein liebster Auslandsposten in einem Land, wo Natur, Musik und Freundschaften eine wunderbare Einheit bilden. Bald kommt seine Frau Rose-Maj und lädt zum Supper. Er will mir seinen Architekten schicken, zu meiner Residenz gehöre einfach eine Sauna. Mancher Posten in unserem Beruf sei ein Geschenk fürs Leben, denn die Jahre zögen dahin, aber Lusaka sei eine Station von der Hand in den Mund. Es sei denn, Kaunda sorge von Zeit zu Zeit für die eine oder andere Aufregung.

Das genau tut Kaunda, oft kurzfristig und zu ungewöhnlichen Zeiten bestellt er „sein“ Diplomatisches Corps. Frühmorgens stehen wir am Freiheitsdenkmal mit dem Afrikaner aus Bronze, der seine Kette zerreißt. Kaunda läßt uns eine Stunde warten, bis er zur Kranzniederlegung erscheint. Die Musikkapelle in weißer Uniform, die Gewehrsalven der Soldaten, das Rennen der sambischen Honoratioren zum Freibier im Park des State House, alles hat etwas Zinnsoldatenhaftes. Es ist der dreizehnte Jahrestag der Unabhängigkeit. Kaunda begrüßt mich herzlich und fragt, ob ich mich gut installiert hätte. Natürlich habe ich.

Hier begegne ich zum ersten Mal dem gewichtigen ZAPU-Chef Joshua Nkomo im fleckigen Safari-Anzug. Auch er ist einer der Gründerväter des afrikanischen Nationalismus und war Lehrer, Laienprediger, Gewerkschafter in Südafrika und Rhodesien. Zehn Jahre saß der radikale Jungpolitiker in britischer Haft, man kann seine Haßtiraden gegen „die Weißen“ verstehen. Seine Zurückhaltung legt sich, als ich ihm Grüße von Hans-Jürgen Wischnewski ausrichte und mitteilen kann, die in Berlin erarbeitete Strukturanalyse für ein freies Zimbabwe unter seiner Präsidentschaft mache gute Fortschritte.

*

Joy mag mich. Schon beim ersten „Vorstellungsgespräch“ im Zwinger von Nick Evans leckt er mir die Hand. Joy ist ein vier Monate alter edler Weimaraner mit kurzem grau-beigem Fell und großen Bernsteinaugen. Seine Eltern bekamen den ersten Preis auf der Zambia Kennel Show in Kitwe. Sein Züchter ist Engländer und Chefpilot von Zambia Airways. Der junge Hund bringt Leben in mein Haus. Ich spreche viel zu ihm, er überwindet rasch die Scheu und die Sehnsucht nach der Meute im Zwinger, und er dankt es mir, indem er nicht von meinen Fersen weicht. Am liebsten liegt er, während ich in der Bibliothek arbeite, zu meinen Füßen und schläft oder beobachtet die Welt um sich herum.

In meinem Rücken, zur Fensterwand, regt es sich leise, Joy hat den verbotenen Lieblingssitz im gelben Sessel eingenommen. Im Spiegelglas von Brigittes Fotografie sehe ich, wie er seinen Kopf behaglich auf die Pfoten über der Lehne legt. Ich drehe mich um, um ihn aus dem Bundesmöbel zu verjagen und sehe, wie er die Augen schließt und damit glaubt, man sehe ihn nicht. Aus seiner klugen Hundesicht betrachtet, konnte ich also nichts gesehen haben, und sein gemütlicher Abend war gerettet. Es fehlt auch nicht an abenteuerlichen Momenten. Etwa wenn er in der Glastüre, die zum Garten führt, sein Spiegelbild entdeckt und mit dem seltsamen Phänomen nichts anderes anzufangen weiß als mit natürlicher Hundereaktion den Rivalen mit wildem Gebell zu ärgern. Oder er schaut regungslos zur Decke, wo sich ein Gecko niedergelassen hat. Joy hypnotisiert das Tier so lange, bis es schließlich entnervt kapituliert und direkt in Joys Rachen fällt. Keiner sage, Weimaraner besäßen nicht hypnotische Kräfte.

Die Novelle „Herr und Hund“ ging in die Weltliteratur ein. Das Buch „Diplomat und Hund“ müßte noch geschrieben werden, es

Die „Lusaka Five" bemühen sich um die Lösung der Namibia-Frage. Dritter von links der amerikanische Sonderbotschafter McHenry, vierter von links der britische Hochkommissar Allinson

ließe sich manches erzählen. Vermutlich ist der Urahne meines Gefährten eine Züchtung aus der Zeit des Großherzogs Carl August von Weimar. Aber dessen Minister hatte es nur mit dem Pudel am Ostertag zu tun. Mein Jagd- und Haushund war recht teuer, dem Stammbaum entsprechend. In den Anfangstagen im neuen Heim, fern dem Zwinger, beginnt der Morgen für Joy um sechs Uhr mit großem Geheul. Ich stehe auf und schaue nach, und da Ulomba noch nicht zum Dienst erschienen ist, räume ich die beiden Häuflein weg und lasse Joy hinaus. Nach einer halben Stunde jault er und kratzt so lange an der Gartentüre, bis ich öffne. Dann schläft er friedlich an meiner Schwelle. Daß ich ins Wasser springe, kommt ihm unheimlich vor, mit einem Satz springt er davon und nähert sich vorsichtig wieder. Auch ein Chamäleon ist ihm suspekt. Es sitzt im Gras, und als es langsam mit seinen Kugelaugen rollt und die flossenartigen Füßchen bewegt, zieht er sich vorsichtshalber zurück. Die winzige Smaragdeidechse, die sich am Rand des Beckens sonnt, rührt ihn nicht, doch wenn ebenso lautlos eine weiße Francipaniblüte ins Wasser fällt, bellt er sie an. Von der Hecke duftet der Jasmin, ich brauche doch keine Sauna für mein kleines Paradies.

Joy wird mir fehlen, wenn ich zu Weihnachten nach Deutschland fliege, er ist mir ans Herz gewachsen. Wenn man doch nur mit seinem Hund telefonieren könnte! Aber ich verspreche ihm, aus dem Tierladen in Bonn einen garantiert bißfesten Knochen mitzubringen. Wenn ich aus dem Büro komme und er im Garten den Pfiff von drei gleichen Tönen hört, dann fegt er in ungezähmter Freude auf mich zu, als wolle er mich über den Haufen rennen, springt an mir hoch und weist mir den Weg zum Schrank, in dem die Kekse sind.

Es ist November geworden und sehr heiß. Ungestraft wandelt man nicht unter Palmen, ich leide seit Tagen unter der landesüblichen Darminfektion. Da es schlimmer wird, rufe ich den Arzt, einen privaten deutschen Entwicklungshelfer. Er verordnet Apfeldiät. In Lusaka aber gibt es keine Äpfel, diese Frucht ist Luxus aus Südafrika. Das Wasser muß lange abgekocht werden. Joy weicht nicht von der Schwelle meines Schlafzimmers. Heftige Gewitter schicken wilde Regengüsse, die Fächerpalmen schütteln sich und klappern im Wind. Das Fieber ist noch nicht vorbei, als ich zu Kaunda gebeten werde. Präsident Jimmy Carters Namibia-Beauftragter McHenry ist gekommen, die Botschafter der Kontaktgruppe beraten mit dem Präsidenten. Er beginnt mit einem Gebet, danach wird zum Frühstück serviert, was aus kolonialen Zeiten übrigblieb und bis heute im State House beibehalten wurde: Porridge, Eier mit Schinken, Toast und Marmelade, Tee, alles im grünen Staatsporzellan mit dem Staatsemblem des weißen Fischadlers. Kaunda gelingt es, den SWAPO-Chef Sam Nujoma dazu zu bewegen, eine Stunde später in die Residenz des britischen Hochkommissars zu kommen. Es ist meine erste Begegnung mit dem bärtigen Guerilla-Führer, der Namibias Präsident werden will, und zwar mit Gewalt und ohne freie Wahlen. Er bleibt unnachgiebig bei seiner Forderung nach vollständigem Abzug aller südafrikanischen Truppen aus Namibia vor dem Beginn des politischen Prozesses, der zur Unabhängigkeit führen soll. Sein Vizepräsident Muyongo berichtet, er werde über Radio Zambia mit der „Aufklärung“ der Bevölkerung Namibias in deutscher Sprache beginnen. Auf meine Frage, wer die Sprecher seien, schweigt er. Es gibt genügend Berater aus der DDR in seinem Hauptquartier.

Am zweiten Adventssonntag bin ich wieder zu früher Stunde zum Frühstück mit Kaunda gebeten, nur sein Pressesekretär und Vertrauter Punabantu ist dabei. Die Begrüßung ist herzlich. Es ist ein offenes und angenehmes Gespräch über vieles, was den Präsidenten bewegt: über die politische Lage am Kap, in Rhodesien und Namibia, über eine eventuelle Verpfändung der sambischen Uranvorkommen am Nordufer des Karibadammes, über die Ausbeutung von sechsunddreißig Millionen Tonnen Kobalt, über die Prospektierung und Erschließung vermuteter Erdöllagerstätten durch deutsche Firmen. Selbst über die Zukunft Südafrikas unter einer weißen Mitverantwortung in der Regierung spricht er nicht ablehnend, ist gegen eine militärische Lösung. Ich werfe ein: Ist nicht Sadat über seinen Schatten gesprungen und hat sich nach Jerusalem gewagt, um endlich Frieden zwischen Ägypten und Israel zu schließen? Könnte dies nicht ein Beispiel für Joshua Nkomo und vielleicht auch für Robert Mugabe bedeuten, nach Salisbury zu gehen, um sich der von Ian Smith vorgeschlagenen „internen Lösung“ der Rhodesienfrage zu nähern? Der selbsternannte Premier von Rhodesien zeigt überraschend Bereitschaft, neben den gemäßigten Führern der nationalen Bewegungen Bischof Muzorewa, Pfarrer Sithole und Häuptling Chirau auch mit den militanten Akteuren zu reden.

Kaunda findet den Gedanken interessant und bedenkenswert. Dann spricht er wieder von seinen Sorgen, den ungeheueren Problemen der Verstädterung und Landflucht, Zerfall der Sitten, den Gefahren für die persönliche Sicherheit in Stadt und Land. Er möchte sein landwirtschaftliches Siedlungsprogramm konsequent weiterführen, notfalls bringe er die Menschen aus den Compounds, den Slums aus Blech- und Lehmhütten um die größeren Städte, mit Zwang zurück aufs Land. Schließlich bitte ich ihn um seine Mithilfe bei der Aufnahme diplomatischer Beziehungen der Bundesrepublik mit Angola, was er verspricht. Wir haben uns bei diesem Gespräch gut verstanden.

Noch bevor mich Ernest ins nahegelegene Büro fährt, schauen wir in der Stadt nach Milch und Eiern, wieder einmal vergeblich. Nur Obst und Gemüse sind auf dem kleinen Markt zu haben. Immer wieder gibt es Überraschungen. Mein jagdbegeisterter Kanzler Michael Kapp hat im Busch ein Wildschwein erlegt. Jetzt kann ich meinen engeren Kreis der Botschafter zu einem deutschen Herbstessen einladen: Wildschweinkeule in Rotweinbeize, Bohnengemüse, Spätzle aus der Küche meines Vertreters Rainald Steck, Aprikosencreme. Mit etwas Glück läßt sich manches finden, was mein Koch Morton mit Phantasie und Geschick auf den Tisch bringt.

Natürlich reden Botschafter auch gern übers Essen: von der guten alten Zeit vor hundert Jahren, als die gepflegte Küche noch eine herausragende Rolle im diplomatischen Geschäft spielte. Es war etwa zur Zeit der Berliner Konferenz von 1885 unter Vorsitz von Bismarck, als die europäischen Mächte Afrika unter sich aufteilten. An den Folgen der damaligen Grenzziehungen laborieren wir heute noch herum. Auch das heutige Sambia gehört dazu.

Seinen Appell „Zurück aufs Land“ richtet Kaunda bald schon an den Obersten Rat seiner Partei. Es ist eine Rede zur Wirtschaftslage in der Mulungushi Hall auf der Jahresversammlung der UNIP-Partei, zu der die Botschafter eingeladen sind. Die Direktwahl des Präsidenten in einer Volksabstimmung steht in wenigen Monaten bevor. Kinderchöre, wildes Hüpfen von Tänzerinnen zum Takt der Trommeln, und immer wieder wird „One Zambia – One Nation“ skandiert. Die Rede klingt wie der Ruf eines Hilflosen, wenn er die fallenden Kupferpreise für die miserable Versorgungslage verantwortlich macht. Am Rande gesteht Kaunda auch eigene Fehler ein, doch nun soll alles anders werden. Seine Politik werde sich nicht mehr von abstrakten Theorien wie „Kapitalismus“ und „Sozialismus“ leiten lassen, sondern von „Realismus“ und dem auf den Stammestraditionen aufbauenden „sambischen Humanismus“. Es gehe um das Überleben des Staates, daher werde er ein landwirtschaftliches Programm zur Förderung kleiner und großer halbstaatlicher Farmen in die Wege leiten. Beschwörend ruft er immer wieder seinen Leuten zu, nicht länger nur an sich zu denken, sondern an das Ganze.

Der gute Wille zum Neuanfang ist da, aber Kaunda bleibt gefangen zwischen den Kräften des freien Marktes, der in privaten Nischen wie dem Kleinhandel mit Textilien, kleinen Elfenbeinfiguren und den Halbedelsteinen Amethyst und Malachit besteht, und der verstaatlichten Industrie, die mit viel zu hohen Kosten produziert. Was er ausländischen Investoren anbietet, wie die Ausbeutung von Uran, Erdöl, Gold und Diamanten, sind nach der Auskunft von Geologen nichts als Hirngespinste. Öllagerstätten auf sambischem Gebiet sind vage Vermutung und auch ein sambisches Kimberley mit einem Riesenloch, aus dem die Diamanten kommen, ist nicht in Sicht. Kaunda ist Illusionist und spielt mit dem Vertrauen seiner Menschen, wenn er ihnen Bodenschätze verspricht, die sich verkaufen ließen und die noch nicht gefunden sind. Bundeskanzler Helmut Schmidt, an den sich Kaunda wegen der Urangewinnung gewandt hatte, schreibt ihm, bis das erste Uranerz die Fabrik verlasse, vergingen gut zehn Jahre.

Am Nikolaustag um acht Uhr zwanzig ruft der Protokollchef an, Kaunda bitte die Botschafter für acht Uhr fünfundvierzig ins State House. Ich sehe einen zornigen, fast unhöflich emotionalen Präsidenten vor mir. Aus „kapitalistischen Interessen“ beute der weiße Mann Rhodesien und Namibia aus. Daher lehne er den anglo-amerikanischen Plan für ein unabhängiges Rhodesien ab, weil dieser eine Regierung erst nach allgemeinen Wahlen vorsehe. Nein, er befürworte jetzt die Forderung der Befreiungsbewegungen ZAPU und ZANU: erst die Unabhängigkeit, dann die Wahlen. Vor Tische las man's anders.

Ähnlich irreal argumentiert Kaunda, als er mich zum dritten Mal in einer Woche frühmorgens zu sich bittet. Eine Delegation von Europa-Abgeordneten hat sich selbst eingeladen, obwohl bekannt ist, daß Kaunda von der Europäischen Gemeinschaft nicht viel hält, vielleicht weil er die Politik zur Integration Europas auch nicht versteht – aber wer durchschaut schon dieses komplizierte Europa! In seiner Verärgerung läßt er die Delegation und mich eine halbe Stunde warten. Mit Kaunda erscheinen auch die Diener mit dem schrecklichen Porridge und Tee zum Frühstück im Saal des State House. Er erläutert die Probleme seines „Frontstaates“ und gibt jedem zu verstehen, daß er allein, der Präsident, in allen wichtigen Fragen bestimmt, in der Außenpolitik und als oberster Befehlshaber der Armee über militärische Einsätze. Seine Kabinettsminister wechseln oft, auch die Außenminister, was die Arbeit der Botschafter nicht leichter macht. Aber er hat einen Stamm kluger und erfahrener Berater, die beiden Seiten helfen: allen voran Marc Chona für die Afrikapolitik, Dominic Mulaisho für die Wirtschaft, M. Punabantu für die Presse und Staatssekretär Ngunza vom Außenministerium.

Der ZAPU-Präsident Joshua Nkomo ist ebenfalls zum offiziellen Frühstück gekommen, diesmal im fleckenlosen blauen Anzug und nicht in Felduniform. Er kritisiert, die Länder der Europäischen Gemeinschaft zeigten viel zuwenig Interesse an der „Patriotischen Front“ und würden nur Ian Smith in Rhodesien und Vorster in Südafrika unterstützen. Einzig die Bundesrepublik Deutschland, Schweden und die Niederlande zeigten Interesse für seine Anliegen. Die Unterstützung, die aus dem Ostblock kommt, erwähnt er nicht. Später kommt er auf mich zu und dankt Hans-Dietrich Genscher für eine Kleiderspende an seine Lager, die sehr geholfen habe. Ein riesiges Flüchtlingsproblem habe sich aufgestaut, ähnlich den Palästinenserlagern in Nahost, und er bittet um weitere deutsche Hilfe für seine „Ausbildungslager“.

III. Mit Flötenspiel nach Sansibar

Auf Weihnachten bin ich in Deutschland. Die allgemeine Stimmung ist bedrückend. Buback, Ponto, Schleyer, Lufthansapilot Schumann von der „Landshut" und mehrere Polizeibeamte ermordet. Das Gespenst des Terrorismus geht um. Die diplomatische Tätigkeit rückt in ein neues Licht durch die Bedrohung des Lebens von Beamten, Angestellten und deren Familien. Ich werde in Bonn gewarnt vor möglicherweise nach Afrika einsickernden deutschen und japanischen Terroristen. Zur Christvesper zuhause in Konstanz. Der noch junge Pfarrer in der Kreuzkirche scheint eher von der Devise „Alles Verstehen und alles Verzeihen" als der Maxime von „Law and Order" des wehrhaften Staates geprägt zu sein. Mit dem katholischen Vater im Münster. Dort betet man für den sterbenskranken Papst Paul VI. und die Herrschaft von Frieden und Gerechtigkeit in der Welt. Auch eine neue Technik kommt zur Weihnachtszeit in die Wohnungen: das Fernsehen in Farbe. Zum Weihnachtsfest werden „Die Meistersinger" aus der Oper in Stockholm übertragen, anmutig und würdevoll die junge Königin von Schweden. Und in Ismailia treffen sich Begin und Sadat, um Frieden zu machen zwischen Israel und Ägypten. Friede ist also möglich, so man nur will. Auch in Afrika wäre es möglich.

In diesen Urlaubstagen ist Willy Brandt als Vorsitzender der sogenannten „Nord-Süd-Kommission" nach Lusaka gereist. Das von der Weltbank angeregte Programm dieser Kommission sieht eine „gerechtere Weltwirtschafts-Ordnung" vor. Es ist ein wenig versprechendes Unterfangen, das mehr durch Reglementierungen und Dirigismus statt einer Unterstützung der freien Marktkräfte und Eigenleistungen der Entwicklungsländer die Nord-Süd-Probleme lösen soll. Was dem schwarzen Kontinent wirklich helfen würde, wäre die Erziehung und Verpflichtung der Regierenden zu mehr Eigenverantwortung und Demokratie, bevor neue Gelder gegeben werden, ferner Hilfe gegen Hunger und Krankheit, gezielte Projekte zur Förderung der Infrastruktur, allgemeine Schulerziehung,

Stärkung der Aufbauarbeit der Kirchen durch Schulen und Spitäler. In den Ländern des südlichen Afrika wäre dies möglich.

Über Afrika zu fliegen ist immer eine Reise in das Geheimnisvolle. Das ging mir so bei einem Flug von Casablanca nach Mali vor einem Jahr. Zehntausend Meter unter dem Flugzeug ziehen im Glutofen der Sonne gewaltige Gebirgsmassive und die gelben und roten Täler der Sahara vorüber, unter denen wiederum das kostbare Reservoir an Wasser ruht, das von einer früheren Weltzeit übrigblieb. So auch jetzt beim Flug über dem Niltal im ersten Morgenlicht. Im braunen Dunst ahnt man das abessinische Hochland mit Menschen aus alten Kulturen. Hier beginnt heute aber auch der sowjetische Imperialismus. In Äthiopien ist es Moskau gelungen, eine uralte Monarchie zu vertreiben und ein kommunistisches Regime zu installieren, das Menschen versklavt, und eine neue ideologisch motivierte Form des Kolonialismus an ihre Stelle zu setzen. Die Kette der sowjetischen Expansion setzt sich geographisch fort entlang der ostafrikanischen Küste. Sansibar und Mosambik sind die nächsten Stationen auf dem Weg zum strategischen Ziel am Kap.

Nach einer weiteren Stunde erscheint unter mir das grüne Kenia mit wohlgeordneten Tee- und Kaffeeplantagen, weißgetünchten Farmen und geteerten Überlandstraßen, auf denen Autos fahren. Blaugrün zieht sich der Urwald weit hinauf zum Kilimandscharo, dessen Gletscherkrater der Pilot umrundet und dann zur Küste dreht. „Nur beim Fliegen genießt man die volle Freiheit aller drei Dimensionen, und das Herz stürzt sich in die offenen Arme des Raumes", wie Karen Blixen schreibt. Wir fliegen über Tansania, die Politik holt uns wieder ein, denn die Grenze zu Kenia hat Präsident Nyerere geschlossen. Noch vor kurzem verband beide Staaten eine Ostafrikanische Wirtschaftsgemeinschaft mit freiem Waren- und Personenverkehr. Im Sinkflug erscheinen Quellwolken über der Sansibar vorgelagerten Insel Pemba, unter denen die feinsten Gewürze reifen. Kokoswälder und grüne Buchten, aus der Vogelperspektive ist es ein afrikanisches Arkadien. Ich schaue in die engen Gassen der alten Araberstadt Sansibar, wo einmal die schwarz-weiß-rote Flagge wehte, und bald schon tauchen die beiden in deutscher Zeit erbauten Kirchen von Daressalam auf.

Es ist Mittagszeit, stickige Schwüle schlägt mir entgegen. Der Geruch von Meer, Kardamom und Zitronengras ist geblieben, ich bin gern zurückgekehrt in die verschlafene kleine Großstadt, in der ich 1964 einige Tage verbracht habe. Bundeskanzler Ludwig Erhard und sein Außenminister Gerhard Schröder wollten Tansania zu einem ersten Schwerpunkt der deutschen Entwicklungshilfe machen. Ich verhandelte mit Wohnungsbauminister Shaba über den Einsatz des Deutschen Entwicklungsdienstes für ein Projekt des sozialen Wohnungsbaus. Im New Africa Hotel, in dem ich wohnte, dem früheren „Hotel Kaiserhof", prangte unter dem Dach noch der Reichsadler und auch die kaiserliche Suite war noch da, sie war bis 1918 reserviert geblieben für den Besuch seiner Majestät in der Kolonie.

Auch die Dhows mit ihren braunen Fledermaussegeln sind geblieben, sie ziehen entlang der Küste, während ich mit Geschäftsträger Martin Florin im gleißenden Licht auf der Terrasse des Kundushi-Hotel zu Mittag esse. Ich flog hierher, um mein Auto abzuholen, das mit dem Schiff aus Hamburg kam. Wir reden über den beliebten Kollegen, den deutschen Botschafter, der vor wenigen Tagen ein Opfer dieses höllischen Klimas geworden war und einen Herzinfarkt erlitten hatte. Und über die erbärmliche Lage in einem reichen Land, das als „Frontstaat" von Präsident Julius Nyerere in wenigen Jahren nach der Unabhängigkeit zu einem der üblichen entwicklungspolitischen Sozialfälle geworden war. Florin berichtet von leerstehenden Hotelzimmern von Sansibar bis zur Serengeti, die Schließung der Nordgrenze hat allen Tourismus verjagt. Im Zuge des afro-sozialistischen Experiments seit der Unabhängigkeit hat Nyerere auch einen Nationalismus gefördert wie überall in Afrika als Ausdruck der jungen Souveränität. Das „New Africa Hotel" von einst ist abgerissen worden. Die deutsche Botschaft residiert in einem Stockwerk eines vom Klima bereits lädierten Hochhauses. Geblieben sind etwa hundert Veteranen der ehemaligen Deutschen Schutztruppe, die an Weihnachten in die Botschaft kommen, um ihren Ehrensold abzuholen. Da man aber nie ganz sicher sein kann, daß es sich tatsächlich um die schwarzen Helden des Generals von Lettow-Vorbeck handelt, gibt ihnen der Kanzler einen Besen in die

Hand und läßt sie exerzieren: „Stillgestanden – Rührt Euch – die Augen links ...“ Sind die alten Männer als echte Veteranen identifiziert, steht ihnen die Türe zur Zahlstelle offen.

Beim „Kilimandjaro-Lager-Beer“ sprechen wir über die herrlichen schneeweißen Wolkenburgen, die sich über dem smaragdgrünen Wasser des Indischen Ozeans türmen, über die Wolkenschönheit überhaupt in Afrika. Und ob man wohl mit dem Schiff Sansibar besuchen könne, dieses seit Jahren kaum zugängliche halbautonome Staatsgebilde, das nominell zu Tansania gehört? „Kleinigkeit“, meint mein Kollege, „wir holen rasch das nötige Gepäck und ich fliege Sie eben rüber.“ Auf dem Flugplatz gibt es kein Warten, keine Gebühren, keine Kontrolle, in wenigen Minuten schweben wir in Florins Beechcraft überm Meer zu den Wolkenburgen hinauf.

Es ist ein Irrtum anzunehmen, Diplomaten hätten bei allem real existierenden Tagesgeschäft den Sinn für das Musische verloren! So wie mein finnischer Kollege in der Sauna, holt mein Pilot die Querflöte aus dem Futteral, der Autopilot besorgt das Fliegen, das Notenblatt wird an der Windschutzscheibe befestigt, und sobald wir bei sechshundert Metern unsere Flughöhe erreicht haben, erklingt Telemann. Auf dem glitzernden Wasser ziehen einzelne Dhows, vom Winde angetrieben, wie zu Zeiten von Vasco da Gama. Wie lange wohl noch? Nach einer halben Stunde wird die Flöte weggepackt, wir landen auf der kleinen Piste der Hauptstadt Sansibar. Wieder ist da dieser eigenartige Geruch, der an Afrikas äquatorialen Küsten herrscht, eine Mischung aus Salzwasser und toter Meeresfauna, aus Hitze und Erde. Er gehört zu meinen jugendlichen Erinnerungen an die Groschenhefte, die die Phantasie beflügelten mit ihren Geschichten von exotischen Palmenküsten und Sklavenraub für arabische Serails. Was ich sehe, ist keineswegs die märchenhafte Gewürznelkeninsel jener Lektüren, sondern die militante Gegenwart. Im Schatten von Kokospalmen steht ein Dutzend Migs, der verlängerte sowjetische Arm in Ostafrika. Nur russische Kampfpiloten können die Maschinen fliegen.

Eine schwarze Beamtin haut mit Wucht ihren Stempel in meinen Paß, als ob sie damit die Teilsouveränität der Insel gegenüber der ungeliebten Schwester Tansania manifestieren möchte. Kollege Florin kehrt zum Festland zurück, „diesmal mit Mozart“, wie er sagt. Ich bin der einzige Fluggast und fahre mit dem einzigen Taxi an Kokosplantagen vorbei dem „Bwanwani-Strandhotel“ zu. Das „Erste Haus am Platze“ könnte ebenso in Berlin-Ost stehen, es ist in Plattenbauweise errichtet, hat hundert Betten und empfängt den einzigen Gast mit dem wie überall in Ostblockhotels herrschenden stechend-muffigen Lysolgeruch.

Am Nachmittag erkunde ich die Stadt, ihre engen, fast menschenleeren Gassen mit Häusern aus arabischer Zeit, den einstigen Sultanspalast, hinter dessen Portalen die Zentrale der Sozialistischen Einheitspartei die Preise der Gewürznelken diktiert. Auf dem kleinen Marktplatz nahe der portugiesischen Festung aus dem 16. Jahrhundert lungern jugendliche Inder und Afrikaner um eine Saftbude herum. Der Hafen ist leer, die Nelkenernte ist vorüber. Der starke heiße Duft nach Nelken ist geblieben. Die Ernte ist mager ausgefallen, der Regen hat das langsame Trocknen der roten Bohnen verhindert. Wegen des niedrigen staatlichen Ankaufpreises halten die Bauern das Angebot zurück, der Staat honoriert nicht gern den individuellen Fleiß.

Siebzigtausend Menschen wohnen in der Stadt, zweihunderttausend sind es auf der Insel. Selbst der Erwerb der Fischer ist reglementiert, der Preis für den Fang viel zu niedrig, als daß sich große Anstrengung lohnen würde. Daher steht Fisch nicht auf der schmalen Speisekarte im Hotel. Dafür gibt es Farbfernsehen im Zimmer, ganz neu im Lande, ein Geschenk des sozialistischen Bruders DDR und auch einmalig langweilig. Das Klimagerät hat den Geist aufgegeben, schlaflose Nacht mit Insektenjagd in klebriger Schwüle und Nelkenduft. Doch halt – gegen sieben in der Früh tut es einen kurzen Knall zum Erschrecken, und unter lautem Fauchen beginnt die Klimaanlage ihr Tagewerk.

Mit meinem Taxifahrer habe ich den Tarif ausgehandelt, „nur“ umgerechnet fünfzig Mark „für den ganzen Tag, weil ich der einzige Kunde seit Tagen“ bin. Er ist Afrikaner mit stark arabischen Gesichtszügen und Moslem. Grünsilbern zittert die Wasserfläche in der Morgensonne. Dhows ziehen schemengleich am Horizont. Das ist das Bild, das romantische Phantasien von Exotik beflügelt. So zogen die Schiffe mit den Handelswaren Mensch, Holz, Elfenbein, Nelken, Pfeffer durch die Weiten des Ozeans. Sansibar war das bedeutendste Zentrum des Sklavenhandels an der Ostküste des Kontinents, von hier nahmen die Wege in das Innere Afrikas ihren Ausgang.

Schwer nur kann ich mir vorstellen, wie diese zerfallende Stadt mit ihren einstigen Wohnpalästen, ihren geschnitzten Portalen und Balkonen, den sie umgebenden Palmengärten in deutscher Kolonialzeit ausgesehen haben mag. Mein Eindruck von gestern wiederholt sich am Tage, ein Schleier von Melancholie liegt über diesen ruinierten Häusern und dem Hafen. Mein Fahrer bringt mich zu den Resten der Badeanlagen des Harems unter Palmen, zum Haus, in dem David Livingstone wohnte. Das Grauen des Sklavenhandels, als jährlich hier vierzigtausend Menschen auf dem Markt gehandelt wurden, hatte ihn gepackt. Das britische Parlament hatte schon 1807 mit der „Bill for the Abolition of the Slave Trade" den Handelskapitänen verboten, auf ihren Schiffen Sklaven zu befördern. Aber für den Sultan von Sansibar war Westminster so weit wie der Mond und Livingstone mußte 1853 erneut das britische Parlament bemühen, die Ware Mensch zu verbieten. Erst ein halbes Jahrhundert später gelang es, diese brutalen Lieferungen von Trägern bis in den Katanga und von Haussklaven bis nach Konstantinopel auszutrocknen. Das gleiche galt für den Handel, der seinen Ausgang von der Westküste Afrikas nahm. Auf der Insel Gorée im Senegal, die jede Flucht der eingefangenen Menschen unmöglich machte, sah ich vor einigen Jahren den Markt für den Export nach Amerika. Sind die „Flüchtlingslager" der ZAPU-Guerillas mit eingefangenen Jugendlichen in Sambia so viel anders?

Als das Deutsche Reich 1890 die Inseln Sansibar und Pemba gegen Helgoland eintauschte, kamen sie unter britisches Protektorat. Aus der Deutsch-Ostafrikanischen-Gesellschaft wurde auf dem Festland die Kolonie Deutsch Ostafrika. Ihr erster Gouverneur, Julius Freiherr von Soden, verlegte den bisherigen Verwaltungssitz von Bogomoja an den bis dahin unbedeutenden Küstenplatz Daressalam, des besseren Hafens wegen.

Nach einer Stunde scheint sich mein Chauffeur sicher zu sein, daß ich kein Ostdeutscher bin, er wird gesprächig. Seine Großeltern seien aus Maskat eingewandert. Noch immer sitze das furchtbare Massaker am arabischen Bevölkerungsteil von 1964 in den Gliedern. Etwa 45 000 Menschen, auch alle Frauen und Kinder, fielen der „Revolution der schwarzen Kommunisten" zum Opfer, seitdem seien Zwang und Furcht über der Insel. Das jetzige sozialistische Regime sei unfähig, der fruchtbaren Insel Wohlstand und Handel zurückzugeben. Er schnaubt sich in eine wütende Offenheit: „These stupid bastards, if only the British would come back." Durch einen dichten Wald gelangen wir zu einer riesigen feuchtheißen Grotte, in ihr habe der legendäre Sklavenhändler Tippu Tip die Menschen vor dem Verkauf qualvoll gefangengehalten. Daneben ist der schönste Bilderbuchstrand. In der Brise wiegen sich Kokospalmen, ab und zu höre ich Vogelschreie, sonst nur Stille. Zuhause in Bonn feiern sie jetzt plärrenden Rosenmontag und im Auswärtigen Amt werden den Herren von munteren Damen die Krawatten abgeschnitten.

Begegnet uns auf der schmalen Landstraße ein mit Kokosnüssen beladener Lastwagen, müssen wir ins Gras ausweichen. Taucht eine Polizeistation auf, meldet sich mein Fahrer zur Kontrolle. Wie jeder Stadtbewohner, der ins Grüne will, braucht er eine „special permission". Vor den Bauernhütten liegen die Kokosnüsse, die in der Stadt zu Kopra und Kokosöl verarbeitet werden. Wie unter einem parfümierten Riesenzelt verbreiten die Nelken- und Zimtbäume, die Kardamomstauden Düfte, die an Lebkuchen erinnern. Alles gedeiht, was Wohlbefinden schafft, Vanille, Ingwer, Zitronengras und der schärfste Chili. Die eine Hälfte der Welternte an Gewürznelken wird auf Sansibar und Pemba gewonnen, die andere Hälfte in Indonesien. Mitten in diesem Paradies, hinter einem Dorf mit Namen Bububu, hält mein Taxi an, der Fahrer läßt eine Kassette mit Koransuren abspielen. Schon auf dem ganzen Weg preist er Allah, den Sultan und die Engländer.

Ob er denn wisse, daß Sansibar auch einmal deutsch gewesen sei, vor langer Zeit? „Yes, yes, German times, good times." Aber die Chinesen hätten hier nichts zu suchen, sie seien wegen der Politik hergekommen. Überall sei das Leben besser als hier, faucht er, nur drei acres seien den Bauern zugeteilt. „Kaunda good man, Kenyatta good man, but here only stupid bastards, cheating the people.“ Er sei 1914 geboren, habe zwei Frauen und elf Kinder. Früher habe man auf Sansibar vier Sprachen gesprochen: Arabisch, Englisch, Hindu und Suaheli. Jetzt höre man im Rundfunk nur noch Suaheli, und die Inder verhielten sich leise. Sein Geschäft gehe schlecht, seitdem keine Touristen mehr ins Land kommen.

Im gedämpften Licht des späten Nachmittags wird der Eindruck der Melancholie noch stärker, der über den Gassen liegt. Grausame Szenen haben sich vor über einem Jahrzehnt nicht nur in der Stadt, auch in allen Dörfern abgespielt, in denen Menschen mit arabischem Blut von alters her gelebt haben. Man fühlt es noch immer. Hinzu kommt die Trostlosigkeit des Alltags im Sozialismus, wie überall, wo er den Menschen als realitätsfremde Lebensform aufgezwungen wird.

Am Hafen steht das stattliche Haus der staatlichen Handelsorganisation. Ich gehe hinein, man ist höflich interessiert und gibt gern Auskunft: Die Nelkenernte gehe zu 70 % nach Indonesien in die Zigarettenindustrie, der Rest nach Europa und Amerika. Man bittet mich, etwas zu warten, dann wird mir nach einer halben Stunde eine Sondergenehmigung für den Erwerb von drei Pfundpäckchen Nelken bester Qualität zu je etwa sechs Mark übergeben und mit ihr die Ware. Der schwarze Angestellte meint: „Ein Päckchen reicht Ihnen fürs ganze Leben.“ Auf die Ausfuhr eines Nelkenbäumchens steht die Todesstrafe.

Ein paar Ecken weiter stoße ich auf eines der hohen arabischen Häuser, am Eingang das Schild des Konsulats der USA. Vielleicht sollte ich beim Berufskollegen vorbeischauen? Es ist eine Kollegin, Consul Ellen Amalia Shippy, eine sympathische Frau von Mitte dreißig und die einzige amtliche Vertreterin der freien Welt. Sie bestätigt die Erzählungen meines Chauffeurs, es sei ein „paradise lost“. Seitdem der schwarze Mob den Sultan verjagt und die arabische Minderheit 1964 brutal ausgerottet hat, sei das Leben wie ausgelöscht. Es sei ganz überfallartig gekommen, ihre indischen Freunde sprächen immer wieder davon. Jetzt sei da das sozialistische Regime der vollständigen Unfähigkeit.

Die freundliche Inderin im Flugbüro in der Kaunda Road reserviert mir einen Platz in der „voll ausgebuchten Maschine“ für den Abendflug nach Daressalam, aber es sei nicht sicher, daß die Maschine der Air Tanzania fliege, denn die Morgenmaschine sei nicht gekommen. Wie sie das Leben hier finde, frage ich. Sie meint, Unterhaltung finde nirgends statt, öffentliche Veranstaltungen seien verboten. Man lebe eben im engsten Familien- und Freundeskreis. Als Katholikin feiere sie heute abend ein bißchen Karneval.

Beim Abendläuten der früheren deutschen katholischen Kirche, diese gibt es noch, und mit dem Ruf des Muezzin bringt mich mein Taxi zum Flugplatz. Langes Warten im Ungewissen, zusammen mit einem Dutzend Inder und Afrikaner. Zum Glück hatte ich ein Taschenbuch eingesteckt, Hermann Hesses Prosa „Lektüre für Minuten“ – aus den Minuten wurden drei Stunden. Endlich um Mitternacht das erlösende Gebrumm der Fokker Friendship, die mich in einer Viertelstunde nach Daressalam zurückbringt. Mit einem Gefühl tiefer Traurigkeit habe ich Sansibar verlassen. Eine neue Versklavung hat die alte abgelöst, mitten in der Fülle der tropischen Natur.

Noch ein Gang durch das Zentrum von Daressalam am nächsten Morgen. Es herrscht geschäftiges Treiben bei Händlern und an Marktständen, die Stadt am Meer ist unvergleichlich besser mit Waren versehen als ihre Schwester Lusaka im tiefen Binnenland. Von den Plantagen am Kilimandscharo kommen Tee und Kaffee, ich stopfe mein neues blaues Auto voll mit den begehrten Genußwaren und beginne die zweitausend Kilometer lange Rückreise.

Alles, was Leben ist, scheint sich entlang der Landstraße abzuspielen. Frauen und Mädchen mit Körben voll Gemüse und Früchten auf dem Kopf, die arbeitslosen Hocker jung und alt am Straßenrand, die Wanderer mit Stock und Bündel, die kupferfarbenen Massais zu zweit oder in kleinen Gruppen mit buntem Schild und Speer, eine Blume im Mund. Im Laub und hohen Gras die Silhouetten von Elefanten. Die Bilder vermitteln eine andere Vorstellung von Zeit, an ihr scheint kein Mangel. Auch nicht an ihrer Schwester, der Stille. Alles Leben weist hier auf den ewigen Ablauf, den die Natur bestimmt. Halte ich an, duftet es von irgendwoher nach dem süßlichen Rauch der Holzfeuer. Kleine Feuerstellen lodern im Busch.

Nach drei Stunden Fahrt auf guter Teerstraße erreiche ich mein Tagesziel, die Mikumi National Park Lodge. Der Tourismus ist eingefroren, auch hier bin ich der einzige Gast. Die „Küche" ist geschlossen, denn es gibt keine. Die Erfahrung ließ mich im Flughafen von Frankfurt eine eiserne Ration von Vollkornbrot, Knoblauchwurst und Dosenbier einkaufen. Aber es gibt immerhin eine Glühbirne im Zimmer und, wichtiger noch, ein Moskitonetz über dem harten Bett.

In vielen Windungen steigt die Straße über den Großen Afrikanischen Graben. Kaum ein Auto, aber immer wieder die Wanderer, die Träger, die Mütter mit den Kinderbündeln auf dem Rücken, die Landschaft friedlich und farbig, die Maisfelder gut bestellt. Ab und zu eine Herde Gazellen, Zebras als Einzelgänger, Kinder, die winken und „Jambo-Jambo" rufen. Taucht eine Hütte mit dem Polizeiposten auf, und ich sage wer ich bin und wohin die Reise geht, dann folgt ein freundliches „O Jambo-Jambo, welcome, Haia Safari" – und ich schaue in ein freundlich lachendes Gesicht. Auf einem Hügel liegt das Städtchen Iringa, einst eine Garnison der deutschen Schutztruppe. Ein Denkmal erinnert an die braven Askaris und an einen Hauptmann Nigmann, vielleicht der Verteidiger gegen die Briten? In der Markthalle kaufe ich zwei stabile Flechtkörbe für meine Kaffee-Tee-Packungen und bin nach einer Stunde wieder auf der Landstraße, die einmal der Marschweg des Generals von Lettow-Vorbeck war.

Am Nachmittag erreiche ich den „Luftkurort" Mbeya, das Städtchen liegt 1700 Meter hoch, die ideale Höhe für den Kaffeeanbau, und Sitz eines Bischofs. Auch im Mbeya-Railway-Hotel ist man freundlich-überrascht über den einzigen Gast. In der kühlen Bergluft duften die harzigen Fichten, am Abend wird es kalt, ich schlafe in Kleidern. Die Nacht im Gebirge hat ihre eigene Sinfonie: Es zirpt, gurrt, schreit, quiekt, quakt und klappert unter dem Sternenhimmel, und man kennt die Tiere nicht, die zum Konzert einladen.

In aller Frühe geht es weiter, es wird die längste Tagesstrecke werden. Um sieben Uhr erreiche ich die Grenze zu Sambia. Der Schlagbaum ist herabgelassen, noch ist kein Zöllner oder Polizist im Dienst. Aber eine „Bar" in einer schäbigen Bude noch auf tansanischem Boden hat geöffnet, hier tausche ich meine letzten Shilling gegen ein Pfund Tee und komme mit dem einzigen Menschen, der wie ich auf den freien Eingang wartet, ins Gespräch. Er sei aus Somalia und mache gute Geschäfte durch den unzuverlässigen Verkehr der Tansam-Bahn.

Vor dem Militärregime in Mogadiscio geflohen, habe er in Straßburg Jura studiert, reüssierte aber nicht als Anwalt, und so sei er Spediteur geworden, indem er mit seinen zwölf Lastwagen den „garantiert zuverlässigen" Güterverkehr zwischen Tansania und Sambia besorge.

Tansania, ein Land von naturhafter Vielfalt und Schönheit, liegt hinter mir. In Sambia beginnt eine andere Zeitzone, die Uhr wird um eine Stunde zurückgestellt. Nach der höflichen Paß- und Gesundheitspapier-Kontrolle bin ich wieder in meinem Gastland, auf der endlosen Straße durch die heiße Savanne. Die wellige Landschaft in Braun- und Ockertönen, aus der sich vereinzelt schiefrige Spitzhügel und Felsendome auftürmen. Irgendwo im Steppengras nisten hier, wenn es in Deutschland schneit, unsere Störche, Stare und Schwalben. Nach drei Stunden habe ich das Gefühl, in Monotonie zu ersticken. In kleinen Ortschaften entlang der Straße sitzen Kinder im Sand, stehen verwegene Gestalten und warten: auf wen, auf was? Afrika und seine alles zudeckende Lethargie. Die Luft zittert unter der sengenden Sonne. Es ist ein dünnbesiedeltes Gebiet, gesichtslos und bettelarm.

Dabei könnte die Tansam-Eisenbahn zwischen dem Kupfergürtel in Sambia und dem Hochseehafen von Daressalam ein Motor sein für die Ansiedlung von Kleinindustrie und Gewerbe, so wie einst im Mittleren Westen der Vereinigten Staaten die Menschen der Bahn folgten und Dörfer und Städte bauten. Über längere Strecken verläuft meine Straße neben der Bahntrasse. Ich begegne keinem Zug, nicht auf der Strecke, nicht an den Haltestellen. Nur Menschen, die auf dem Gleiskörper gehen oder um ein kleines Feuer sitzen. Die Bahn wurde als politisches Großprojekt geplant, so wie in osmanischer Zeit die Bagdadbahn. Kaunda suchte die Investoren bei den Regierungen der Bundesrepublik Deutschland, der Vereinigten Staaten von Amerika, Frankreichs und Großbritanniens, alle studierten die Wirtschaftlichkeit – und lehnten ab. Kaunda reiste 1967 nach Peking und Mao Tse-tung wurde der Großinvestor. Die Chinesen kamen zu Tausenden als genügsame Arbeiter, Techniker und Ingenieure und brachten auch das Material gleich mit, einschließlich der Lokomotiven.

Nicht jeden Tag verkehrt ein Zug. Die mangelhafte Wartung von Gleiskörper und rollendem Material führt immer wieder zu Unterbrechungen. Für die Strategen im chinesischen Außenministerium ist das Großprojekt von Bedeutung für die Zukunft, sollte es zu politischen Veränderungen im südlichen Afrika kommen, die den Interessen Chinas förderlich wären.

Gruppenbild meiner Mitstreiter an der Botschaft

Zwölf Stunden hinterm Steuer auf der endlosen Landstraße. Sie hämmern ins Gedächtnis: Sambia ist ein riesiges Land aus Savanne, kargen Böden, mageren Weiden, waldlosen Bergen und nur wenigen Ortschaften am Wege. Neben der Bahn, den wenigen Überlandstraßen, dem Telefonnetz und sechs Flugplätzen bleibt noch immer die Trommel als zuverlässige Kommunikation von Dorf zu Dorf. Das Fernsehen in Lusaka und den Industrieorten des Kupfergürtels steckt in den Anfängen. Ab und zu sehe ich den weißen Rauch von Feldfeuerchen aus dem Busch aufsteigen, das sind willkommene kleine Abwechslungen für das Auge.

In der Dunkelheit treffe ich in der Residenz ein. Wenn es ein Guiness Book of Records für die Tierwelt gäbe – Joy würde wegen der hohen Freudensprünge seinen Platz darin finden. Auch das Hauspersonal zeigt aufrichtige Freude über die Heimkehr des Masters nach zwei langen Monaten. Es gibt die üblichen kleinen Diebstähle: Glühbirnen, Whisky, Würfelzucker, Toilettenpapier. Die Truppe wird ausgeschimpft und zeigt zerknirschte Mienen, dann nimmt sie ihre nicht weniger kostbaren Mitbringsel in Empfang: Tee, Kaffee, Radiobatterien.

Deutschland ist wieder unendlich fern. Die Francipanibäume in meinem Garten sind verblüht, herrlich blühen jetzt in der Winterzeit bei 24 Grad die Rosen. Morton und Ulomba schneiden die erste grüne Bananenstaude vom Stamm und hängen sie in der Pergola zum Reifen auf.

IV. Sambia am Rande des Ruins

Bevor mich Ernest ins Büro bringt, schauen wir beim Griechen vorbei, vielleicht gibt es im Kapulonga-Supermarket heute Mehl, Hackfleisch, Waschpulver. Nichts vorhanden. Aber Kollege Afendoulis hat meine Rückkehr wahrgenommen und wird anrufen, wenn etwas hereinkommt. Die allgemeine Lage ist katastrophal. Die Kupferminen arbeiten nur mit halber Kraft, die Devisenreserven sind aufgebraucht und lassen keine Einfuhren von Lebensmitteln und Waren für den Industriebedarf mehr zu. Kaunda bittet den Internationalen Währungsfonds um einen Überbrückungskredit von vierhundert Millionen Dollar. Seine eventuelle Wiederwahl steht an. Mein amerikanischer Kollege Steve Low hat konkrete Hinweise auf ein politisches Abenteuer: Kaunda erwäge aus Gründen des Machterhalts, kubanische Truppen aus dem nahen Angola ins Land zu rufen und sowjetische Mig zu bestellen, um das rhodesische Regime von Ian Smith mit Gewalt zu beseitigen und so von seinem innenpolitischen Versagen abzulenken. Als Persönlichkeit ist er keineswegs ein Mann der reinen Ideologien, auch wenn er Marx und Christentum zusammenzwingt und sich auch stark von Castro beeindruckt zeigt. Aber wer schaut schon in die Seele dieses Moralisten, dem die Felle davonschwimmen? Er weiß, wenn er die Macht an einen anderen verlöre, und es käme nur sein Rivale Simon Kapwepwe oder der intellektuelle ehemalige Außenminister Rupiah Banda in Frage, würde seine bisherige Lebensleistung verblassen, da er das Land nicht vorangebracht hat.

Es herrscht hohe Arbeitslosigkeit, Bandenkriminalität durch streunende Guerillakämpfer, die Polizei ist überfordert. Es hat mich Überwindung gekostet, aber es gibt ein Gefühl von Sicherheit „to have a gun". Ich besitze eine Pistole. Merkwürdiges Gefühl: Ende April 1945 händigte ich zusammen mit den letzten Wehrmachtsangehörigen in den Waldbergen bei Schaffhausen einer Schweizer Patrouille meine Pistole aus, es folgten drei waffenlose Jahrzehnte. Es ist wichtig für die Dienerschaft zu wissen, daß eine Waffe im Hause ist. Ich lasse die Residenz im Parterre vollständig vergittern,

Sichtblenden anbringen, neue Toreinfassungen bauen. Bei einem Angehörigen der schwedischen Botschaft wurde eingebrochen, der Mann gefesselt, seine Frau von drei Banditen vergewaltigt.

Seit Tagen prasselt der Regen hernieder, immer wieder sind die Telefonverbindungen zur Kanzlei oder nach Bonn unterbrochen. Meine Mannschaft ist tapfer, nimmt vieles mit Humor. Jeder zeigt Findigkeiten im Aufstöbern von Eßbarem bei nahen und ferneren Farmern. Noch haben wir Vorräte für alle Familien. Aus dem überlasteten Hafen Daressalam kommt kein Mehl zu den Bäckereien. Aber im Garten der Residenz ernten wir die schönsten Avocados und die guten Schwestern vom Dominican Convent helfen, wo sie können.

Es ist der 18. Februar 1978. Aus dem Ministerbüro in Bonn ruft Klaus Kinkel an, der Minister wolle kurzfristig Ostafrika besuchen. In Kenia sei er ausgeladen worden, ob er im Anschluß an Tansania für drei Tage nach Sambia kommen könne? Er reise mit einer Delegation von etwa neunzig Leuten. „Ich verlasse mich auf Ihr Gefühl." Ich lehne ab.

Die ungebremste Reiselust eines umtriebigen Politikers hat sich ein neues Ziel genehmigt. Aktionismus ist aber noch keine Außenpolitik, schon gar nicht auf dem schwarzen Kontinent. Der Minister ist offenbar nicht gut beraten, was die politischen Umgangsformen in Afrika angeht. Wie soll ich Kaunda das erklären, wie soll ich in dieser Versorgungssituation für ein geradezu fürstliches Gefolge Lebensmittel, Unterbringung, Landausflüge, Interviews, Gesprächspartner für längst erörterte Themen in kürzester Frist organisieren? Afrikanische Potentaten sind sehr sensibel für Verstöße gegen Form und Protokoll. Der sambische Außenminister Mwale und sein deutscher Kollege haben sich doch erst vor wenigen Tagen in New York getroffen, von einer Besuchsabsicht war da offenbar nicht die Rede. Oft verlieren Politiker jeglichen Bezug zur Realität, ihnen geht es vor allem um Profilierung und Selbstdarstellung in den Medien. Jetzt geht die Reise anstelle von Sambia in die Zwergstaaten Burundi und Ruanda. Dort ist man erstaunt und geehrt eingesprungen, wo der deutsche Außenminister, wie die Neue Zürcher Zeitung schreibt, „wohl der höchste ausländische

Gast seit Jahren sein wird". Mein Vertreter Rainald Steck wird zu den Vorbereitungen in die gewichtigen Hauptstädte fliegen – per Lufttaxi. „Es war mein schönster Afrikaflug, und wohl auch der teuerste", meint er nach der Rückkehr. Das Wohl des Volkes verlangt auch vom Auswärtigen Dienst Sparsamkeit: „Salus populi suprema lex esto", lehrt uns Marcus Tullius Cicero. Das sollte auch für die unbändige Reisefreude zwecks Imagepflege vieler Politiker gelten.

Frühmorgens, es ist der 3. März 1978, ruft Protokollchef Lisuaniso an, der Präsident bitte mich auf elf Uhr zu sich. Bei Orangensaft mit Honig, seinem Lieblingsgetränk, sitzen wir in der Bibliothek. Wie sein Berater Marc Chona verrät, könne der Hausherr seinen Gästen zur Zeit weder Tee noch Kaffee anbieten: „Wir im State House sind manchmal so arm wie jene, die in einer Hütte leben." Kaunda dankt für die deutsche Unterstützung seiner Bemühungen, vom Internationalen Währungsfonds die dringend benötigte Zahlungsbilanzhilfe zu bekommen. Ich verweise auf den Bundeskanzler, der sich beim Internationalen Währungsfonds für Sambia eingesetzt habe. Dann spricht er von seinem wiederholt schon geäußerten Wunsch, die deutsche Kapitalhilfe in Warenhilfe umzuwandeln. Der Kriegszustand mit Rhodesien verlange die Kontinuität seiner Politik, also seine Wiederwahl zum Präsidenten von Sambia. Die vom Rebellen Ian Smith vorgeschlagene „interne Lösung" der Frage der Unabhängigkeit dieser britischen Kolonie sei nicht der Weisheit letzter Schluß, denn sie bringe Ian Smith nicht vom Stuhl, da er die volle Kontrolle über Armee und Polizei behalte. Wo bleibe denn die vom britischen Außenminister David Owen und dem amerikanischen VN-Botschafter Andrew Young auf einer Konferenz in Malta zugesagte Intervention bei Smith und in den VN, die eine Regierung in Salisbury unter Einschluß der Führer der Patriotischen Front vorsehe? Nichts sei geschehen. Überhaupt zweifle er am wirklichen Interesse Jimmy Carters an Rhodesien. Der sei zwar der erste amerikanische Präsident, der diesen Kontinent besuche, doch sollte er, statt nach Westafrika zu fliegen, dahin kommen, wo es wirklich brenne und die Russen und Kubaner schon präsent seien, nach Ostafrika.

Das gibt mir die Chance einzuwenden, ob nicht die kubanischen „Militärberater“ in Sambia schon eine Gefahr für das Land seien, man sehe als Diplomat auch mit Erstaunen, wie sehr das Personal an der kubanischen Botschaft in letzter Zeit zugenommen habe. Es bleibe auch nicht verborgen, daß die Sowjetunion in Mosambik schwere Waffen an Land bringe. Dieses ganze südliche Afrika in ein zweites Vietnam hineinzutreiben könne doch nicht in seinem Interesse liegen, doch nur im sowjetischen und dem ihrer revolutionären afrikanischen Stellvertreter. Es sei mit Erstaunen bemerkt worden, wie sich sein Außenminister Mwale auf einem Empfang in der chinesischen Botschaft geäußert habe: „Wir werden weiterkämpfen, möglicherweise wird es ein Blutbad geben wie in Vietnam.“ Kaunda lächelt und schweigt. Ich frage weiter: Ob Joshua Nkomo und Robert Mugabe überhaupt zu Gesprächen mit Salisbury bereit seien? Kaunda antwortet: „Von dort kein Problem.“

Kaunda ist ruhig, freundlich, akzeptiert das offene Gespräch, auch wenn es kritische Bemerkungen enthält. Er weiß, daß er vielleicht nur noch die Hälfte seiner Bevölkerung hinter sich hat und die Unzufriedenheit mit jedem Kilo Mais und Mehl, das nicht geliefert wird, rapide zunimmt. Noch wagt er nicht, im Alleingang aus der Patriotischen Front wenigstens teilweise auszuscheren und die seit 1973 geschlossene Grenze nach Rhodesien zu öffnen. Er braucht für seine Wiederwahl dringend deutsche Hilfe in der Form von einhundert Mercedes-Bussen. Das ist weniger ein finanzielles als ein technisches Problem, die Herstellung und Lieferung der Fahrzeuge müßte schnell geschehen. Dann sprechen wir über den bevorstehenden Besuch des Bundeskanzlers, der ihm wie ein Rettungsanker zu sein scheint. Und schließlich bitte ich meinerseits um die rasche Reparatur eines Hauptkabels, da meine Fernschreibverbindung mit Bonn wieder einmal unterbrochen ist.

Ist er eine historische Figur und ein Vorbild für Afrika? Wenn es ihm gelingt, sein Land aus einem noch größeren Konflikt herauszuhalten, wird er über die Erfolge der ersten Unabhängigkeitsjahre hinaus in die Geschichte eingehen. Kaunda ist sicher kein Intellektueller, aber ein kluger Pragmatiker, obwohl er einem gewissen religiösen Schwärmertum nicht abgeneigt ist. Man sagt, daß er auf die

„geistliche graue Eminenz am Hofe“ hört, auf Reverend John Papworth. Dieser englische Gottesmann ist eine jener Gestalten, wie sie in Afrika immer wieder auftreten. Er äußert sich in Gottesdiensten auch zur Politik und wettert unter anderem gegen Mrs. Margaret Thatcher.

Kaundas persönlicher Alltag ist „gutbürgerlich“, er pflegt keinen byzantinischen Herrschaftsstil wie andere afrikanische Führer, er rafft keine Reichtümer zusammen. Von Personenkult keine Spur. Sein Elternhaus, geprägt von der Basler Mission, wirkt auch im Staatsmann fort. Ich schließe nicht aus, daß seine Art zu denken und zu handeln nicht frei ist von unreflektierten Emotionen, wie ich das bei seinen Landsleuten erlebe, geprägt von der Landschaft und den Eigenarten der Stämme. Seine reservierte Haltung zur ehemaligen Kolonialmacht mag auf dem Schulwissen begründet sein, das man in der Euphorie der endlich erlangten Unabhängigkeit den jungen Sambiern nach 1964 beigebracht hat. Eine Erziehung zur Demokratie nach westlichem Muster ist auch in Afrika ein langwieriger Prozeß.

Die Mehrzahl von Kaundas Landsleuten lebt in einer geistig begrenzten Welt, die bestimmt wird von der Landschaft, weitab vom vorbeieilenden Weltgeschehen. Nur die oberen Schichten, die in den wenigen Städten in Wirtschaft und Verwaltung tätig sind, haben die Möglichkeiten, ihr Leben der neuen Zeit anzupassen. Wer in die Natur von Busch und Steppe hineingeboren worden ist, hat kaum eine Chance, aus der begrenzten Welt des Stammes und seiner Traditionen auszubrechen. Für diese Mehrheit spielt es noch keine große Rolle, daß das Parlament nicht von einer Opposition oder einer freien Presse kontrolliert wird. Wesentlich ist, was den Tag, die Woche, die wechselnden Jahreszeiten ausfüllt: Die Menschen haben genug mit ihrem Überleben zu tun, mit der Befriedigung der allernötigsten Bedürfnisse, dann erst kommen staatliche Strukturen wie zum Beispiel Polizei und Schulzwang. Diesen Gegebenheiten paßt sich Kaunda an. Er hat einen Naturinstinkt für das Machbare, er setzt Autorität und Würde seines Amtes ein. Aber er weiß auch von der Gefährdung seiner Macht. Es liegt auch in unserem Interesse, sie ihm zu erhalten.

Auf Ostern hat sich mein Garten in eine bühnenreife Karfreitagsaue verwandelt. Alles blüht und duftet, Jasmin, Hibiskus, Akazien, die Rosen in den Beeten, der Avocadobaum schenkt seine Früchte. Ich verbringe die Feiertage am Schreibtisch. Meinem Hund Joy habe ich Ausgangserlaubnis erteilt, er ist von Captain Evans zur Kennel-Show nach Kitwe mitgenommen worden, und mit dem ersten Preis kommt er zurück. Bekannte aus der verwöhnten sambischen Oberschicht, die dem „Befreiungskampf" der Patriotischen Front wenig Aufmerksamkeit schenken, fliegen in die Ferien nach London und St. Moritz. Nur der starke linke Flügel des Zentralkomitees der United National Independence Party sorgt für Ungemach. Die von Dominikanerinnen seit Jahrzehnten betreute Schule für Mädchen wird über Nacht verstaatlicht. Die tapferen Frauen mit Oberin Amadea erhalten als Ersatz für ihre Wohnung im Konvent ein kleines Haus. Die Garage verwandeln sie in eine Kapelle. Sie klagen nicht, intervenieren nicht, sie bitten nur um Gemüsesamen aus Deutschland für ihren Garten.

Die Lage im „Frontstaat" spitzt sich zu. Kaunda schreibt an den Bundeskanzler einen etwas verworrenen Brief, in dem er warnt, man werde den Anspruch auf Alleinvertretung aller Schwarzen in Rhodesien nicht länger im Rahmen einer schwarz-weißen „internen Lösung", wie von Ian Smith vorgeschlagen, diskutieren, sondern einen eigenen, militanten Weg beschreiten, für dessen Folgen aber Sambia nicht verantwortlich wäre. Die Führer der Guerilla Joshua Nkomo und Robert Mugabe haben alle angebotenen Brükken nach Salisbury abgebrochen und greifen Ziele, meist nichtmilitärischer Art, in Rhodesien an. In seinem Regierungsorgan „Times of Zambia" läßt Kaunda schreiben: „KK warns West, shut up your big mouths". Im Hintergrund wirkt mein sowjetischer Kollege Solodovnikov, der sich in Gesellschaft als jovialer Biedermann gibt und der als Architekt der radikalen Machtübernahmen in Angola und Mosambik seinem nächsten Ziel zusteuert, Sambia, Rhodesien und Namibia sturmreif zu schießen. Selbst der chinesische Botschafter Ke Pu-hai warnt „vor der russischen Gefahr".

Namibia scheint Kaunda derzeit weniger zu interessieren. Der amerikanische VN-Botschafter Andrew Young kommt nach Lusa-

Von Sorgen geplagt: der Staatsmann Kenneth David Kaunda

ka und erreicht bei Kaunda und SWAPO-Chef Sam Nujoma keinerlei Reaktion auf den westlichen Lösungsvorschlag. Auch wir beauftragten sogenannten „Lusaka Five" des VN-Namibia-Rats werden zu Gesprächen mit der SWAPO-Führung nicht vorgelassen.

Auch hier ist die Frage: Entweder wird Südwestafrika 1978 unabhängig, oder die Schutzmacht Südafrika sieht sich einem jahrelangen Guerillakrieg gegenüber. Der bayerische Ministerpräsident Franz Joseph Strauß warnt vor einem Verfall legitimer Sicherheitspositionen der freien Welt: „Muß Südwestafrika ein zweites Vietnam oder Angola werden?"

Der Präsident ist ausgelassen und witzelt mit seinen Gästen. Sein Freund, Walther Casper, Vorstandsmitglied der Metallgesellschaft in Frankfurt, ist zu Gesprächen über die Ausbeutung von Uranlagerstätten gekommen. Im State House wird sogar südafrikanischer Rotwein serviert. Für die deutsche Rohstoffvorsorge sind die Erze im Sialonga-Gebiet von Interesse. Zur Zeit arbeiten in der Bundesrepublik 13 Leistungsreaktoren, im Jahr 2000 sollen es 65 sein. Sambia könnte etwa eintausend Tonnen Yellowcake pro Jahr liefern. Degussa, auch wichtigster Kupferabnehmer, zieht sich jedoch vom Uranprojekt zurück und überläßt das Feld der bundeseigenen Firma Saarberg-Interplan.

In diesen Tagen werde ich Zeuge eines erschütternden Kapitels im „Befreiungsgeschehen" des südlichen Afrika. ZAPU-Präsident Joshua Nkomo, zu dem sich ein passables Arbeitsverhältnis gebildet hat, genehmigt erstmals die Besichtigung eines seiner sogenannten „Flüchtlingslager". Ich habe darum gebeten im Zusammenhang mit einer Spende der Bundesregierung von über einer Million Mark für den Bau von Unterkünften. Mit Legationsrat Eberhard Melzer fahre ich in die off-limits area etwa dreißig Kilometer außerhalb von Lusaka zum „Victory Camp". Dort sind im großen Viereck alle Lagerinsassen, etwa fünftausend unaufhörlich hustende, ärmlich gekleidete Mädchen von fünf bis vierzehn Jahren aufgestellt. Im Takt rufen sie „Zimbabwe-Zimbabwe" und singen Lieder, die wohl keine Kinderlieder sind. Die Sanitätsstation ist eine dunkle Hütte. Alles ein Bild des Jammers. Die VN mußten diesen Kindern den Flüchtlingsstatus zubilligen, damit ihre Ernährer von der ZAPU zu Spenden und UNHCR-Mitteln gelangen können. Nkomo nimmt meinen Mitarbeiter und mich in die Mitte, schwingt seinen Häuptlingsstock und gibt sich jovial, sagt etwas Freundliches über deutsche Hilfe. Dann berichtet er uns, im nahen Bubenlager seien 7200 „Flüchtlinge“ untergebracht, 3000 weitere würden aus Rhodesien über Botswana eingeflogen werden. Dreißig jugendliche Lehrerinnen versuchen es mit einer rudimentären volksschulartigen Unterrichtung eines Teils der Mädchen. Ich spreche mit einigen der Lehrerinnen, sie sind selbst „Flüchtlinge aus dem Matebele-Land“ und haben keine pädagogische Ausbildung.

Ohnmächtig müssen wir zusehen, wie skrupellose afrikanische „Führer“ eine neue Form der Sklaverei von unschuldigen Kindern auf dem Boden des Gastlandes Sambia betreiben. Nicht für Geld, sondern für politische und militärische Zwecke. Die Jugendlichen werden auch an Waffen ausgebildet. Fünfzehntausend entführte wehrlose Opfer eines Unabhängigkeitskampfes, von der Guerilla in Rhodesien aus Schulen, Elternhaus, Missionsstationen geraubt. Auf meine Frage, woher die Kinder kämen, antwortet Joshua Nkomo, sie seien elternlos herumgeirrt, ihre Eltern seien in den Kämpfen zwischen seinen Befreiungskriegern und der rhodesischen Armee getötet worden. Ich spreche den Archdiakon von Sambia, Milingo, auf das Verbrechen an, er resigniert und sagt, er hoffe auf eine baldige Rückkehr dieser Unschuldigen in ihre Heimat, aber tun könne man nichts, gegen den Marxisten Nkomo sei die Kirche machtlos.

Jetzt befaßt sich auch der Bundestag mit dem außen- und sicherheitspolitischen Brennpunkt südliches Afrika. Der Auswärtige Ausschuß unter Leitung des früheren Bundesaußenministers Dr. Gerhard Schröder besucht die Republik Südafrika und Sambia. Mein früherer Chef im Auswärtigen Amt, ein Gentleman und Realist, möchte das Victory Camp besuchen, und es gelingt. Wieder das Bild von Tausenden hustender Kinder im Karree auf dem braunen Sandboden. Schröder erinnert, das habe es schon einmal in der Geschichte gegeben: die Knabenlese auf dem christlichen Balkan durch die osmanischen Sultane. Der Kinderraub diente damals dazu, die Truppe der Janitscharen aufzufüllen. Seine Delegation ist erschüttert beim Anblick dieser Elendsgestalten.

Wir können die Baracken besichtigen. Jeweils achtzig Mädchen schlafen auf der Erde in den Baracken, auch Mütter mit neugeborenen Kindern. Der Vater? Sie schweigen. Auf offenen Feuerstellen wird zweimal täglich „Sadca“ gekocht, ein Maisbrei, den sie aus Plastikschüsseln mit der Hand essen. Es fehlt an Unterkunftsbaracken, Feldbetten, Kleidung, Medikamenten, Lehrmitteln. Schröder ruft ihnen zu: „We will help you.“ Da in den letzten Tagen ZAPU-Einheiten von rhodesischen Kampffliegern bombardiert worden sind, ist nicht auszuschließen, daß auch „Flüchtlingslager“ angegriffen werden. Wir sehen Mädchen, die Erdlöcher zum Schutz ausheben.

Zum ersten Mal zeigt Joshua Nkomo einem westlichen Botschafter sein „Victory Camp“

Bald nach diesem offiziellen Besuch treffen Hilfsgüter ein, aus dem Bundesministerium für wirtschaftliche Zusammenarbeit und von der Friedrich Ebert Stiftung, die hier in Willi Meck einen eigenen, hochangesehenen und rührigen Vertreter hat. Auch von den Vereinten Nationen und aus der DDR kommen Hilfsgüter.

Von den Tausenden aus Rhodesien verschleppter Kinder werden auch Mädchen an der Waffe ausgebildet

Fast zu gleicher Zeit wie die Vertreter des Auswärtigen Ausschusses ist Brigitte aus Bonn eingetroffen. Endlich hat mein Haus in Lusaka die lang entbehrte Hausfrau. Als Legationsrätin I. Klasse aus dem Beamtenverhältnis entlassen, wurde sie als Ehefrau des Botschafters sogleich als unbezahltes Dienstmädchen der Nation wieder tätig. Ihr gelingt es, mit Hilfe von Vorräten unseres Lufthansa-Vertreters Wilhard von Koeller und meines unentwegt auf Findungstour tätigen Kanzlers Michael Kapp in der Residenz ein Buffet für die Delegation herzurichten. Mein Vorrat an Weinen geht zur Neige. Die guten Südafrikaner wären zwar in erreichbarer Nähe, doch nur selten gelangt Wein aus dem Süden zu uns über die Grenze.

Wie auf allen Auslandsposten sind die sensiblen Volksvertreter sorgfältig zu pflegen. Nur wenige reisen ohne vorgefaßte Meinungen durch die von ihnen besuchten Länder, was vor allem in der derzeitigen politischen Situation für das südliche Afrika gilt. So eilen sie gerne von Ort zu Ort, und man fragt sich mitunter, was für Eindrücke sie eigentlich mit nach Bonn ins Hohe Haus am Rhein mitnehmen. Nach guten Eindrücken und bester Betreuung sowohl seitens der Regierung in Kapstadt als auch deutscher Firmenleitungen in Pretoria stellt ein Abgeordneter mir die Frage: „Sagen Sie, was liegt eigentlich gegen Südafrika vor?"

Zum „African Freedom Day" sind meine Kollegen vom Diplomatischen Corps und ich Gäste von Kaunda im State House. Die beginnende Regenzeit hat die Schleusen des Himmels geöffnet, es ist kalt unter dem zugigen, für uns reservierten offenen Zelt. Die Zeremonie beginnt mit Darbietungen von Tänzern auf dem glitschigen Gras im Rhythmus der Trommeln. Kaunda verteilt Orden an verdiente Parteileute und Veteranen, die von weither in den Park des State House gekommen sind. Schüchtern und in vor Nässe triefenden Gewändern gehen die Geehrten zum Podium, darunter eine alte Häuptlingsfrau mit brennender Tabakspfeife, was ihren Landsleuten von der politischen Klasse Anlaß zu ungehemmten Heiterkeitsausbrüchen gibt. Voraus ging die Kranzniederlegung am Freiheitsdenkmal. Auf dessen Sockel steht ein Sambier, der seine Ketten sprengt. Seit kurzem ist das Denkmal von einem eisernen Gitter umgeben, seitdem nämlich nächtens ein zu Scherzen aufgelegter Zeitgenosse ein Schild anbrachte, auf dem zu lesen war: „They will break everything" („Sie machen auch alles kaputt").

*

Livingstone ist ein schmuckes Städtchen an den Victoria-Fällen. In sechs Stunden sind wir mit dem Auto durch das wellige und im Kafue-Tal auch bergige grüne Land gefahren. Wie Meilensteine tauchen mächtige graue Affenbrotbäume am Wege auf und werfen schwarze Schatten auf die dürre braune Erde. Man wird an die gespenstisch-melancholischen Landschaften von de Chirico erinnert. Kaum ein Auto, kaum ein Mensch begegnet uns. Dabei fahren wir durch „Kriegsgebiet" und treffen zum Glück auf keinen Soldaten.

Wir bewegen uns im ältesten Lebensraum der Menschheit. Im Nationalmuseum von Livingstone sehen wir die Knochen von Bewohnern dieser Landschaft aus dem Pliozän, das war vor fünfzigtausend Jahren. In den Vitrinen liegen auch die Reisekarten und Utensilien des Forschers David Livingstone, der 1855 die größten Wasserfälle des Kontinents entdeckte. Queen Victoria, nach der er seine Entdeckung benannte, herrschte zu jener Zeit über das größte Reich auf Erden und über weite Teile Afrikas. Ihre Ururenkelin, Queen Elizabeth II., ist zur Zeit auf Staatsbesuch in Deutschland. Vor der Gedächtniskirche in Berlin sagt die junge Königin zu den Bewohnern der geteilten und bedrohten Hauptstadt: „Meine Regierung und mein Volk stehen an Ihrer Seite."

Nahe dem nach wie vor existierenden britischen Kriegerdenkmal zeigt man uns die Stelle, wo Steinwerkzeuge aus dem Neolithikum gefunden wurden. Afrika hat eine prähistorische Geschichte. Die Nachfahren leben heute in freundlichen Häusern entlang der mit sambischen Fahnen geschmückten Hauptstraße, und in ihren Geschäften, meist in indischer Hand, werden Einkaufskörbe, Sonnenschutzcremes und Hundevitamintabletten angeboten. Zu Pfingsten führen die Fälle das meiste Wasser. Wir ziehen Kutten und Kapuzen aus Plastik über, krempeln die Hosenbeine hoch und machen uns auf den Weg zum Sambesi, an dessen Ufern uns eine einladende Tafel empfängt: „Beware of Crocodiles". Aber gleich zu Beginn der „Knife End Bridge" kehren wir wieder um, weil die Gischt uns zurücktreibt. Es gibt kein Geländer, und die riesige schwarze Basaltwand ist zum Greifen nahe. Dort stürzen die Wassermassen hundert Meter in die brodelnde Tiefe. Wenn der Wind die Gischt in den Canyon treibt, leuchtet ein doppelter Regenbogen auf. Schon nach einer halben Stunde versinkt die Sonne hinter dem Strom in rotgelben, gelbgoldenen und schließlich ockerbraunen samtigen Tönen. Noch unter den bunten Lampions des Hotels, wo am Pool eine kleine Musikkapelle spielt, hören wir in den Pausen das Dröhnen und Tosen des gewaltigen Wassers.

Ein urbanes, gesellschaftliches Leben findet in Lusaka nicht statt. Es gibt kein Theater, keine Konzerthalle für die Unterhaltung der

1855 von dem Missionar und Forscher David Livingstone entdeckt: die Victoria-Fälle, von den Sambiern „der Rauch, der donnert“ genannt

beau monde noir, auch keine Sehenswürdigkeiten, es sei denn der traurige Anblick zweier Löwen im Käfig von Munda Wanga Botanical Gardens außerhalb der Stadt. Andere Hauptstädte kommen auf den Menschen zu, bleiben durch besondere Gebäude in Erinnerung. Nach Nordrhodesien aber hat der ehemalige Kolonialherr keine Architekten für den schönen Anblick geschickt. Für die kleine Ausländergemeinde spielt sich das kulturelle Leben dann und wann in hochbezahlten Gastspielen in den Botschaften ab. Mein französischer Kollege lud den bekannten Mimen Pradel zu einer Vorstellung ins Hotel ein. Es war kein Erfolg, denn das schwarze Publikum verstand nicht die Pointen über so kunstvolle Bilder wie „l'orchestre“, „le parapluie“ oder „le cheval“. Wie sollte es auch.

Ich versuche es also mit Musik. Im voll besetzten Ballroom des Interconti-Hotels spielt das Keramion-Quintett aus Köln Mozart, Brahms und Dvořák. Am nächsten Tag spielt es in meiner Residenz. Es gibt in den Bantu-Sprachen offenbar kein Wort für „Musik“, nur für „Gesang“ und „Trommel“. Die Presse lobt das Konzert meiner „German singing group“.

Für Unterhaltungsstoff im Diplomatischen Corps trägt auch unser Hund auf seine Weise bei. Durch einen Telefonanruf erfahren wir, daß es in der Stadt Eier zu kaufen gibt. Sogleich fährt Brigitte mit Joy als treuem Wächter auf den Cha-Cha-Cha-Markt und bekommt auch das Gewünschte. Sie stellt das Tablett mit dreißig Eiern auf den Nebensitz, um noch nach Gemüse zu schauen und läßt Joy als Bewachung auf dem Rücksitz zurück, wo er das Marktgeschehen beobachtet, bis es ihm zu langweilig wird. Er ist auch deshalb ein zuverlässiger Beschützer, weil seine großen Bernsteinaugen für die Landeskinder etwas Unheimliches und Dämonisches haben. Als Brigitte wiederkehrt, entfährt ihr ein Schrei des Entsetzens: Joy hatte wieder seinen angestammten Platz auf dem Beifahrersitz eingenommen – und zwar auf den Eiern. Die Bescherung in

Der Cha-Cha-Cha-Viktualienmarkt ist unsere täglich besuchte Einkaufsmeile

Gelb ist komplett. Rührei wohin das Auge blickt, auf Polstern und Armaturen, es rinnt durch die Ritzen der Autotür, und um sein Werk zu vollenden, dreht sich unser Nationalpreisträger majestätisch einmal um seine eigene Achse und begreift natürlich nicht, was er angerichtet hat. Die kostbaren Eier waren an dem Tag nicht wieder zu ersetzen, dafür dauerte es geraume Zeit, bis Hund und Auto wieder in einem akzeptablen Zustand waren. Der Täter schaut keineswegs begossen, verlegen oder schuldbewußt drein, man darf ihn nicht schimpfen, er hat doch nur seine Pflicht getan. Nach erfolgter Reinigung rollt sich Joy behaglich so nahe wie möglich am Kaminfeuer zusammen, denn es ist empfindlich kühl geworden, und beobachtet aufmerksam den Schrank, in dem die Kekse sind.

Wieder einmal sind die Bäckereien ohne Mehl. In Daressalam können wegen der notorischen Desorganisation und Schlamperei die Schiffe nicht zügig entladen werden. Vielleicht fehlt es aber auch an der tansanischen Bruderhilfe für den benachbarten Frontstaat in Not, denn wegen fehlender Devisen kann der sambische Zentralbankchef die fälligen Bahn- und Hafengebühren nicht bezahlen. Es ist wenig Verlaß auf „Uhuru, den Regenbogen der Freundschaft“, wie die Tansam-Bahn, das einst größte Entwicklungsprojekt der Welt, genannt wird. Der chinesische Botschafter klagt mir sein Leid über das von seiner Volksrepublik gebaute Prestigeprojekt. Den einheimischen Kräften gelingt es nicht, den Zugverkehr auf der 1860 km langen Strecke vom Kupfergürtel zum Hafenbahnhof von Daressalam in Gang zu halten. Achtzig Bahnangestellte wurden wegen Diebstahls von Eisenbahnmaterial in Haft genommen. Jetzt sollen wieder chinesische Eisenbahner einspringen, wie schon beim Bahnbau vor zwanzig Jahren.

Immer wieder sind die mutigen Damen der Botschaft dabei, Neues zu entdecken. Sie besteigen den Kilimandscharo und gehen auf die Suche nach Farmen weit außerhalb von Lusaka, auf denen es Orangen, Zwetschgen, Guava oder auch Teigwaren gibt. „Alles ist eine Frage der Organisation“, meint meine Sekretärin und entdeckt wieder einmal „ganz in der Nähe“, d.h. zwanzig Kilometer entfernt, eine „Farm mit Metzgerei“. Noch nehmen sie es mit

Humor, wenn etwa Brigitte dem Koch Morton das Brotbacken beibringt. Das Abenteuer hört aber da auf, wo die Suche nach Lebensmitteln höchst gefährlich wird. Die Frauen meines Vertreters und des Kanzlers wagen die Autofahrt zum Metzger im Busch. Aber das CD-Schild am Wagen ist kein ausreichender Schutz. Sie werden auf einer Naturstraße von einer Guerilla-Patrouille angehalten und zum Aussteigen gezwungen. Mit vorgehaltener Kalaschnikow werden sie gezwungen, sich auf den Boden zu legen, Gesicht nach unten, unter wilden Beschimpfungen. Die drei Nkomo-Kämpfer durchsuchen ihr Auto und lassen sich dabei viel Zeit. Schließlich erscheint eine etwas höhere Charge und befiehlt die Eskortierung der Frauen zum ZAPU Zimbabwe House in Lusaka. Hier werden sie vernommen und freigelassen. Ich protestiere bei Kaunda und beim Außenminister. Man entschuldigt sich mit der bekannten Hilflosigkeit gegenüber den Gastrecht genießenden Guerillas. Kaunda ist nicht mehr Herr in seinem Land. Es ging noch einmal gut aus. Auf ähnliche Weise wurde ein französischer Diplomat überfallen und gefesselt, seine Frau mehrfach vergewaltigt.

Am nächsten Morgen erscheint eine ZAPU-Delegation mit Generalsekretär Msika an der Spitze, um sich für den Vorfall zu entschuldigen. Marc Chona, mit dem ich die Sache bespreche und mit diplomatischen Konsequenzen drohe, argumentiert hilflos: Sobald die Rhodesienfrage gelöst sei, würde die Befreiungsbewegung ZAPU das Land verlassen und es könnten die nationalen Kräfte von Armee und Polizei wieder das Heft in die Hand bekommen. Die Regierung wisse um die Unruhe in der Bevölkerung. Sie wisse auch um die weit fortgeschrittene Umklammerung Sambias durch die strategischen Überlegungen der Sowjetunion und Kubas. Im Caprivi-Zipfel kämpften 1200 SWAPO-Guerillas von sambischem Boden aus gegen südafrikanisches Militär. Bei einem Artillerieduell bei Sesheka habe es Tote gegeben. Aber Kaunda spiele die Ereignisse bewußt herunter und lasse die Zambia National Defense Force nicht eingreifen, das Risiko einer Eskalation sei zu groß.

Das Durcheinander ist vollständig, im Augenblick scheint im südlichen Afrika jeder gegen jeden entweder im diplomatischen Gefecht oder im Kriegszustand zu sein. Erstmals läßt Kaunda den Wunsch

Die melancholischen Augen der Weimaraner täuschen: Sie waren unsere treuen Wächter und haben uns vor manchem Ungemach bewahrt

nach militärischer Zusammenarbeit mit der Bundesrepublik Deutschland anklingen, wie er ihn schon in Washington vorgebracht und dabei Präsident Jimmy Carters Zustimmung gefunden habe. Diesem Unsinn darf und wird die Bundesregierung nicht zustimmen. Der Westen ist auf beiden Feldern, ob Rhodesien oder Südwestafrika, im Augenblick machtlos, trotz unentwegter Gespräche, Konferenzen, Interventionen. In dieser verfahrenen Situation steht Kaunda vor seiner Wiederwahl, deren Ausgang nicht sicher ist.

Überraschend kommt Joshua Nkomo mit nur einem Adjutanten in die Residenz. Er wolle sich für den Vorfall entschuldigen. Heute habe er wenig Zeit, da er am Abend „nach Polen" fliege (sprich Moskau). Ich sage mir, das ist die Gelegenheit, und bitte Brigitte, von uns beiden auf der Gartenbank ein Foto zu machen. Das nette Bild, Botschafter mit Guerillachef, werde ich immer greifbar an der Windschutzscheibe parat halten. Wenn seine Kämpfer schon keinen CD-Wagen zu erkennen vermögen, das Gesicht ihres Führers kennen sie alle. Und noch eine Überraschung bringt der Morgen. Die wöchentliche Kurierdepesche aus Bonn ist nicht eingetroffen, wahrscheinlich wieder von unbekannten Kräften fehlgeleitet. Dafür ist der vermißte Luftsack aufgetaucht – mit neuen Vorhängen für unser Schlafzimmer.

*

Die Aufgaben der Hausfrau, die vor allem aus der Herbeischaffung von Nahrungsmitteln für die notwendigen Einladungen bestehen, erfordern täglichen Einsatz. Sie fährt mit Hund zum Markt, kauft am Wege Brennholz und Holzkohle und betreut mit den beiden Gärtnern den Garten. Oder improvisiert in letzter Minute bei gesetzten Essen die Tischordnung, wenn nämlich ein sambischer Gast kurzfristig absagt oder ein anderer statt mit seiner Angetrauten mit seiner aktuellen Freundin auftritt.

„Da ist etwas für Sie abgegeben worden, es liegt in der Küche, wir müssen etwas machen“, drängt der Gärtner Big Phiri die von der Stadt heimkommende Brigitte. Der Koch hat an diesem Nachmittag Ausgang und läßt auf sich warten. Und dort liegt die Bescherung auf dem Küchentisch – die Hälfte eines Kalbes. Dem Kanzler war es gelungen, beim Farmer weit draußen ein Kalb zu kaufen, das er mit uns teilt. Jetzt wird mit Beil und Fuchsschwanz gehauen und gesägt bis tief in die Nacht hinein. Doch die Freude über das eßbare Tier ist gedämpft: Wenn nur der Strom für den Gefrierschrank nicht ausfällt, bis das Kalb auf den Herd kommt!

Ich komme als gelernter Volkswirt gerne mit auf den Markt. Dort sorgt berittene Polizei für friedliches Feilschen, hier sind die Gerüche nach heißer Erde, Thymian und Rosmarin. Die Frauen in bunten Tüchern, ihre Kleinkinder auf dem Rücken, neben eleganten schwarzen Damen in Hosen aus europäischen Boutiquen, mit Schmuck aus Gold und Elfenbein und öfter einem Galan in Hemd mit Krawatte, der den Korb trägt. Von dort geht man zum nahen Laden von „Limbada's Householdware“, einfach nur um zu schauen, was man dort ergattern kann. Mit wahren Triumphgefühlen entdeckt Brigitte dort in einer staubigen Ecke ein Nudelholz, das in der Botschaftsküche eine schmerzlich empfundene Lücke schließt, denn bisher hatte der Koch Morton den Teig mit einer leeren Bierflasche ausgerollt. Ich denke dabei an meine jungen Jahre in der französischen Besatzungszeit im Schwarzwald, als es nichts oder wenig gab. Überall in Afrika sind diese indischen Händler für Handel und Wandel unentbehrlich.

Das Bild mit ZAPU-Präsident Joshua Nkomo als Schutzheiligem für alle Eventualitäten

V. Der Bundeskanzler entdeckt Afrika

Kaum ein Gespräch in Lusaka, das nicht über kurz oder lang „Südafrika“ zum Thema hätte. Es gibt Diplomaten, die es ablehnen, den Apartheid-Staat persönlich in Augenschein zu nehmen. Das ist eine nicht zu entschuldigende Kurzsichtigkeit. Wie ein Magnet wirkt der Koloß im Süden auf alles politische und wirtschaftliche Geschehen ein. Das riesige reiche Land ist voller Widersprüche, hier eine hochindustrialisierte Wirtschaft mit für Deutschland lebensnotwendigen Rohstoffen, dort der Ausschluß der Mehrheit der Bevölkerung von der politischen Teilhabe. Wir fliegen im Juni 1978 auf großen Umwegen über Botswana nach Johannesburg, eine direkte Flugverbindung ist wegen des Kriegszustandes nicht möglich.

Der Eindruck ist überwältigend. Das Eingangstor in ein Zukunftsland der unbegrenzten Möglichkeiten beginnt mit dem hochmodernen Jan Smuts International Airport, es könnte auch London sein. Das schmucke Hotel „Landdrost“, es könnte auch das Inselhotel in Konstanz sein. Durch Hochhausstraßen zum Carlton Tower, es könnte auch Manhattan sein. Mein junger Kollege Hermann Erath von der Botschaft in Pretoria zeigt uns die weite Stadt von oben, um die sich wie riesenhafte gelbe Maulwurfshügel ein Ring von Goldminen zieht. Nahezu achtzig Prozent des Goldes dieser Welt kommen von hier, und der Ertrag rieselt seit 1890, dem großen Goldrush, auf die weißen Siedler nieder. Die Frauen in Straßen und Geschäften tragen die Mode des westlichen Europa, lange Röcke und hohe Stiefel, der blonde niederländische und britische Menschenschlag dominiert. Schauen wir hinter die Goldberge, wo die übervölkerte Stadt der Schwarzen „Soweto“ liegt, kommt die Ungerechtigkeit des Systems ins Bild, die Rassentrennung.

Wir fahren durch kultiviertes Farmland und gepflegte Vorstädte in üppigen Gärten nach Pretoria, die Hauptstadt der Republik Südafrika. Das Hotel „Burgerspark“, es könnte auch an der Binnenalster stehen. Nur daß der Sonntag so tot ist wie in Ottawa. Das puritanische Holland und Britannien regiert die Sonntagsruhe, die

Straßen sind wie ausgestorben, es gibt weder ein Bier zu kaufen noch ein Fußballspiel zu sehen. Die Bedienung im Hotel ist schwarz und höflich, aber als Gäste sind Afrikaner nicht erlaubt. Man fühlt nach kurzer Zeit die harte Hand des verknöcherten Regimes, der Rassenkonflikt ist mit Händen zu greifen. Noch wird die „Rechtfertigung“ der Apartheid in der Gefahr des Kommunismus gesehen, die Staatspräsident Pieter Willem Botha wie auch sein Vorgänger Balthasar Vorster mit den Aktivitäten der mächtigen Bewegung des African National Congress (ANC) verbindet. Mit den Augen deutscher Politiker und Medien betrachtet, müßte in Südafrika schon längst das Chaos herrschen. Uns Reisenden, die aus dem armen Sambia kommen, bietet sich nur das friedliche Bild eines im Wohlstand lebenden Landes.

Wir sind im Haus unserer Freunde Erika und Hendrik Geldenhuys. Ihre schwierigsten Jahre hatten sie auf dem Posten in Paris, wo man den südafrikanischen Botschafter fühlen ließ, wie sehr seine Regierung gegen den Strom der Zeit schwimmt. Ähnlich mag es deutschen Diplomaten im Dritten Reich ergangen sein. Dabei pflegt Frankreich einen engen Kontakt mit Pretoria in Fragen der Atomenergie. Jetzt ist Hendrik Geldenhuys im Außenministerium zuständig für das Geschehen in den „Frontstaaten“, zu denen keine diplomatischen Beziehungen bestehen. Wie denken seine Kollegen im palastartigen Gebäude des Ministeriums über die alle Welt bewegende Frage der allgemeinen Menschenrechte? Man sagt mir, die Malaise wird erkannt, aber die Reformen brauchen Zeit, die Ansätze sind eingeleitet und in der Diskussion. Das erste schwarze Freiwilligenbataillon ist im Caprivi-Zipfel stationiert und steht der SWAPO-Armee in Gefechten gegenüber. Die Öffnung des Auswärtigen Dienstes für Farbige steht bevor. Gewerkschaften und Unternehmerverband lassen in den Tarifverträgen eine „colour bar“ nicht länger zu. „Es bewegt sich vieles, nur sollten uns die fernen Moralisten in Europa und Amerika nicht den Zeitplan diktieren.“ Es wächst durch die von den Vereinten Nationen verhängten Sanktionen in Südafrika ein neues nationales Bewußtsein heran, bei Weiß wie Schwarz, ein Nationalgefühl, das noch verstärkt wird durch die Bedrohungen aus Rhodesien, Angola und Mosambik.

Ich gebe ihm recht. Unsere Afrikapolitik sollte mit mehr Vernunft und weniger Gefühl erkennen, wie sich Südafrika auf eine neue Gesellschaftsordnung zu bewegt. Es ist das alte Lied der Hast und Besserwisserei bei Politikern, die nicht zu Ende denken, die punktuell zu raschen Entscheidungen drängen, ohne genauere Vorstellungen von afrikanischen Tatsachen und Mentalitäten zu haben. In unserer Botschaft in Pretoria wird beklagt, daß Bonn kaum noch Lehrmaterial für den Deutschunterricht an südafrikanischen Schulen schickt und kulturelle Programme ganz eingestellt worden sind. Es ist ein Fehler, die deutsche Schule in Windhuk zu schließen. Es gibt viel zuwenig wirtschaftlich denkende und versierte Politiker in unseren entscheidenden Institutionen. Sie müßten wissen, was jeder deutsche Industriebetrieb weiß: Kein Land verfügt über mehr Gold, Uran, Chrom, Platin, Nickel, Graphit, Diamanten und vieles mehr als Südafrika. Allein Siemens beschäftigt in acht Betrieben über siebentausend Menschen, die Regierung hat sich gegen alle Konkurrenz für das deutsche PAL-Fernsehsystem entschieden und gibt über hunderttausend Deutschen Gastrecht und Beschäftigung. Auch hört man den Vorwurf: „Habt ihr denn schon vergessen, daß eine Transportflotte aus Südafrika mit den Amerikanern zusammen bei der Berliner Luftbrücke mitgeholfen hat, die abgeschnittene Hauptstadt zu versorgen?"

Der Pulverdampf aus Lusaka zieht sich bis nach Südafrika hin. Im Außenministerium zeigt man sich besorgt, daß die SWAPO-Guerilla der Kontrolle Kaundas entgleiten könnte und deren bisher noch wie Nadelstiche wirkenden militärischen Aktionen im Norden von Südwestafrika zu einem größeren Eingreifen Südafrikas führen müßten. Südafrika ist am Gespräch mit Kaunda oder seinen engsten Beratern interessiert, auch mit Joshua Nkomo, ein Gedankenaustausch sollte auch über geostrategische Probleme geführt werden, „schließlich ist die große südafrikanische Region eine Schicksalseinheit". Man wünscht in der Rhodesienfrage eine baldige Allparteienkonferenz auf der Grundlage der anglo-amerikanischen Vorschläge, also unter Einschluß der aus Sambia und Mosambik operierenden „Befreiungsbewegungen", und für Namibia ebenso eine Lösung auf friedlichem Wege, d.h. auf der Grundlage des westlichen Fünfmächtevorschlages. Ich werde versuchen, einen Kontakt mit Kaunda herzustellen.

Der neue Airbus bringt uns in zwei Stunden von Johannesburg nach Kapstadt. Wir fragen uns wieder: „Wo sind wir?“ Das Zentrum der herrlich gelegenen Stadt könnte auch in Barcelona sein, es ist sauber und quirlig von Geschäftigkeit. Im „Mount Nelson Hotel“ am Fuße des Tafelbergs regiert Old England, im Grill speist gutgekleidetes weißes, indisches und selbst schwarzes Publikum, Deutsch ist dritte Landessprache, durch das Fernsehen huschen unsere Mainzelmännchen, und in der Bar spielt das Orchester Weisen aus Alt-Berlin, und die Chansonnière singt „Schöner Gigolo, armer Gigolo, denkst Du nicht mehr an die Zeiten, wo Du als Husar, goldverschnürt sogar, konntest durch die Straßen reiten ...“ Ist das alles nur ein Tanz auf dem Vulkan? Das Kriegsgeschrei der Guerillaführer weiter nördlich, die „verkrampten“ Reaktionen der Burenregierung auf die evolutionären Entwicklungen im Land haben bereits zu Abwanderungen der Weißen geführt, man spricht von der Verteidigung der „Kapprovinz in der Wagenburg“. Das scheint mir Hysterie zu sein. Wir fahren in die Universitätsstadt Stellenbosch. Im Weinland am Kap könnte man sein Leben verbringen. Landhäuser in großen Gärten, Kuhweiden und Pferdekoppeln, es ist wie Holland unter Palmen.

*

Am Nachmittag des 28. Juni 1978 kommen Bundeskanzler Helmut Schmidt und Frau Loki nach Lusaka. Die Sonne sticht auf die große Zahl der Begrüßenden herab, Kaunda, Diplomaten, Minister, Zentralkomitee, als die silbergraue Bundeswehr-Boeing mit dem Balkenkreuz von Nigeria kommend auf dem Flugplatz landet. Die Sache ist hochpolitisch, sie demonstriert die Bedeutung Afrikas für die deutsche Außenpolitik, und zudem ist es der erste offizielle Besuch eines deutschen Regierungschefs auf dem schwarzen Kontinent. Hundert Mitreisende sind gemeldet, die Botschaft hat seit Wochen den dreitägigen Aufenthalt vorbereitet. Der Staatspräsident ehrt seinen hohen Gast mit dem Zeremoniell eines Staatsbesuches mit

Bei seinem Besuch erhält Bundeskanzler Helmut Schmidt von Kaunda im State House einen Bildband

Militärmusikcorps, Nationalhymne und Ehrensalut von einundzwanzig Schuß.

Der Botschafter geht, so ist es üblich, als erster mit dem sambischen Protokollchef in die Maschine. Der Kanzler begrüßt uns mit einem Gesicht wie Donnergrollen. Aber so war er immer. Zuletzt an einem Juliabend 1973 in Tarabya, der Sommerresidenz des deutschen Botschafters am Bosporus seit Kaiserzeiten. Auch damals war er erschöpft von Reise und viel zu dichtem Programm. Kanzler Brandt hatte dem Bundesminister der Verteidigung das Doppelministerium für Wirtschaft und Finanzen angeboten und bestand auf sofortiger Rückkehr nach Bonn. Jetzt war er wieder krank und überanstrengt, seine blasse Frau ebenso. Sie meint, es habe an der Küche in Lagos gelegen. Im Hintergrund rufen die fähnchenschwingenden Kinder und Parteibefohlenen „Welcome", „One Zambia – One Nation" und „Our Leader Kaunda".

Es wird ein angenehmes Gespräch in der Gästesuite des State House, wo das Kanzlerehepaar wohnt. Kaunda hat sich bald nach der Begrüßung empfohlen. Wir sprechen vom damaligen Besuch in der Türkei, die Laune bessert sich zusehends. „Ach ja, damals in Tarabya. Immer bin ich irgendwohin beordert worden und jetzt zu diesem Job in Afrika. Aber dieses ist das letzte Mal! Wie werde ich hier wahrgenommen?" Ich schalte den Fernseher ein, just erscheinen die Bilder von seiner Landung.

Dann folgt das Verhör. „Sie haben hier wohl allerhand zu tun?" Er nimmt den Atlas auf den Tisch und stellt Fragen, knapp und gut vorbereitet: über die DDR-Berater und Chinesen bei ZAPU, wo sind deren Lager, wo die Operationsgebiete, ebenso bei ZANU und SWAPO, was ich von Nkomo halte, wie stark ist Kaunda, kann er die fremden Truppenkörper kontrollieren, wo sind seine Schwächen, wie sehe ich ihn als Mensch. Ich berichte vom kürzlichen Überfall auf die Frauen meiner Mitarbeiter. „War es aus Ihrer Sicht richtig, daß ich nur zwei afrikanische Länder besuche und nicht fünf, wie das Auswärtige Amt es wollte?" Dann fragt er nach den acht an Sambia grenzenden Ländern und dem Grad ihrer eventuellen Abhängigkeiten von der Sowjetunion. Wir sprechen über Kaundas Wahlaussichten, und er meint: „Kaunda ist wohl der beste von allen in Afrika, besser als Nyerere, dieser Idealist und Blechschwätzer." Ich erinnere an Ecevit, Lyriker seien immer gefährlich als Politiker. Hierauf wünschte der Kanzler einen kurzen Abriß über die historische Entwicklung des Caprivi-Zipfels, über die dortigen Truppenkonzentrationen durch Südafrika. Ich erinnere an die Hilfe Südafrikas bei der Berliner Luftbrücke.

Eingehend befragt er mich über meine Kontakte zur SWAPO-Führung, über die Gründe, weshalb Sam Nujoma bislang die Fünfer-Lösungsvorschläge nicht akzeptiert hat, über die Transportprobleme bei der Tansam-Bahn und Benguela-Bahn, die politischen Hintergründe der katastrophalen Verhältnisse im Hafen von Daressalam, über die Katanga-Rebellen und die Folgen der Kongo-Akte zur Kaiserzeit, über Marktschwankungen bei Kupfer. Er fragt auch nach Personalia und den Aktivitäten der Friedrich Ebert Stiftung. Es ist eine Freude, mit einem klardenkenden Regierungschef zu diskutieren, ich antworte knapp, was ihm ein Kompliment entlockt: „Schauen Sie, auf alles das hat mir keiner der Berater im

Flugzeug die gewünschte Antwort geben können." Damit war die Feuerprobe bestanden, mein Respekt vor diesem Kanzler ist wieder ein Stück gewachsen.

Der Bundeskanzler und Frau Schmidt essen mit Präsident und Frau Kaunda zu Abend, während ich für fünfzig deutsche und sambische Gäste im Intercontinental-Hotel ein Essen gebe, zum größten Teil mit eingeflogenen Speisen und Weinen. Die Gespräche in beiden Häusern verlaufen gut, eine wesentliche Voraussetzung für den weiteren Besuchsverlauf. Am nächsten Morgen empfängt der Kanzler Joshua Nkomo und stellt ihn wegen der Ermordung von zwei deutschen Jesuitenpatres in Rhodesien zur Rede. Nkomo verlegen: „Das waren keine ZAPU-Leute, es waren rhodesische Selous Scouts." Später am Vormittag die politischen Gespräche im kleinen Kreis, Kaunda erhält als Geschenk eine Konzertgitarre, die er sogleich ausprobiert. Die Atmosphäre wird herzlich, und Radio Zambia spricht von einem „historischen Ereignis".

Die Gespräche über bilaterale Wirtschaftsthemen ziehen sich hin, so daß auf das Mittagessen verzichtet wird, der Kanzler hofft auf ein Sandwich im Flugzeug. Kaunda zieht es vor, seinen hohen Gast nicht in der Präsidentenmaschine, einer Jak-40, nach Livingstone zu begleiten, vielleicht traut er dem sowjetischen Fluggerät nicht, das für seine Unfälle bekannt ist. Ermattet nickt der Kanzler ein, ein Sandwich-Luncheon ist nicht vorgesehen, das Protokoll hat es schlicht vergessen. Seine kranke Frau hält tapfer durch. Das Gros der deutschen Delegation folgt in zwei dem Linienverkehr entzogenen größeren Maschinen.

In Livingstone geschmückte Straßen, fähnchenschwenkende Schulkinder. Brigitte bemüht sich um die erkrankte Frau Schmidt, während ich ihrem Mann beim Gang durch den nassen Uferwald Geologie und Geschichte der Entdeckung erzähle. Das Kanzlerpaar schafft es mit letzter Kraft vor die rauschenden Fälle, viel Fernsehen und Presse ist da. Später gibt es Trommeln und Tänze auf der Hotelterrasse. Ich sehe es ihm an, diese Tortur muß nun einmal sein, in der Heimat sind bald Wahlen. Da Afrika in aller Munde ist, macht sich das Bild vor der Kulisse der Fälle mit den zwei Regenbogen besonders gut. Für jeden, der ins Herz des Kontinentes reist,

„Damenprogramm": Frau Loki Schmidt freut sich an der Blumenpracht im Park des State House

ist es ein unvergeßliches Erlebnis zu sehen, wie auf 1,6 km Breite der Sambesi hundert Meter über die senkrechten Felswände in die Tiefe stürzt. Das Schauspiel der wilden Tänzer mit Schild und Speer scheint dem Kanzler Spaß zu machen, doch es folgt ein rascher Aufbruch, denn die Startbahn ist nicht beleuchtet und die Dunkelheit fällt schnell herein.

Nach einer Stunde, wieder in Lusaka, beginnt Kaundas Bankett für seine deutschen Gäste. Wieder bewundere ich das Kanzlerpaar, wie es selbst bei diesen noch in der Nacht hohen Temperaturen und bei diesem Programm durchhält. Eine Konversation im Ballsaal des Intercontinental-Hotels ist kaum möglich, die Militärkapelle will zeigen, was sie kann. Wir blicken von unseren erhöhten Ehrenplätzen auf vierhundert Gäste hinunter und kämpfen gegen unsere Müdigkeit an. Erschwerend kommt noch hinzu, daß ich zwischen zwei schwarze Ministergattinnen plaziert bin, die kein Wort Englisch sprechen. Während der Bundeskanzler seine Tischrede verliest, fällt mir auf, daß die deutschen Presse- und Fernsehleute fehlen. Gegen Ende der Veranstaltung treffen sie ein – ihr Aufzug im Hotel ist steckengeblieben. Klopfen und Rufen war zwecklos. Nach einer halben Stunde wurde die Luft unerträglich. Der Pressereferent des Kanzlers hatte zum Glück ein Exemplar der Rede bei sich und las den Text vor. Gerade als er zu Ende war, setzte sich der Fahrstuhl wie von Zauberhand in Bewegung.

Die denkwürdigsten Stunden schließen sich nach dem Ende des Banketts in der Gästesuite des State House an. Der Kanzler unterhält sich mit Bischof Adolf Fürstenberg, und der erzählt aus dem Leben eines Missionars in Afrika. Hier sitzen sich nicht nur ein Politiker und ein Kirchenmann gegenüber, sondern zwei Menschen, die völlig unverkrampft miteinander sprechen. Der Kanzler findet auch nichts dabei, von seinen Parteifreunden als „den Sozis" zu sprechen. Der Bischof berichtet von seiner riesigen Diözese: Neben dem monotheistischen Glauben seiner Christen existiere

Das Ehepaar Schmidt betrachtet von sicherem Standort die Victoria-Fälle

nach wie vor der Geisterglaube, für Rom sei die afrikanische Vorstellungswelt ein Problem der Adaption. Am Diözesansitz in Mbala habe man unter Schwierigkeiten die Bibel in die Sprache der Bemba übersetzt, des größten Stammes mit etwa eineinhalb Millionen Menschen. Beide sind sich darin einig, daß die katholische Liturgie an den traditionellen lateinischen Formeln als einigendem Band gerade für die afrikanischen Christen festhalten sollte.

Die Nacht schreitet voran, Kanzler und Bischof sind Zigarettenraucher und ihre Gesichter nur noch schemenhaft zu sehen. Frau Schmidt hat sich nach Mitternacht zurückgezogen. Der Kanzler meint: „Jetzt sind wir Senioren, wie schnell das geht! Auch in meinem Kabinett bin ich schon der Zweitälteste", und wie wenig Zeit einem für seine Aufgabe doch bleibe. Der Kanzler ist sofort einverstanden, als ich ihm beim Aufbruch vorschlage, dem Bischof, der bald siebzig Jahre alt wird, das Große Bundesverdienstkreuz zu verleihen.

Am letzten Tag finden wieder Gespräche mit Kaunda über Rhodesien, Namibia, Südafrika statt. Das Interesse des Kanzlers an afrikanischen Fragen geht weit über die höfliche Aufmerksamkeit eines offiziellen Besuchers hinaus; ich glaube, Afrika hat ihn persönlich gefesselt, er wird sich in Bonn engagieren. Die neuesten Telegramme aus dem Kanzleramt treffen ein, werden überflogen, es folgt eine Pressekonferenz, der Abflug muß um zwei Stunden verschoben werden. Wieder großes Zeremoniell, der Kanzler und seine Frau sind zufrieden und bester Stimmung, wir verbringen die letzte halbe Stunde mit ihnen allein. Helmut Schmidt bekennt, er reise bereichert um die bessere Kenntnis der Menschen dieses Erdteils und der speziellen politischen Probleme Afrikas zurück; er werde alles unternehmen, um den westlichen Namibia-Vorschlag zu verwirklichen und baldige Wahlen unter der Kontrolle der Vereinten Nationen zu ermöglichen. Kaunda hat ihn beeindruckt: „Nicht wahr, er ist der beste in Afrika?" Er sieht die deutsche Afrikapolitik bestätigt, da sich zumindest für Namibia der Durchbruch für eine friedliche Lösung abzeichnet.

Herzlicher Abschied. Die Militärmusik spielt gleich dreimal die deutsche Nationalhymne. Ich bedanke mich beim Kanzler für die uns überlassenen, nicht verbrauchten Lebensmittel. „Aber das war doch gern geschehen, ich weiß ja, welche Schwierigkeiten Sie hier haben.“ Als die Boeing der Bundesluftwaffe in den Himmel dröhnt, weicht der Druck der letzten Wochen und Tage, jetzt feiern wir mit den Mitarbeitern, die ganz Außerordentliches geleistet haben. Es bleibt die Frage: Müssen unsere Regierungsdelegationen so riesengroß sein? Was soll ein wenn auch noch so ehrenwerter Mann wie der Präsident der Stiftung Preußischer Kulturbesitz bei dieser politischen Kanzlerreise in Afrika?

Einen Sonntagnachmittag sind wir damit beschäftigt, Mehl aus einem Sack in die von der hiesigen Coca-Cola-Niederlassung zur Verfügung gestellten Glasbehälter umzufüllen. Mehlwürmer sollen keine Chance bekommen. Es vergehen einige Tage, bis aus Bonn die hohe Rechnung für besagte Lebensmittel präsentiert wird. Der Kameralismus hat uns fest im Griff.

VI. Es geht auch anders: Mauritius und Malawi

Noch gibt das Kaminfeuer dem Haus etwas Wärme in der zu Ende gehenden Winterzeit. Die Tage werden länger, erst am späten Nachmittag verwandelt sich der Himmel in ein metallisches Orange, vor dem sich die Zweige der Platanen wie auf einem alten Schattenriß abzeichnen. Wir machen dicht, das Staatsgut an Silber, Gemälden und Teppichen wird eingeschlossen, wir fliegen nach Mauritius. Nur Joy paßt das Ganze nicht, er jault und hat keine Lust zu fressen, schaut beim Kofferpacken mit fragenden Augen, als ob er sagen möchte: Begreift ihr denn meine Hundeseele nicht, ihr bringt meinen gewohnten Alltag zwischen Haus und Garten durcheinander – und kommt ihr überhaupt zurück? Wenn er früh-

Der Kanzler wird von den Einwohnern von Livingstone herzlich begrüßt

morgens sein Revier abschnuppert, in schwer zugänglichen überwachsenen Ecken gräbt, bis seine graue Schnauze im Erdloch verschwindet, wenn er sich auf dem Grasboden wälzt, um sich im Tau zu kühlen, und er hört dann meinen Pfiff, dann schießt er im gestreckten Lauf auf mich zu, und der Morgengruß endet in einer kleinen Balgerei. Die Schreie der Pfauen aus Nachbar Kaundas Park findet er störend und antwortet mit empörtem Gebell. Niemals würde er in das Servants Quarter hinter der Residenz hinüberspringen, hier hat seine Neugier Grenzen, so wie er sich auch nie von unserer schwarzen Dienerschaft anfassen ließe.

Kaunda ist noch im Golfhemd, als er mich und meinen Vertreter Rainald Steck kurfristig zu sich rufen läßt, abends am 26. Juli 1978. Er dankt für den Besuch des Kanzlers, fragt, wie sich meine Frau in Lusaka eingelebt habe, und kommt dann zur Sache: Die Warenhilfe mit den hundert Bussen sei ihm wichtig, er habe eigens Verkehrsminister General Kingsley Chinkuli nach Daressalam beordert, um den Transport zu überwachen. Und wie er am besten die soeben vom Deutschen Bundestag beschlossene Soforthilfe von drei Millionen Mark verwenden solle, er denke an militärische Ausrüstung. Es gelingt, ihn zu überzeugen, daß er statt Waffen, was nach unserem Kriegswaffen-Kontrollgesetz ohnehin nicht möglich wäre, dreißig Sechs-Tonner-LKW von Magirus-Deutz nehmen solle, die das sambische Militär gut gebrauchen könne und die schnell geliefert werden könnten. Das will er sich gern durch den Kopf gehen lassen.

Die einzige Fernstrecken-Boeing 707 von Zambia Airways fliegt in vier Stunden nach Mauritius. Über den Gebirgszügen und Stromtälern von Madagaskar ist man noch in Afrika, auch die Inselrepublik Mauritius im Indischen Ozean wird gegen allen Anschein geographisch zu Afrika gerechnet. Aber gleich nach der Landung hinter Plaisance Airport glaubt man sich in Asien. Am späten Nachmittag bringt uns ein Taxi durch das dichte Grün der Zuckerrohr-Plantagen, hinter denen sich bizarre Lavakegel abheben, vorbei an Villen im Kolonialstil und den Buden der indischen Händler, in denen kleine Lichter brennen. Die Wohn- und Geschäftshäuser von Curepipe sind so farbig wie der französische

Name der alten Stadt, in deren Straßen es wimmelt von Indern, Kreolen, Chinesen und nur wenigen Schwarzen. Die Geschäfte sind voller Waren, wohlgefällig schauen wir auf „free trade“ als Kontrast zu dem vom internationalen Handel abgeschnittenen, hungernden Sambia. Wir erreichen unser Hotel „La Pirogue“, einem mächtigen Focksegel nachgebaut, in einem Wäldchen von Philao-Koniferen an der Westküste. Die Küche ist französisch, das Hausorchester kreolisch, die Gäste kommen aus Frankreich, Italien, Südafrika. Das ist eine andere Welt in dieser Nacht unter dem Kreuz des Südens, weit hinter uns liegt das Binnenland, aus dem wir abgeflogen sind.

Handel statt Ideologie, auf Mauritius zeigt sich, wohin man schaut, die wohltuende Szenerie eines geordneten und reichen Landes. Noch immer gilt der Code Napoléon, es scheint für das friedliche Zusammenleben so vieler Rassen keine Probleme zu geben. Die Geschichte ist europäisch, die Hauptstadt Port Louis erinnert an den Sonnenkönig. An die britische Kolonialzeit (1810 bis 1968) erinnern schöne Residenzen, das Governor's House, das Denkmal der Queen Victoria. Die Engländer waren klug genug, das französische Erbe zu bewahren, und französische verbindet sich mit kreolischer Lebensart zu einer charmanten tropischen Variante, nicht zuletzt durch ein schwerverständliches französisches Patois.

Die feuchte Schwüle macht das Atmen schwer, wir spazieren durch das bunte Häusergewirr zum gedeckten Markt und zum Chinesenviertel. Erst auf der Rückfahrt zum Hotel kommt Afrika wieder ins Bild, es sind die ärmlichen Hütten der schwarzen Arbeiter in den Zuckerrohrfeldern. Es ist nicht einfach, mit unserem Mini-Morris ohne Benzinanzeiger durch die Insel ohne Ortsschilder zu fahren. Auf schmalen Straßen, die Landkarte auf den Knien, geht es durch Aloe-, Tabak- und Zuckerrohrfelder, in denen die schwarzen Ruinen längst aufgelassener Fabriken liegen, vorbei an französischen Kirchen und Hindutempeln. Wenn man ein Paradies in unserer Zeit beschreiben wollte, vielleicht läge es hier. Die Tage am Strand unter Casuarinen, die nach Süßholz duften, vor uns die jadegrüne Lagune und in einigen hundert Metern das Riff, an dem sich die Wellen brechen. Gegen zehn erscheint Mohamed, ein

Der einsame Strand: Mauritius war noch kein Tummelplatz für den internationalen Tourismus

gewitzter kleiner Kreole mit seinem Korb. Er verkauft seltene Muscheln, die aus Tauchgängen von jenseits des Riffs stammen. Von ihm erfahren wir die Namen der herrlichsten Meerwunder aus Perlmutt und Kalk: die feingerippte braune Harpa davidus, die walzenartige und wie eine Landkarte gemusterte braun-weiße Cypraca mappa oder ganz in Perlmutt die Troque de pyramide. Wie der Bursche sagt, tauchen schon seit einigen Jahren keine unbekannten Exemplare mehr auf.

Beim Gang in die Dämmerung, wenn sich die Umrisse des bizarren Felsens Le Rempart wie ein kleines Matterhorn scharf am aprikosengelben Horizont abheben, erscheint pünktlich um sieben das Postflugzeug aus La Réunion. Dann ist es nicht mehr lange bis zur südlichen Sternenpracht mit dem Kreuz des Südens. Hinter den Fächerpalmen ruft die Hauskapelle die Gäste zur „Happy Hour" und spielt „Im Weißen Rössl am Wolfgangsee".

Die Tage vergehen schnell, Tage ohne den pausenlosen Nachrichten- und Kontaktfluß und das Diktieren von Berichten und Briefen am Schreibtisch. Es ist an einem der letzten Tage, die Lagune ist ruhig und die Schönwetterwölkchen zieren den Himmel, als mich das Inselblatt „L'Express“ in die sambische Gegenwart zurückholt: Simon Kapwepwe, der alte Rivale Kaundas, habe sich aus der Verbannung zurückgemeldet und werde als Kandidat für das Präsidentenamt auftreten. Es ist eine Sensation, die selbst im dreitausend Kilometer entfernten Mauritius aufhorchen läßt. Im Herbst, wenn im friedlichen Inselstaat Mauritius die „Saison Hippique“ eröffnet wird und die Inderinnen in leuchtendbunten Saris dem Konzert der Brandung am Riff lauschen, wird in Lusaka das politische Geschehen vibrieren.

Und noch eine Konfrontation mit der Gegenwart des „Frontstaats“ trübt den Tag. Beim Rückflug steuert nicht Nick Evans die Boeing, sondern der dicke Captain Bloomfield, der zum Chefpiloten von Zambia Airways aufgerückt ist. Captain Evans, unser Freund und Hundezüchter, ist nämlich fristlos entlassen worden, er nahm es mit der Wahrheit allzu genau. Um einer Turbulenz auszuweichen und es den Fluggästen angenehmer zu machen, flog er über einen kleinen Zipfel rhodesisches Gebiet. Er machte also um die politische „Frontstaatenlegalität“ einen Bogen von zehn Minuten und trug die Route pflichtschuldig in sein Logbuch ein. Irgendein Beamter im Verkehrsministerium in Lusaka stieß nach Tagen auf den Fauxpas, der im Sinne der Sicherheit und Bequemlichkeit der Fluggäste begangen worden war, und gab Nick Evans den Laufpaß.

Die Entlassung kann nicht ohne Wissen von Kaunda geschehen sein. Hier wird der übereifrige Frontstaaten-Mythos zur Posse, das Land verliert seine europäischen Fachleute. Seit Jahresbeginn haben 226 Deutsche Sambia verlassen, die Industrie im Kupfergürtel heuert jetzt Techniker und Ingenieure aus den Philippinen an.

Aus deutscher und europäischer Sicht gibt es zur Zeit keine Alternative zu Kaunda. Seine Wiederwahl ist in unserem Interesse. Nach ihm, wahrscheinlich auch mit dem ehemaligen Außenminister und Sozialisten Simon Kapwepwe, käme ein Militärregime an die Macht, das höchst wahrscheinlich einen heißen Krieg um Rhodesien führen würde. Das innere Chaos würde noch zunehmen. Auf sambischem Boden entlang dem Caprivi-Streifen kämpfen bereits südafrikanische Truppen gegen Verbände der SWAPO und der sambischen Streitkräfte. Kollege Wassili Solodovnikov wird sich die Hände reiben, alles läuft in die Richtung der strategischen Planung der Sowjetdiplomatie.

Eine deutsche Eigenart ist die Profilierung politischer Parteien durch sogenannte Stiftungen für die Arbeit im Ausland, also eine Art Neben- oder auch Ergänzungstätigkeit der amtlichen Auslandsvertretungen. Die Friedrich Ebert Stiftung schenkt Kaundas Partei, der United National Independence Party, ein eigenes Schulungszentrum, das „Citizenship College“. Es liegt in der Nähe des wegen seiner damals geheimen Versammlungen in der Zeit des Unabhängigkeitsstrebens legendären Felsplateaus „Mulungushi Rock“. Bei seiner Eröffnung komme ich mit hohen UNIP-Funktionären ins Gespräch. Sie sagen offen, die Wahl des Präsidentschaftskandidaten sei noch unentschieden. Aber wie ist das mit der Parteiloyalität zu vereinbaren? Wieder die Antwort, die innere und äußere Lage sei verfahren, Kaunda stehe den Problemen hilflos gegenüber. Wegen des Abschusses eines rhodesischen Verkehrsflugzeuges durch ZAPU- oder ZANU-Guerillas vor kurzem bei Kariba mit vierundfünfzig Toten wird mit rhodesischen Vergeltungsschlägen gerechnet. Diese würden auch die sambische Bevölkerung treffen. Kaunda bleibt nur die Ausflucht, an allem sei Großbritannien schuld.

In der aufgeheizten Atmosphäre der Diskussionen über seine etwaige Wiederwahl bestellt Kaunda die Missionschefs in das State House. Er wiederholt die Anschuldigungen, Großbritannien tue nichts für die Unabhängigkeit Zimbabwes unter einer schwarzen Regierung. Und was den Widersacher Simon Kapwepwe angehe, so könne der sich beim übernächsten Mal bewerben, jetzt sei noch einmal er an der Reihe. Zum Schluß dieser merkwürdigen Informationssitzung zeigt sich Kaunda wieder einmal als der besorgte Landesvater mit Herz. Er zieht sein Taschentuch hervor und zerdrückt einige Tränen und verliest einen Brief seiner Töchter, die um sein politisches Wohl besorgt sind; er beschwört mit bewegten Worten Gott, daß nur er und kein anderer der gegebene Führer seines Landes sein könne. Einem Nichtkenner afrikanischer Mentalität die schillernde Persönlichkeit Kaundas zu erklären, ist kaum möglich.

Der heiße Tag der Kandidatenwahl ist der 9. September 1978, sie erfolgt auf dem Felsplateau von Mulungushi Rock, dem „sambischen Rütli“. Nur daß der traditionelle Ort bei der Stadt Kapwe, wo 1961 die geheimen Versammlungen der Kaunda-Partei für die Unabhängigkeit Nordrhodesiens stattfanden, keine grüne Wiese am Wasser ist. Mit meinen „Mercedes-Bussen“ kamen die siebentausend Delegierten am Vortag aus dem ganzen Land zu der geheiligten

Er hätte Kaunda politisch gefährlich werden können: Simon Kapwepwe, der ehemalige Außenminister

Stätte, kauerten die Nacht über auf dem granitenen Felsen und hokken jetzt in glühender Sonne, nur wenige finden Platz in den Strohhütten. Rundum ist der Busch von der Sonne ausgedörrt, nur wenige grüne Bäume stechen aus der Ödnis heraus. Es hat etwas Makabres, dieses schwarze Menschengewimmel in einer trostlosen Landschaft. Das Diplomatische Corps wurde zu diesem in der Presse immer wieder beschworenen „crucial day" eingeladen. Drei Dutzend Botschafter ducken sich eng in einer niedrigen Hütte, Sandwiches und Tee aus Thermosflaschen haben wir mitgebracht.

So stelle ich mir einen mittelalterlichen Jahrmarkt vor, wo alles zusammenkommt vom Herrscher bis zu den Gauklern! Viele stehen, hocken, viele springen auf, die eigentlichen Stimmberechtigten eilen in diesem Tohuwabohu hin und her, ebenso das Militär, Verpfleger, Rotes Kreuz, viel seltsames Weibervolk, sie alle folgen mit unbeschreiblichem Geschrei und Pfeifen dem Treiben der Akrobaten, Gaukler, Tänzer, Sänger und Trommler. Keine Minute ist Pause, zwei Stunden lang, dazwischen Marsch- und Popmusik und nicht enden wollende Sprechchöre: „Nieder mit Ian Smith", „Nieder mit Vorster", „One Zambia – One Nation". Ein weißer und ein schwarzer Priester flehen den Segen des Allmächtigen auf die Versammlung herab.

Eher gelangweilt schauen die hohen Staatsgäste auf das Geschehen, wischen sich den Schweiß aus dem Gesicht: Julius Nyerere von Tansania, Seretse Khama von Botswana, Agostinho Neto von Angola, die Außenminister von Mosambik und Malawi, die Präsidenten der „Patriotischen Front". Jetzt spricht Kaunda, vier Stunden lang, eine Meisterleistung an Rhetorik, Schauspielerei, Taktik. Er braucht allerdings nur eine Minute, um die überraschende Änderung der Parteistatuten durchzupeitschen, die eine Kandidatur von Simon Kapwepwe verhindert. Viel ist die Rede von desolater Wirtschaftslage, vom Kampf um die Befreiung von Rassismus und Kolonialismus. Dann die Apotheose mit geballten Fäusten: „Long live the socialist world revolution."

Kaunda wird als einziger Präsidentschaftskandidat wiedergewählt, zum Jahresende wird seine Wahl zum Staatspräsidenten folgen, wieder eine bloße Formsache mit viel Tamtam. Ich frage den anwesenden Studentenpfarrer Prokop, den es aus dem Sudetenland nach Sambia verschlagen hat, was es mit dem Bekenntnis zur „sozialistischen Weltrevolution“ auf sich habe. „Rein gar nichts, Kaunda spricht heute so und morgen so, in seinem Inneren aber spricht doch wohl eine gewisse Redlichkeit aus dem protestantischen Glauben heraus. Seine engsten Berater sind gläubige Katholiken, Marc Chona und Punabantu. Kaunda weiß um den Segen der christlichen Missionen im Land. Auch in den Nachbarländern haben die Missionare Aufgaben der Verwaltung übernommen. Vieles hat die Kolonialmacht an Infrastruktur hinterlassen, vieles ist hernach auch geschehen, denken Sie an Straßenbau und Elektrifizierung und vor allem an die Privatinvestitionen durch den ‚Kapitalismus‘. Die westliche Entwicklungshilfe kommt hinzu. Woran es fehlt, ist eine effiziente Verwaltung durch zuverlässige Beamte und eine integre Polizei.“

Das wird mir ad oculos demonstriert beim ersten Besuch der Nordwestregion, dem Kupfergürtel. Die Fatimah Girls Secondary School der Dominikanerinnen, die wir auf der Hinfahrt besuchen, ist ein Muster an Sauberkeit und fröhlicher Lebendigkeit ihrer fünfhundert Schülerinnen, darunter einer Tochter Kaundas. Ähnlich ist es beim Dominican Convent in Mufulira, die Lehrerinnen sind zum großen Teil über siebzig Jahre alt, es fehlt an Nachwuchs und abends traut man sich nicht mehr aus dem Haus. Die Kriminalität ist das brisanteste Problem, sagt Oberin Brunhilda. Der deutsche Bergwerksdirektor Rosenkranz von Roan Consolidated Mines zeigt uns eine Fläche, auf der 34 000 Tonnen Kupfer zum Versand mit der Tansam-Bahn gelagert werden. Von neuntausend Beschäftigten sind dreihundertachtzig ausländische Fachkräfte, die Hälfte davon bereitet sich auf den Exodus nach Südafrika vor. Wenn die Experten nicht ersetzt werden, wird es zu Stillegungen kommen, dann wird es Jahre dauern, bis die technisch aufwendige Produktion wieder anlaufen kann. Im vergangenen Jahr wurden hier 130 000 Tonnen Kupfer produziert. Nicht der niedrige Weltmarktpreis für Kupfer, aber die Politik und nicht die Wirtschaft ist unser Schicksal! Die politische Stümperei und das Festhalten an den ideologischen Wahnvorstellungen der Patriotischen Front durch den ökonomisch völlig ungebildeten Präsidenten sind der Grund für die Misere. Der klügere Simon Kapwepwe hat im Kupfergürtel viele Anhänger."

In Kitwe, der Industriestadt mit einer halben Million Einwohnern, sind wir im „Ersten Haus am Platze" angemeldet, dem „Hotel Edinburgh". Es ist heiß im Zimmer, es gibt weder Klimagerät noch Telefon, die elektrische Birne hängt einsam am Kabel von der Decke, eine Schranktüre ist herausgerissen, das sogenannte Bad starrt vor Schmutz und das „spring chicken" im Restaurant ist ungenießbar. Der ehemalige britische Hoteldirektor hat das Land verlassen.

Ich besuche His Worship The Mayor of Kitwe, Häuptling Philemon Ng'oma, eine hohe und würdige Gestalt. Er empfängt Brigitte und mich in vollem Ornat vor dem versammelten Stadtrat in der „Chamber" und hebt und senkt bei der Begrüßungsansprache seinen Häuptlingsstock. Auch er berichtet vom Exodus der Weißen und der Landflucht in die immer größer werdenden „squatter towns", die sich über Nacht ausbreitenden Bretterbuden am Rande der Stadt. Hier sieht er die Quelle für Mord und Diebstahl. Ob vielleicht die deutsche Polizei gegen die hohe Kriminalität helfen könnte, er wünsche sich neben seinen Partnerstädten in Rumänien und der Sowjetunion auch eine deutsche Stadt für eine „wirkliche Partnerschaft".

Generaldirektor Thomas von Rokana Mines zeigt uns das Kobalt-Werk. In einer modernen Schmelzanlage könnte man statt der 1800 Tonnen auch 8000 Tonnen gewinnen, es fehle an der Modernisierung der Anlage, aber auch an der Umsetzung neuer Technologien für die Aufbereitung des seit vierzig Jahren schon hier lagernden kobalthaltigen Kupfererzes. Sambia besitze die größten Kobalt-Lagerstätten der Welt, das Metall sei wirtschaftlich viel interessanter als Kupfer, man denke allein an die Produktion von Flugzeugmotoren. Die Regierung in Lusaka könne gegen die schwere Kriminalität wie Mord und Raub kaum etwas ausrichten, vor allem gegen die bei Arbeiterfamilien gefürchteten „witchcraft gangs", die Ritualmorde an Frauen und Kindern verübten, um die Herzen der Getöteten den „witchdoctors" in den nahen Kongo-

Zaire zu verkaufen für ihre „Medizin". Weil sie um ihr Leben fürchten, verlassen Europäer ihre Häuser, philippinische Ingenieure als ihre Nachfolger nehmen sie gern in Besitz.

In der freundlichen Gartenstadt Chingola nahe der Grenze zu Kongo-Zaire leben hunderttausend Einwohner, darunter noch fünfhundert Europäer. Hier wird im Tagebau von der Firma Nchanga Consolidated Copper Mines Ltd (NCCM) mit Riesentraktoren von einhundert Tonnen Gewicht das Kupfererz abgebaut. Maschinen, Ersatzteile, Schmieröl kommen auf dem offiziell nicht existierenden Luftweg oder „im verschlossenen Waggon auf der Schiene" über Südafrika aus den USA, Deutschland und Japan. Auch in Ndola, einer modernen Stadt mit blühenden Jacaranda-Alleen, wie in einem großen Park gelegen, hören wir die gleichen Klagen.

Auf den Straßen begegnen uns die ersten Mercedes-Neoplan-Busse der deutschen Warenhilfe, Symbole der raschen Realisierung der deutschen Hilfezusage. Farmland wechselt ab mit Nadelwäldern, wir sind 1200 Meter hoch. Auf den turmartigen Gebilden der Termitenhügel, die bis zu drei Meter hoch sind, wachsen Laubbäume. Wie Kirchturmspitzen ragen sie aus der braunen Savanne.

Kaunda gelingt ein diplomatischer Coup. Die britischen Firmen Shell und BP, an Lieferungen nach Sambia interessiert, unterlaufen immer wieder den Ölboykott gegen Rhodesien, was Kaunda derart in Rage versetzt, daß er den britischen Premier James Callaghan nach Lusaka „zitiert", ein politischer Affront, der natürlich danebengeht. Von seinem nicht sehr fähigen Außenminister David Owen beraten, zeigt sich Callaghan jedoch bereit, Kaunda so weit entgegenzukommen, daß er sich mit ihm in Kano in Nigeria trifft. Queen Victoria „would not have been amused" über den Canossagang des heutigen Vertreters der britischen Krone. Man trifft sich, das Ergebnis ist gleich Null. Aber Kaunda, der mit großer Delegation angereist war, sieht sich jetzt als „world statesman". Immerhin benutzte er die Gelegenheit zu der Geste, Queen Elizabeth für das kommende Jahr zu einem Staatsbesuch nach Sambia einzuladen, da ohnehin in Lusaka die Commonwealth-Konferenz stattfinden wird. Auch in materieller Hinsicht hat sich der Flug gelohnt: Sambia wird britische Militärhilfe in Höhe von etwa vierzig Millionen Mark bekommen, darunter Rapier-Raketen und andere Waffen. Mein britischer Kollege, der die Verhältnisse im Lande bestens kennt, versteht nicht, weshalb die Labour-Regierung noch Öl ins Feuer gießt. Oder sieht sie darin eine Möglichkeit, Kaunda entgegenzukommen, um ihn an der Macht zu halten, da er noch am ehesten als Garant für eine friedliche Lösung des Konflikts erscheint?

Das Kriegsgeschrei wird immer lauter. Die SWAPO-Führung in Lusaka erklärt die westliche Namibia-Initiative für gescheitert, ihr Vizepräsident proklamiert den „blutigen Krieg“ und bittet die Bundesgenossen um Waffenhilfe. In Rhodesien werden von den beiden Guerilla-Organisationen immer weitere Gebiete in der Nähe zu Sambia und Mosambik durchkämmt und kontrolliert. Ohne Rücksicht auf die vorgesehenen Mitregenten seiner „internen Lösung“, Muzorewa und Sithole, trifft sich Ian Smith heimlich mit Joshua Nkomo, dem er mehr Pragmatismus zutraut als dem unheimlichen Robert Mugabe. Wohin man schaut, die Lage ist beklemmend düster. Die tonangebenden afrikanischen Politiker treten als Staatsmänner auf der weltpolitischen Bühne auf und vernachlässigen selbst die bescheidensten Bedürfnisse ihrer Völker. Sie bedienen sich bei der Entwicklungshilfe, ob aus West oder Ost, am besten aber bei beiden. Von den einen kommen Waren für den Frieden, von den anderen Waffen für den Kampf.

Der gut informierte malawische Hochkommissar Samson Martin Kakhabwe lädt mich zu einem Abendessen mit afrikanischen Kollegen in seine Residenz ein. Wie üblich sprechen wir von Naheliegendem, den Engpässen in der Versorgung der geduldig für Maismehl, Speiseöl, Butter und Zigaretten schlangestehenden sambischen Bevölkerung. Auch über Natur wird gesprochen, die Schlangen, die da und dort in unseren Gärten auftauchende Schwarze Mamba, und über die Abneigung der Sambier gegen Arbeit und Disziplin. Da unsere Vorräte an Lebensmitteln zur Neige gehen, rät mir mein malawischer Kollege: „Fahren Sie in mein Land, in Malawi gibt es alles zu kaufen.“

Seit Jahresbeginn bis zum Besuch des Bundeskanzlers habe ich in der Residenz 721 Gäste bewirtet. Für Brigitte ist es zu gefährlich geworden, mit unserem Privatwagen allein auf den Cha-Cha-Cha-Markt oder zum Griechen Afendoulis zu fahren. Also erinnere ich mich an Reichskanzler Otto von Bismarck und genehmige Brigitte für ihre Fourageunternehmungen den Dienstwagen mit Ernest als Chauffeur und Joy zusätzlich als Bewacher: „Auch selbst die Frau eines Diplomaten hat ihre Amtspflichten, sie hat ihre Vorstellungen, Visiten und Einführungen zu Wagen zu machen" (von Bismarck, Rede vor dem Reichstag am 25. Februar 1878).

Wir werden gewarnt und bekommen den Rat, auf keinen Fall auf der Fahrt anzuhalten, und wagen die Einkaufstour von 750 Kilometern nach Malawi. Dort sind die Läden gut gefüllt, denn es herrscht ein weiser Präsident, der sich der „Patriotischen Front" seiner Nachbarn nicht angeschlossen hat. Auf einer abenteuerlichen Naturstraße, durch kaum bewohntes hügeliges Buschland, fahren wir durch das von sambischem Militär bewachte Luangwa-Tal mit der alten Eisenbahnbrücke. Zehn Stunden dauert die Fahrt, es folgt Guerillagebiet, das Foto mit Joshua Nkomo und die Pistole liegen bereit. Bei 55 Grad Hitze gibt das Thermometer im Auto den Geist auf. Endlich erreichen wir die Staatsgrenze zu Malawi, es ist wie auf einem anderen Stern: Auf der guten Straße nach Lilongwe passieren wir freundliche Dörfer mit Gärten und Feldern, die Buden der indischen Kleinhändler gefüllt mit Lebensmitteln, Haushaltswaren, Fahrrädern. In Lilongwe, der im Entstehen begriffenen neuen Hauptstadt auf einer Hochfläche, eingebettet in eine parkartige Landschaft, sind Hotels, Geschäfte, Banken, meist in Backstein und im englischen Kolonialstil gebaut. Wir sehen zufriedene, lachende Gesichter, nirgendwo die Aura von kriegerischer Spannung. Es kommt uns vor wie im Paradies.

Erstmals sehe ich in unserem Hotel mit französischem Restaurant und höflichem weißem wie schwarzem Personal das Bild des Staatspräsidenten Dr. Hastings Kamuzu Banda. Nirgendwo auf dem Land, in den Geschäften erscheinen die Fotos des Herrschers an den Wänden. Er scheint Personenkult nicht nötig zu haben, der wirtschaftliche Erfolg ist sein Ausweis. Hier ist eine weise Hand am Werk, auch wenn unsere Neunmalklugen zuhause in Deutschland auf den „Law-and-Order-Staat" mit dem Finger zeigen. Wir sehen

Sauberkeit, Wohlstand, keine sichtbare Armut. Seit 1966 ist Dr. Banda Präsident dieses Landes. Er unterhält enge Beziehungen mit der Republik Südafrika und dementsprechend mit deren Warenfülle. Dabei ist der über Achtzigjährige wohl der skurrilste der afrikanischen Gründerväter. Wie unser Kollege Erhard Holtermann berichtet, der von seinem Amtssitz Blantyre zu uns kommt, ist Dr. Banda „englischer als die Engländer". Er trägt stets einen dunklen Dreiteiler und einen Homburg, pflegt einen puritanischen Lebensstil. In Chicago und Edinburgh hat er Medizin studiert, praktizierte in London als Arzt. Dort lernte er die Segnungen der freien Wirtschaft kennen. Als Politiker der ersten Stunde in Nyassaland schreckte er nicht vor Grausamkeiten zurück, eine Opposition zu seiner Einheitspartei „Malawi Congress Party" läßt auch er nicht zu.

Eine schmale Straße bringt uns von der rotbraunen Hochebene hinab zu dem in grünes Hügelland gebetteten Malawi-See. Bleierner Dunst liegt über dem Wasser, das jenseitige Ufer in Mosambik läßt sich nur durch eine ferne Wolkenlinie ahnen. Afrikanische Dimensionen auch hier: Der See ist siebenhundert Kilometer lang, ein regelmäßiger Schiffsverkehr findet nicht statt. Und doch fand hier, als das Territorium teilweise noch zu Deutsch-Ostafrika gehörte, eine „Seeschlacht" statt, wohl die erste des Ersten Weltkrieges. Am Strand des freundlichen kleinen „Grand Beach Hotel" stelle ich mir vor, wie es gewesen sein mag, als sich das englische und das deutsche Kanonenboot am 1. August 1914 pflichtgemäß gegenseitig kurz beschossen. Der britische Kapitän mußte seinen deutschen Kollegen, Kapitän Bernhard von der „H. von Weissenberg", erst vom Kriegsausbruch zwischen den bis dahin friedlichen Nationen unterrichten. Kollege Erhard Holtermann sagt, es gebe einen deutschen Soldatenfriedhof weit im Norden des Malawi-Sees, der damals Nyassa-See hieß.

Ich lese unterm Sonnenschirm in der „Malawi Times" vom Jahreskonvent seiner Einheitspartei, den Dr. Banda mit den Worten eröffnet: „I am a happy man because the country continues to prosper politically, economically and socially, and there is unity and cooperation between the people and public servants." Wichtigste Posten im Staatshaushalt seien Bildung und Erziehung. Latein soll als Pflichtfach in der neuen Universität eingeführt werden, „denn eine Hochschulausbildung ohne Latein ist wie ein Haus auf Pfählen, ohne soliden Grund“.

Von der militanten Politik der benachbarten „verarmten Frontstaaten“ halte er nichts, auch gehe er nicht zu den Kongressen der Organisation for African Unity (OAU) „und ähnlichen Veranstaltungen wilder bärtiger Schreier“. Sein tansanischer Nachbar Julius Nyerere habe soeben die einflußreiche britische Lonrho-Handelsgesellschaft verstaatlicht, weil diese auch mit Rhodesien im Geschäftsverkehr sei und die Allianz der Patriotischen Front zerstöre.

Gern würde Dr. Banda die Bundesrepublik besuchen, wo doch seine Vorbilder Friedrich der Große und Otto von Bismarck sind. Das ist allerdings mit unserer jetzigen, dem Zeitgeist verpflichteten Afrikapolitik kaum möglich. Malawi sieht die Gegenwart realistisch: Ohne Umstände löst die Commercial Bank in Lilongwe meinen Verrechnungsscheck auf die ihr sicher unbekannte Badische Beamten-Bank in Karlsruhe ein, und die Theatre Company kündigt einen Abend mit Bert Brechts „Mother Courage“ an.

Malawi ist ein „landlocked country“ im Herzen des Schwarzen Erdteils, fern von Häfen und Schiffsverbindungen. Aber im Supermarkt bekommen wir alle die Wunderdinge, die sich ins Auto pakken lassen: Butter, Margarine, Speiseöl, südafrikanischen und französischen Rotwein, Knäckebrot, Haselnüsse und Rosinen für die Weihnachtsbäckerei, die lange entbehrten Äpfel und auch einen Plastikeimer für Ulombas Hausputzkünste. Wieder in Lusaka, werden wir zu der wohlbehalten überstandenen gefährlichen Reise beglückwünscht: „those brave Germans“.

VII. Jeder gegen jeden im südlichen Afrika

Zum Erntedankfest in der Heimat leuchtet der afrikanische Hochsommer in den schönsten Farben. Ich schaue vom Balkon der Residenz auf ein Meer von eng aneinander geschmiegten Baumwipfeln, auf reife Avocadobirnen am hellgrünen Stamm und die glänzenden dicken Blätter des tannenhohen Gummibaums, auf Hibiskus, Papaya und Jacaranda. Die großen Falter fliegen jetzt im Windhauch über den Baumwipfeln, dreißig Grad Hitze hindern hingegen den Schmetterlingsflug überm Boden. Immer vibriert die Luft vom Sirren der Zikaden, es ist die afrikanische Melodie von morgens bis in die Nacht.

Lange Menschenschlangen stehen vor dem Kondolenzbuch in der Nuntiatur. Der Pronuntius Erzbischof Luciano Angeloni spricht von landesweiten Bekundungen tiefer Trauer über den Tod des Papstes Johannes Paul I. Er wurde in Sambia hoch verehrt, ein Pontifex aus dem Volk. Der Vater war Glasbläser in Murano, die Mutter Tellerwäscherin.

Auf der weltlichen Bühne geht es turbulenter zu. In diesen Tagen taucht ein sowjetischer General in Lusaka auf, um Kaunda ein Warnsignal zu geben: keine Öffnung des Handelsweges nach Rhodesien! Auch die Präsidenten von Tansania und Mosambik fliegen überraschend am 7. Oktober 1978 nach Lusaka, um Kaunda von diesem Schritt abzuhalten. Das Gespräch dauert nur eine Stunde und verläuft äußerst stürmisch. Kaunda erklärt, er werde den Südweg öffnen, schließlich habe sein Land für die Solidarität der Frontstaaten die größten Opfer gebracht, und er sehe nicht ein, für die wackelnde Interessenphalanx weiterhin die Kastanien aus dem Feuer zu holen, während Sambia seine Wirtschaft ruiniere.

Kaunda läßt uns Missionschefs ins State House kommen. Er wirkt müde und zerfahren, als er die hochpolitische Entscheidung mitteilt: Für die Ein- und Ausfuhr nach Rhodesien wird die Grenze geöffnet, also vor allem für Maismehl, Düngemittel und Kupfer. Die Bahn führt durch Rhodesien nach Maputo, dem einzigen voll betriebsfähigen Hafen in Mosambik. So haben wir Kaunda noch nie gesehen, er scheint die Selbstbeherrschung zu verlieren, als er völlig außerhalb der eigentlichen Sache den erstaunten Botschaftern verkündet: „I have great love and admiration for Marxists and Leninists, they do interpret Christ's teaching in economics. I admire them very much, they are interpreting what God told me." Ist es wieder ein Schaustück zur Beschwichtigung seiner marxistischen Bundesgenossen, oder ist es ein Freudscher Fall von psychischer Störung? Sachlicher nimmt Joshua Nkomo diesen Schritt Kaundas für seine marode Wirtschaft auf, als er mir hinterher sagt, die Öffnung nach Zimbabwe schaffe zwar gewisse Schwierigkeiten für den Befreiungskampf, doch würden seine Kämpfer keine Sabotageakte auf Bahntransporte verüben.

Wieder taucht das magische Wort „Äpfel" auf, Symbol für die Freiheit des Konsums und seit Jahren in Lusaka von den Regalen verschwunden. Hunderte von Menschen laufen auf ein Gerücht hin, die Bahn bringe Äpfel aus Südafrika, zum Bahnhof in Lusaka, Hunderte lagern Tag und Nacht neben den Geleisen. Aber es war nur ein Gerücht. Lange Schlangen auch vor den Geschäften: Die erste Butter aus Irland ist eingetroffen. Die Stimmung bessert sich allmählich. Sogar ein „Oktoberfest" ist jetzt möglich, Direktor Schnuppe vom Hotel Intercontinental besorgt auf seinen Wegen nicht nur Sauerkraut und Würste, sondern bayerische Musikanten noch dazu. Die kleine weiße und schwarze Gesellschaft feiert dort den Anbruch einer besseren Zeit.

Die Staatswerdung von Namibia kommt nicht voran. Generalsekretär Kurt Waldheim appelliert in der VN-Vollversammlung an die Regierung Südafrikas, endlich einsichtig zu sein und die SWAPO von allgemeinen Wahlen nicht auszuschließen. Die Außenminister der fünf westlichen VN-Sicherheitsratsmitglieder, darunter auch das Nichtständige Sicherheitsratsmitglied Deutschland, vertreten durch den Bundesaußenminister, kommen nach Pretoria und versuchen sich in der Kunst des Möglichen. Eine Kompromißformel mit der Regierung von Südafrika kommt nicht zustande, es ist ein Kraftakt ohne Erfolg. Die SWAPO möchte keine freien Wahlen in Namibia, und Südafrika traut den Guerillas nicht, oder wie Premier Botha es ausdrückt: „SWAPO spielt das Spiel des sowjetischen Expansionismus."

Jetzt droht allein die militante Lösung, ein Bürgerkrieg auch dort wie in Rhodesien. Alle Parteien versorgen sich mit Ausrüstung und Waffen. Für beide noch im kolonialen Status stehenden Länder gilt die Erfahrung, daß eine formale Unabhängigkeit noch keine Garantie für Wohlstand und Entwicklung bedeutet. Mein ghanaischer Kollege, Generalmajor Joshua Hamidu, sieht es so: „Alles, was der Westen und Osten im guten oder bösen in diese Prozesse hineinstopft, hilft nicht weiter. Was wir in Afrika brauchen, sind kluge und gerechte Regierungen, sind Staatsführer ohne Ideologie und Korruption, sind Eliten." Der ruhige und sachliche Hochkommissar, in Sandhurst ausgebildet, wird Lusaka verlassen und als Chef des Generalstabs nach Accra zurückkehren.

Am Morgen des 19. Oktober 1978 erschüttern schwere Detonationen die Luft, ich dachte an einen Flugzeugabsturz. Jagdbomber und Kampfhubschrauber aus Rhodesien dringen tief in den sambischen Luftraum ein und bombardieren mehrere Tage Truppenlager der ZAPU in der Nähe des Flugplatzes von Lusaka. Darunter ist ein Lager, in dem junge Mädchen angeblich als „Polizistinnen" ausgebildet werden, in Wirklichkeit zu Kämpferinnen der Guerilla an Waffen wie Schnellfeuergewehren, Maschinengewehren und Panzerfäusten. Die offizielle Version lautet „Flüchtlingslager". Die nationale sambische Luftverteidigung ist machtlos. Rhodesische Bodentruppen haben das Lager gestürmt, die Mädchen haben sich tapfer verteidigt, etwa einhundertfünfzig wurden getötet, den meisten gelingt die Flucht in den Busch. Auch dieses Ereignis gehört zur Tragik der Geschichte Afrikas: Heimatlose Mädchen, oft noch Kinder, verteidigen ihre neue Zwangsheimat, die aus der Baracke, dem Bett und dem Plastiknapf besteht, und geben dafür ihr Leben und ihre Gesundheit.

Insgesamt starben nach offizieller Version 226 sechzehn- bis vierzigjährige Guerillas, es gab 629 Verletzte. Joshua Nkomos Sekretär für Auswärtige Angelegenheiten Ndlovu kommt in die Botschaft und übergibt mir eine Liste mit dringend benötigten Hilfsgütern: Medikamente, Armschlingen, Zelte, Decken. Ich frage: „Was nun?" Er sagt, an eine von den Briten vorgeschlagene Allparteienkonferenz sei nicht mehr zu denken, diese finde jetzt auf dem

Schlachtfeld statt. Und der erregte Joshua Nkomo geht vor die Presse und gibt die schweren Verluste zu: „This act of banditry will not force us to attend their allparty nonsense. We are going to liberate our country by force within the time limit I have given – at least by June next year.“ Ein Stellvertreterkrieg im südlichen Afrika ist nahe, Kubaner, DDR-Ausbilder, sowjetische schwere Waffen stehen als Mitkämpfer der Guerilla bereit. Dann hätte Kollege Wassili Solodovnikov sein Ziel erreicht.

Was tun Diplomaten in solcher Situation? Sie bewahren Ruhe und denken nach, warten ab. Am Nachmittag ernte ich mit Brigitte Himbeeren und Pfirsiche im Garten, und da man weder wandern noch spazierengehen kann, spielen wir samstags Golf, mein österreichischer Kollege Franz Palla, mein nigerianischer Kollege aus königlichem Hause E. N. Oba und ich. Und wenn unser Golflehrer und Profi Paul Tembo, der auch sambischer Champion ist, nicht immer zufrieden ist mit uns, weiß er doch die richtigen Worte der Ermunterung: „Don't worry, don't give up, the first ten years are the most difficult ones.“ Mitunter begegnen wir auf dem Golfplatz einer Guerilla-Patrouille mit umgehängten Kalaschnikows; dann ist es hilfreich, den langen Afrikaner Oba im Team zu haben, der die wilden Gestalten in der Manier eines Herrschers verscheucht, der er ja seinem Herkommen nach auch ist. Beunruhigend ist die Mitteilung, daß die Terrorszene der RAF offenbar auch nach Sambia ihre Tentakeln ausstreckt. Der Überfall auf unsere Botschaft in Stockholm 1975 ist in Erinnerung, zwei Kollegen wurden ermordet. Es ist gespenstisch zu wissen, die verblendeten deutschen Weltverbesserer könnten jetzt auch in Afrika ihr Unwesen treiben, ich teile Brigitte von der Warnung nichts mit.

Etwa einhundert weiße Farmer fordern in einer Petition an Kaunda mehr Schutz vor vagabundierenden Guerilla-Banden. Selbst die Heilsarmee, die schwarze wie auch die weiße, wird tätlich angegriffen. Doch der Präsident ist machtlos. Ein Flugblatt taucht auf, wendet sich an Häuptlinge, Bauern, Soldaten und Arbeiter, wird weit gestreut: „The Voice of the Revolution“, darin wird die Absetzung Kaundas gefordert. Die Streitkräfte der Guerilla von ZAPU und SWAPO sind an Zahl und Bewaffnung stärker als das sambische

Militär und sind damit zu einem bedrohlichen Machtfaktor geworden. In der Universität demonstrieren Studenten und rufen nach dem starken Mann. Das macht Kaunda zu einer traurigen Figur, seine Autorität gegenüber dem Zentralkomitee und seiner Partei nimmt rapide ab, seine Macht scheint gebrochen. Dabei ist er ein Mensch voll guten Willens.

Ein Anruf aus der amerikanischen Botschaft meldet, eine lärmende Rotte von vierhundert Studenten demonstriere vor der amerikanischen und britischen Botschaft mit Parolen wie „Imperialist dogs“, „Down with imperialist Britain and its Brother Smith“, „Camp David – No!“ und manchen Unsinn mehr. Ich schicke die weiblichen Botschaftsangestellten nach Hause und bleibe mit Rainald Steck, Eberhard Melzer und Kanzler Michael Kapp zurück. Nach zwei Stunden sind die Sambier bei den Kollegen abgezogen. Um die deutsche Botschaft haben sie einen Bogen gemacht, obwohl wir doch auch zum imperialistischen Lager zählen. Mein britischer Kollege Leonard Allinson sagt: „Ich bin mit vielen guten Vorsätzen nach Sambia gekommen und habe resigniert. Es ist ein Jammer um dieses Land.“

Doch kann man mitunter den Tag auch vor dem Abend loben. Der Assistent des Griechen Athanasios Afendoulis klingelt an der Pforte der Residenz, er habe von seinem Herrn vier Laibe Brot und sechs Tüten Milch abzuliefern. Und statt Blumen für die Gattin bringt unser Gast zum Mittagessen am nächsten Tag, Botschafter Scheich Fuad Husseini von Saudi-Arabien, zehn kostbare Äpfel aus Südafrika. Lusaka – ein Dienstort voller Widersprüche. Am nächsten Tag teilt Kaunda eher emotionslos mit, die rhodesischen Angriffe der letzten Tage, in denen Premier Ian Smith in Washington war und für seine „interne Lösung“ warb, hätten über eintausend Menschenleben in den zwölf zerstörten Lagern gekostet.

Im November 1978 beruft Außenminister Hans-Dietrich Genscher eine Konferenz seiner Botschafter aus dem südlichen Afrika nach Bonn ein. Die neun Botschafter referieren und beraten im historischen Saal des Palais Schaumburg, in dem seit Adenauer 1949 das Kabinett der Bundesregierungen seine Sitzungen hielt. Der Bundesminister des Äußeren, der am ersten Tag präsidiert, ist sichtlich miß-

Konferenz der Botschafter aus dem südlichen Afrika in Bonn 30. November 1978. Im Vordergrund Staatsministerin im Auswärtigen Amt Hildegard Hamm-Brücher und Staatssekretär Günther van Well

gelaunt und vertritt die unsachliche Position, die Entwicklung in Südafrika rein politisch zu sehen und die wirtschaftliche Komponente beiseite zu lassen. Es kommt in der Leitung des Hauses zu einem Duell der Meinungen, verwunderlich für die Zuhörer aus der Praxis. Staatssekretär Günther van Well streitet an der Seite des Ministers, der eine Politik der totalen Sanktionen gegen das Apartheid-Regime fordert, Staatssekretär Peter Hermes weist auf die wirtschaftlichen Konsequenzen eines Totalembargos gegen Südafrika hin: „Ohne die Rohstoffe aus Südafrika, vor allem Chrom, haben wir innerhalb weniger Monate eine Million zusätzliche Arbeitslose." Hierauf der Einwurf des Ministers, Stoßstangen für die Autos könnte man schließlich auch aus Kunststoff machen, nicht nur aus Chrom. Wirtschaft ist nun einmal nicht seine Stärke. Man weist ihn darauf hin, daß unsere Industrie auch bei Asbest, Graphit, Mangan weitgehend von den Lieferungen aus Südafrika abhängig ist.

Was bekommen wir neun Botschafter an der afrikanischen „Front“ nun an Weisungen für unser weiteres Vorgehen mit? Die drei Tage haben ergeben, daß die deutsche Afrikapolitik keine klare Linie besitzt. Es hat sich gezeigt, daß legitime wirtschaftliche Überlegungen sich nicht gegen die derzeit verfolgte politische Linie durchsetzen können. Was die Unabhängigkeit von Rhodesien und Namibia angeht, sind die Vorstellungen der Bundesregierung alles andere als eindeutig. Für Rhodesien hofft man auf die Künste der ehemaligen Kolonialmacht Großbritannien, für Namibia auf den Generalsekretär der Vereinten Nationen – aber auch dort herrscht Konfusion, und Waldheim schickt seinen Emissär Martti Ahtisaari ins Gefecht nach Windhuk. Wie weit geht überhaupt unsere Verantwortung für die Probleme im Süden des chaotischen Kontinents?

Am 30. November 1978 schließt die Botschafterkonferenz ohne präzise Direktiven. Wir „Afrikaner“ sind enttäuscht über die umständliche Oberflächlichkeit und Ratlosigkeit im Auswärtigen Amt. Enttäuscht auch über den Stil unseres Dienstherrn, der uns ohne ein Wort der Anerkennung oder Ermunterung an die Arbeit in die riskanten fernen Dienstorte entläßt. Enttäuscht, daß er keine Zeit findet für Gespräche unter vier Augen. Wir sind für den umtriebigen Machtmenschen eben doch nur das, was er „seinen Apparat“ nennt. Damit fördert er weiter die ohnehin im Hause schon vorhandene kritische Distanz zum Minister. Wie zugänglich und menschlich waren die Außenminister Brandt und Scheel gegenüber ihren Mitarbeitern, ob hoch oder niedrig, auch davon sprechen wir unter uns nach dem Abschluß dieser eigenartigen Konferenz.

Die Tage in Deutschland sind nützlich durch die vielen Gespräche mit Politikern und Wirtschaftsleuten, die Afrika als einen Schwerpunkt ihrer Interessen und Tätigkeit erkennen, allen voran mit Siegfried Bangert von der Friedrich Ebert Stiftung, der meine materiellen Wünsche für die Flüchtlinge und die Partei Kaundas umstandslos erfüllt, und mit dem gebildeten und klügsten Außenpolitiker im Deutschen Bundestag, dem Historiker Werner Marx, den ich mir in einer bürgerlichen Regierung als Bundesminister des Äußeren wünschen würde, ferner einem Kreis weiterer Bundestagsmitglieder wie Eugen Gerstenmaier, Hans Stercken und Hans Klein, mit denen ich einen Abend lang meine afrikanischen Erfahrungen diskutieren kann. Im Remter des Rathauses von Hamburg haben die Industrie- und Handelskammer und der Afrika-Verein zu einer Analyse unserer Politik im südlichen Afrika eingeladen. Ich begegne bei den nüchternen Hanseaten einer enormen Reserviertheit gegenüber dem Auswärtigen Amt wegen der viel zuwenig bedachten Auswirkungen der Südafrikaposition auf unsere lebenswichtigen wirtschaftlichen Interessen. Aktionismus sei noch keine Außenpolitik.

Wer vom exotischen Alltag in Afrika wieder in deutsche Städte kommt, stellt bisher Ungewohntes fest. Da erscheint in Frankfurts Straßen vom Bahnhof bis zum Römer eine neue fremde Bevölkerung, die an Städte wie Buffalo oder Rochester N.Y. denken läßt: Türken, Balkanesen, Schwarze, alle Völkerschaften rund ums Mittelmeer. Und in Ostberlin das Gegenteil: keine Exoten, dafür scheue Menschen, uns fast genauso fremd. Brigitte und ich bekamen die Genehmigung für einen kurzen Besuch jenseits der Mauer. Beim Bahnhof Friedrichstraße frage ich zweimal nach dem Weg zum Pergamon-Museum, zweimal erhalte ich die Antwort: „Weiß ich nicht." Unsere Kleidung zeigt, woher wir kommen, man ist wohl vorsichtig.

Im Museum frage ich nach dem Saal mit den hellenistischen Kleinfiguren, zweimal sagen Saalwächter: „Weiß ich nicht." Wir gehen ein Stück weiter Unter den Linden. Die Straße, die Häuser sind so trostlos grau wie das Leben hier, überall das fast surreale Gesicht des totalitären Staates. Nur eine halbe Stunde westwärts vom Stacheldraht am Brandenburger Tor sind wir wieder mitten in der Lebendigkeit der freien Welt: Wir sind wieder „hüben", nicht „drüben". Im Café Möhring sind die Tische von jung und alt besetzt, und in der Deutschen Oper am Abend bejubelt ein etwas feierlich-steifes Publikum die schöne Anja Silja, die als singende und schlangengleich tanzende „Salome" bezirzt.

Auch Nairobi, wo wir auf dem Rückflug Station machen, erscheint uns nach Ostberlin wie ein afrikanisches Paradies, buntes

Leben in den Straßen, volle Geschäfte und Restaurants. Kollege Harald Heimsoeth erzählt: „Das Land floriert, Nairobi ist eine reiche, lebenswerte Metropole, die Regierung hält sich aus den Querelen der Frontstaaten heraus, sie fördert den Tourismus und das allgemeine Wohl. Der Übergang von Kenyatta zu Premier Arap Moi verlief ohne Blutvergießen, man hat allerlei von den Briten gelernt."

Kaum ist die Maschine von Kenya Airways startklar, wird uns wieder einmal vor Augen geführt, was ideologisch verblendete Politik ist. Weil Julius Nyerere die Grenze von Tansania zu Kenia gesperrt hat, fliegen wir nach Lusaka nonstop einen riesigen Umweg von vier Stunden über die Komoren im Indischen Ozean und Maputo in Mosambik. Wieder zuhause, tropft bereits der Regen durch das Dach der Residenz. Die Regenzeit hat mit tagelangen Regengüssen eingesetzt. Dennoch fließt wieder einmal kein Wasser in den Leitungen im Haus. Wahrscheinlich teilt die Presse ihren Lesern mit, an allem sei nur die frühere Kolonialmacht schuld.

Mit Morton und Ulomba wird versucht, weihnachtliche Atmosphäre herzustellen

Noch provinzieller als ohnehin schon zeigt sich die Hauptstadt in der schläfrigen Regenzeit. Da von Kaunda zur Zeit wenig Aufregendes zu berichten ist, wenden sich die Medien Näherliegendem zu, etwa die „Times of Zambia“, die uns folgendes mitteilt: Der Amtsrichter in der Stadt Solwezi warnt alle Frauen, gegen die Geliebten ihrer Ehemänner tätlich zu werden, da es doch die natürlichste Sache von der Welt sei, daß Männer nun mal auf Frauen attraktiv wirken. Die siebenundzwanzig Jahre alte Frau Tapula wird daher zu fünfundzwanzig Kwacha (die Landeswährung) verurteilt, weil sie die Geliebte ihres Mannes namens Elizabeth Chicanga nicht nur beleidigt, sondern auch verhauen habe.

Wie zu erwarten, wird Kaunda am 12. Dezember 1978 „mit gesicherter Mehrheit“ zum vierten Mal als Staatspräsident wiedergewählt. Die hohe Zahl der Neinstimmen und Enthaltungen soll im Zentralkomittee wie ein Schock gewirkt haben. Zwei Tage später bittet mich ein entspannter und heiterer Präsident ins State House, er möchte über das Ergebnis der Botschafterkonferenz in Bonn unterrichtet werden. Ich erzähle ihm auch von Ostberlin.

Die Vereidigung des Präsidenten auf weitere fünf Jahre erfolgt im kolonialen Backsteinbau des Obersten Gerichts. Das Diplomatische Corps wird zu dem Staatsakt hinzubestellt, der jedoch findet wegen des unablässig prasselnden Regens nicht statt und wird auf den Nachmittag verschoben. Der zweite Versuch glückt. Unter den Freudentränen seiner Frau Betty leistet Kaunda vor den Richtern in roter Robe und weißer Perücke den Eid: „Zum Wohle des Volkes zu wirken, so wahr mir Gott helfe“. Auch die Sonne kehrt zurück. Die Exzellenzen werden gebeten, ihre eisernen Stühle selbst ins Freie zu tragen, wo das Singen und Tamtam der farbenfrohen Komparserie anhebt. Kaunda atmet auf, er ist erleichtert, winkt uns fröhlich zu und fährt eilig davon.

Es ist dem Taktiker gelungen, den bärtigen Feuerkopf Simon Kapwepwe als seinen Herausforderer auszuschalten. Das System der „Einparteien-Beteiligungsdemokratie“ bleibt erhalten, ebenso seine Machtstellung. Aber für wie lange? Nichts bleibt in Afrika auf Dauer verborgen: Nur die Hälfte der Wahlberechtigten sei zur Urne gegangen. Immerhin ein demokratisches Element: der stumme Protest. Das Regierungsorgan „Times of Zambia" schiebt die Schuld jenen Oppositionellen zu, die sich anstelle des sambischen Humanismus und Sozialismus eine freie Wirtschaft wünschen. Es sind „jene gebildeten und intellektuellen verstädterten Laffen, die den Geist des Humanismus auf dem Lande vergiften wollen. Dazu zählen auch jene Parlamentarier, die eine liberale Wirtschaft fordern. Das macht sie zwar nicht notwendigerweise zu Monstern, aber sie bilden eben doch einen eigenartigen Sektor in Sambias kurioser politischer Menagerie". Gemeint ist die Anhängerschaft Kapwepwes, vor allem im bereits industrialisierten Kupfergürtel, die den Verkauf unrentabler Staatsbetriebe und einen ungehinderten Warenverkehr über die Grenzen verlangt.

Weihnachten unter blauem Himmel. Zum Adventskaffee hat Brigitte die Mitarbeiterinnen und Familienangehörigen der Botschaft und die Dominikanerschwestern in die Residenz eingeladen, selbst Oberin Schwester Brunhilda aus Ndola ist sechs Stunden auf der Überlandstraße gefahren, um auf deutschem Boden etwas vertraute Weihnachtsstimmung zu erleben. Im Forstministerium habe ich eine eineinhalb Meter hohe Araukaria samt Wurzelwerk gekauft, Phiri pflanzte sie in einen Kübel, und Brigitte hat den Tannenbaumersatz geschmückt mit roten Kerzen, roten Bändern, roten Holzäpfeln. Nur leider sind deren Zweige nicht stark genug, so daß die Kerzen immer wieder nach unten zeigen und aufgerichtet werden müssen. Die Gäste verbergen nicht, daß da etwas Sehnsucht nach dem Fest in der Heimat ist, nach Bäckereien, Kirchenkonzerten und Schnee.

In diesen Tagen tauchen lang entbehrte Dinge auf, Lebensmittel und bei National Wholesales sogar Wein aus Südafrika, auf den sich alles stürzt, Hotelköche und Botschaftsangestellte. Ernest war nicht schnell genug und ging leer aus. An manchen Orten kommt es zu Schlägereien um das knappe „Milimeal", das Grundnahrungsmittel der Afrikaner, selbst die Presse berichtet von chaotischen Zuständen. Gleich nebenan bietet sich ein anderes Bild. An den Straßen stehen die Händler und bieten auf ihren Tischen kunstvolle Schnitzereien aus Malachit und Elfenbein an, Elefanten, Frösche und Schildkröten, Armreifen in großer Auswahl.

Es fehlt an nichts, wenn Jean Français ein Diner gibt, seine Tafel spiegelt selbst hier „la douce France“, dieses Mal ist es zum Abschied des beliebten und immer heiteren Liguriers Erzbischof Luciano Angeloni. Als Doyen war er viele Jahre lang der Anführer des Diplomatischen Corps, jetzt geht er als Nuntius nach Seoul. Ildiko, die ungarische Frau meines französischen Kollegen, nimmt sich mütterlich des Neulings Brigitte an, steht ihr mit Rat und Tat bei den Einkaufstouren zur Seite und äußert begütigend und mit sanfter Ironie: „We know that you are an intellectual – but we will polish you up!“ Es sollte ein internationales Buffet-Dinner sein, außer dem Franzosen tragen mehrere Botschafter mit einem Nationalgericht bei, und jeder steckt sein Nationalfähnchen auf die Schüsseln und Kuchen. Nur auf den russischen Piroggen weht die übergroße Fahne mit Hammer und Sichel. Ein Afrikaner bemerkt zur allgemeinen Heiterkeit zu Wassili Solodovnikov: „Well, Superpower, I presume.“ Weniger lustig findet mein DDR-Kollege die Einladung. Er schaut sich um, findet nirgendwo das Fähnchen seiner Republik, nimmt mürrisch seine Frau an die Hand und verläßt die Party unter

Vorsichige Annäherung zwischen Kim und Joy

Protest. Er hatte aus der ostdeutschen Speisekammer nichts beigesteuert.

Weihnachten am Ende eines turbulenten Jahres. Es ist ruhig in Lusaka, keine Bomben, keine Demonstrationen, keine Drahterlasse aus Bonn – selbst die westliche Afrikapolitik hat Pause. Mit dem Kuriersack ist gute Post gekommen, meine beiden engsten Mitarbeiter werden befördert, aber auch ein Versetzungserlaß ist im Sack, der alle traurig stimmt: Wer zu tüchtig ist, wird in die Zentrale zurückgeholt, Kanzler Michael Kapp war die Seele der Mannschaft.

Vorsichtig schnuppernd nähert sich Joy dem flackernden Kerzenbaum, auch der Kerzengeruch ist ihm fremd. Den „unzerbeißlichen“ Hundeknochen aus Bonn hat er längst erledigt, zum Fest bekommt er einen neuen. Wir verbringen die sonnigen Tage im Garten, auf der Terrasse, wo das Brünnlein plätschert und die Schmetterlinge wieder in Augenhöhe über die Bougainvillea-Büsche gaukeln. Lange, fast wie ein Philosoph, betrachtet Joy eine streichholzdünne Gottesanbeterin, auch für ihn ist es ein eher abstoßendes Insekt, er läßt es in Ruhe. Die „Deutsche Welle“ überträgt das Geläute vom Kölner Dom, vom Plattenspieler hören wir die „Apassionata“, von Rubinstein gespielt.

Am Weihnachtsfeiertag kommen Hans und Hilde Caminer zum Essen. Das Schicksal hat sie nach Afrika vertrieben. Zurückgezogen bewohnen die alten Leute ein Häuschen in Lusaka. Er ist fünfundachtzig und nahezu erblindet. Geboren in Baerwalde bei Neustettin war er gerade alt genug und zudem preußisch-patriotisch erzogen, um als Kriegsfreiwilliger 1914 beim kaiserlichen Heer zu dienen. Er kämpfte an legendären Schlachtorten wie Verdun, Fort Douaumont und Fort Vaux und wurde nach der Erstürmung der Höhe 344 mit dem Eisernen Kreuz ausgezeichnet und zum Unteroffizier befördert, schließlich 1918 verwundet. Alle seine drei Brüder haben an den Kämpfen in Flandern teilgenommen. Es spielte im Kaiserreich keine Rolle, ob man als Soldat Jude oder Christ war. In den Zwanzigerjahren wurde der verdiente Frontkämpfer Leiter aller deutschen Getreidemühlen bei der Reichsfuttermittelstelle und wurde an der Berliner Produktenbörse zugelassen. Er heiratete die Tochter eines Großhändlers für Saatgut in Landsberg an der Warthe. Wie allen Soldaten aus dem Ersten Weltkrieg verlieh Hitler auch ihm das Frontkämpfer-Ehrenkreuz – es bestand kein Grund für Angst vor der Zukunft. Die Hoffnung trog, das Leben für deutsche Juden wurde bedrohlicher mit jedem Jahr nach 1933. Im Mai 1939 gelang dem Ehepaar Caminer die Auswanderung nach britisch Nord-Rhodesien.

Der Neuanfang soll sehr schwer gewesen sein. Hans Caminer verkaufte Kinobillette, bis er schließlich zum Kinovorführer im einzigen Lichtspielhaus in Lusaka avancierte. Hilde Caminer, deren Eltern in einem Vernichtungslager ermordet wurden, eröffnete in der Cairo Road eine Chemische Reinigung, danach ein Modegeschäft: „In den Sechziger- und noch Anfang der Siebzigerjahre hat-

Gruppenbild der „Großfamilie“ der deutschen Botschafterresidenz

ten wir ein gutes Leben in der noch weißen Prägung, auch Betty Kaunda war meine Kundin. Wir fühlten uns sicher. Als dann die Regierung einen immer sozialistischeren Kurs einschlug, ging alles den Bach runter, der massive Exodus der Europäer setzte ein, wir waren zu alt für eine nochmalige Vertreibung." Sie leben in Afrika in ihrer kümmerlichen, kleinbürgerlichen Existenz und in ihrer Welt der Erinnerungen. In Kaundas Land werden sie zwar in Ruhe gelassen, doch ist ihre Existenz inzwischen so unsicher geworden, daß „wir Zaungäste des Lebens sind". Jetzt ist es wieder soweit, der alte Mann muß in Salisbury operiert werden, sie denken an Auswanderung und Neubeginn. Ich rate zu Südafrika.

Über die Feiertage lese ich von Ernst Jünger „Paul Léautaud", der Schriftsteller schickte das Widmungsexemplar mit der Post im Kuriersack. Darin ist zu lesen: „Zum Glück geht das Leben weiter, es zieht uns mit Wirbeln in sein buntes Schauspiel. Wir nehmen am großen Rennen mit seinen Siegen und Stürzen teil."

VIII. Ein mißglückter Staatsbesuch: Erich Honecker in Lusaka

Neujahrsempfang 1979 beim Präsidenten. Wir stehen in der stechenden Sonne auf der Wiese von State House Grounds. „Are you feeding him well?“ erkundigt sich Kaunda bei Brigitte. Die Antwort scheint ihn nicht ganz überzeugt zu haben, denn am nächsten Morgen erscheint ein Soldat am Tor der Residenz und überreicht einen Karton mit Avocados „mit Grüßen Seiner Exzellenz des Präsidenten“.

In seiner Ansprache an die Diplomaten verteidigt Kaunda die lange sich hinziehende Bildung seiner neuen Regierung „wegen der sehr ernsten wirtschaftlichen Lage und dem andauernden Kriegszustand“. Wir sind die häufigen Wechsel im Kabinett gewohnt. Da er seine bisherige Linie nicht ändern will noch kann, erneuert er nach östlichem Vorbild wenigstens seine Mannschaft. Neuer Außenminister wird der bisherige Botschafter in Ottawa, Wilson Chakulya. Der bisherige Finanzminister John Mwanakatwe sieht die Lage nüchtern und sagt mir in aller Offenheit: „Was nützt die von westlichen Ländern, vor allem von Deutschland, angebotene Entwicklungshilfe, wenn Sambia nicht in der Lage ist, mehr als zehn Prozent hiervon in nutzbringende Projekte umzusetzen? Auch vom Internationalen Währungsfonds ist nichts mehr zu erwarten, solange Kaunda nicht in der Lage ist, Unfähigkeit und Korruption im Verwaltungsapparat zu beseitigen.“

Eines Morgens entdecke ich, daß die Tür zum Gelände der Dienerquartiere nicht wie üblich nachts gesichert gewesen war. Ich donnere die komplette Mannschaft in der Küche an und lasse mir eine Liste mit den Namen aller Bewohner des Grundstücks geben. Es sind siebenunddreißig Personen, die im „servants quarter“ wohnen. Morton, der Koch, schüttet Brigitte sein Herz aus: „Etwa tausend Menschen standen heute bei Namboard für Maismehl an. Wir sind in Not. So etwas hat es seit der Unabhängigkeit noch nie gegeben. Seit damals sind doch viele Sambier Farmer geworden. Aber wo geht denn die Ernte hin? Sie verschwindet unter der Hand, vielleicht zum Nachbarn? Was wissen wir denn schon, nur wenige von uns können lesen und schreiben. Wir haben jetzt den Präsidenten wiedergewählt, weil wir glauben, daß er mehr weiß als wir, und weil wir an das glauben, was er sagt, und weil er weiß, wie die Zukunft sein wird. Wem sollten wir denn sonst glauben? Wenn Kaunda nicht mehr da ist, dann ist alles aus, dann stürzen wir in den Abgrund. Früher war alles besser. So schlimm wie jetzt ist es noch nie gewesen. M'am, warum eigentlich?"

Wie soll man es ihm erklären, er verstünde die Realität nicht, wenn man die Wahrheit sagt: daß es an der Führung liegt und es keiner allzu großen Regierungskunst bedarf, einem Volk von sechs Millionen Menschen genügend Nahrung und Kleidung zu geben, Wohlstand für alle in einem reichen Land, so wie in Malawi.

Die Bemühungen des VN-Generalsekretärs und der westlichen Staaten um friedliche Lösungen für Afrika südlich des Sambesi werden in Moskau mit zunehmender Sorge verfolgt. Zu einem „Freundschaftsbesuch" erscheint mit großer Delegation überraschend der stellvertretende Vorsitzende des Obersten Sowjet, Babken Sarkisow, in Lusaka mit dem Ziel „der weiteren Verstärkung der Zusammenarbeit". Entwicklungshilfe für die Menschen hat er nicht mitgebracht.

Bald danach landet auf dem wenig frequentierten „Lusaka International Airport" eine weiße Boeing mit chinesischen Schriftzeichen, die Musikkapelle spielt „Der Osten ist rot". Der Erste Vize-Ministerpräsident der Volksrepublik China, Li Hsien-Nien, reist mit noch größerer Delegation an, ebenfalls zum Freundschaftsbesuch in Sambia. Er soll bereits am Großen Marsch teilgenommen haben. Auch er bringt nicht Nahrung für das Volk, dafür die Zusage, den Wiederbetrieb der maroden Tansam-Bahn auf den Weg zu bringen. Bald schon erscheinen sechshundert Techniker, Ärzte, Bahnarbeiter aus dem Reich der Mitte. Die Beziehungen zwischen Sambia und China waren nie besonders ersprießlich, jetzt sollen sie wiederbelebt werden. China beginnt einen neuen Kurs, es will sich im südlichen Afrika eine Basis für zukünftige Lieferungen metallischer Rohstoffe schaffen.

Die Kupferpreise beginnen anzusteigen, aber dem größten Bergbaubetrieb Roan Consolidated Mines in Mufulira droht die Schließung. Deren technischer Direktor Dr. Rosenkranz kommt, um sich zu verabschieden: der Exodus der Fachkräfte, die unsinnige ideologische Sambianisierung mit unfähigem Personal, das Chaos in der Verwaltung, fehlende Ersatzteile, Kriminalität – die Lage ist tragisch und unerträglich geworden. Auch ein weiterer „Afrikaner des guten Willens“, der Vertreter der Friedrich Ebert Stiftung, Willi Meck, wird sich in Kenia niederlassen: „Sechs Jahre Lusaka im stetigen Abwärtstrend sind genug.“

Die Fachleute gehen, die Entwicklungshelfer kommen. Eine neue Gruppe von Helfern des Deutschen Entwicklungsdienstes ist eingetroffen. Was sie auf meine Fragen als vorbereitendes Wissen über Afrika und ihren Einsatzort zu sagen haben, ist reichlich wenig, abgesehen von der üblichen Lehrmeinung „Alles Weiße ist schlecht, alles Schwarze ist gut“. Man denkt an verzögerte Adoleszenz, wenn man von den bärtigen, langhaarigen Männern und ungepflegten Frauen immer nur das Lied vom armen unterdrückten Afrika vernimmt, ohne daß nach den Gründen gefragt wird. Am Tag darauf kommt eine Delegation von Jungsozialisten, alle Mitte zwanzig, und erkundigt sich höflich und sachlich nach der Gefahr eines Bürgerkrieges in Rhodesien. Sie besuchen ein „Flüchtlingslager“ der ZAPU-Guerilla und gehen sogleich an die Presse, zum Ärger ihrer afrikanischen Gastgeber: „Die Zustände im ZAPU-Lager sind entsetzlich.“ Warum müssen solche Delegationen, ohne die Folgen zu bedenken, immer mit „Erklärungen zu außenpolitischen Fragen“ an die Presse gehen? Meine britischen, französischen, amerikanischen Kollegen kennen diese Form der weitgehend selbsternannten öffentlichen Anteilnahme am brisanten afrikanischen Geschehen nicht.

Was tut man, wenn schon wieder seit Tagen im Haus kein Tropfen Wasser fließt? Man weicht übers Wochenende aus und geht auf Safari, es ist unsere erste in das „wilde Afrika“ am Kafue-Fluß. Drei befreundete Ehepaare, darunter der VN-Vertreter Jawdat Mufti, fahren in drei Autos durch den Busch bis zum ein Kilometer breiten Kafue-Fluß im Nationalpark. Es ist eine Urweltlandschaft im dichten Grün der Bäume. Im einfachen Chunga Safari Village werden wir als einzige Gäste erwartet. Noch am Nachmittag gehen wir an Bord eines gedeckten größeren Motorbootes und fahren auf dem olivbraunen Fluß, der in rascher Strömung dem großen Bruder Sambesi entgegenstrebt. Hier zeigt sich eine gewaltige Natur in ihrer Stille und ihrer Fülle: die prustenden Urweltköpfe der Flußpferde, das sambische Wappentier, der Fischadler, der bei unserem Nahen vor Schreck seinen Fisch aus dem Schnabel fallen läßt, und eine ebenso aus der Ruhe gescheuchte meterlange Python, die sich vom hohen Baum ins Wasser fallen läßt und große Wellen verursacht.

Abends am Feuer „singen" die Trommeln der Wildhüter und singen ihre Kinder ihr „Pamodze-Lied". Der Vollmond spiegelt sich in den Wellen des nahen Flusses, es riecht nach Holzfeuer und roter Erde. Schon um fünf Uhr in der Frühe brechen wir auf, Wildhüter Mulamba weiß, wo die Tiere sind. Auf holprigen Wegen schüttelt uns der Landrover zu den Refugien von Löwen und Elefanten im hohen Gras. Wir wehren uns gegen Tsetsefliegen, die im Schwarm hinter uns herfliegen und immer wieder vereinzelt in den geschlossenen Geländewagen eindringen. Die plötzlich aufkommende schwarze Gewitterwand am Nachmittag, sie gehört zur Safari, und in letzter Minute setzt uns die Fähre über den immer wilderen Fluß. Es beginnt zu schütten, wir bleiben auf dem morastigen Waldweg stecken. Die Erde dampft und verströmt einen heißen Geruch nach Blättern, Blüten und Fäulnis. Mit letzter Kraft und völlig durchnäßt bringen wir die Autos wieder in Gang, es blitzt und donnert, und es ist Nacht, als wir die rettende Asphaltstraße nach Lusaka erreichen. Wie majestätisch ist dieses Land in seiner unberührten Urnatur. Auch im Gebiet der guten Böden sahen wir keinen Menschen, keine Siedlung, Kaundas Appell „Zurück aufs Land" wird verhallen.

Am 15. Februar 1979 bittet Kaunda die Botschafter der Europäischen Gemeinschaft zu sich. Die Versorgungslage ist nach wie vor katastrophal, er bittet unsere Regierungen und die EG-Kommission dringend um Geld für die Einfuhr von Düngemittel, Saatgut und Mais. Dann warnt er vor möglichen rhodesischen Vergeltungsschlägen, da Joshua Nkomos Guerillas ein rhodesisches Verkehrsflugzeug abgeschossen haben. Es könne auch für die internationale

Gemeinschaft in der Hauptstadt noch gefährlicher werden. Kaundas ernsthafter Hinweis auf die Bedrohung veranlaßt mich, das Auswärtige Amt wieder an den grotesk langwierigen Instanzenzug für den Bau einer Mauer um die Residenz zu erinnern. Ein Jahr ist es her, daß ein Beamter des Bundeskriminalamts nach Lusaka kam und „angesichts der äußerst gefährdeten Sicherheitslage die Notwendigkeit eines Sichtschutzes“ anerkannte.

Viel Bewegung, aber kein Fortschritt für freie Wahlen in Namibia. Wir „Lusaka Five“ erörtern mit dem VN-Sonderbeauftragten Martti Ahtisaari die Situation nach seinen erfolglosen Gesprächen in Pretoria und Maputo. Es geht um ein Überwachungssystem für die mobilen SWAPO-Basen in Sambia und Angola für den Fall einer Feuereinstellung zwischen den Kombattanten, doch Südafrika zieht seine Truppen aus Südwestafrika nicht zurück, die Zahl der SWAPO-Kämpfer ist auf etwa zweitausendfünfhundert Bewaffnete angewachsen. Sam Nujoma lehnt eine VN-Kontrolle des Übergangs in die Unabhängigkeit mit Militär, in dem „auch Truppen der mit Südafrika alliierten NATO-Länder“ vertreten seien, strikt ab. Hinter jedem westlichen Bemühen um ein friedliches, demokratisches Namibia lauert der Schatten der strategischen Interessen der Sowjetunion.

Ein halbes Jahr nach dem Besuch des Bundeskanzlers kommt auch der Staatsratsvorsitzende der DDR Erich Honecker nach Lusaka. Im State House ist man verärgert, Präsidentenberater Marc Chona sagt, der Gast habe sich selber eingeladen. Am 20. Februar 1979 stehen Kaunda, Regierung, Zentralkomitee der UNIP, wir achtunddreißig Botschafter und die Chefs der Guerilla-Organisationen am roten Teppich auf dem Flugfeld aufgereiht. Der Himmel ist grau verhangen, das militärische Zeremoniell für den Staatsbesuch läuft ab, ich höre die Hymne der Deutschen Demokratischen Republik. Franz Palla, mein österreichischer Kollege, und ich haben beschlossen, es mit der diplomatischen Höflichkeit ganz genau zu nehmen und die hohen Gäste, so es sich ergeben sollte, in ihrer Sprache anzureden. Es gibt erstaunte Gesichter, als wir bei der Vorstellung durch den Protokollchef artig sagen: „Grüß Gott, Herr Staatsratsvorsitzender“, „Grüß Gott, Herr Stoph“,

„Grüß Gott, Herr Außenminister Fischer". Es ist ein eigenartiges Gefühl, als Vertreter des freien Deutschland dem Oberhaupt einer kommunistischen Gewaltherrschaft über sechzehn Millionen Deutsche zu begegnen.

Schon am Tag nach der Ankunft kommt es zum Eklat. Kaunda und sein Staatsgast geraten im State House lautstark in Dissonanzen, als Honecker für die übliche gemeinsame Erklärung die Verurteilung der Volksrepublik China als Aggressor in Vietnam fordert. Haben ihm seine Berater und sein Botschafter denn nichts vom Bau der Tansam-Bahn durch die Chinesen gesagt, die fernöstlichen Brüder im marxistischen Geiste, die jetzt bei den Sowjets auf der Negativliste stehen? Ich gehe auf Kaundas Einladung hin zum Staatsbankett. Mein chinesischer Kollege Ke Pu-Hai hat es wohl kommen sehen, er sagte ab. Er tat es aus Krankheitsgründen, denn seit einigen Tagen zeigt er lächelnd jedem seinen verbundenen Finger. Zu aller Erheiterung verläßt sein Botschaftsrat unter Protest den Bankettsaal des Intercontinental-Hotels, als Honecker in seiner Tischrede „den Aggressionsakt der chinesischen Führung in Vietnam" verurteilt und noch weiter abseits des Themas Afrika „die Aufrüstung der NATO als ernste Gefahr für den Weltfrieden" anprangert. Kaunda hat das Benehmen seines Besuchers zum Anlaß genommen, uns alle zu überraschen: In seiner Ansprache nimmt er zum ersten Mal öffentlich Stellung gegen die SWAPO und gibt bekannt, er unterstütze den ihm just vor einer Stunde von Generalsekretär Waldheim mitgeteilten Namibiaplan der Sicherheitsrats-Resolution 435, also die „westliche Lösung" im Gegensatz zur ablehnenden Haltung der DDR, die für das militante Vorgehen der Guerilla eintritt. Betroffene Gesichter bei den achtzig DDR-Gästen. Mir scheint, Kaunda rächt sich und sieht der Realität ins Auge.

Wie auch immer, es ist ein unterhaltsamer Abend für die meisten der dreihundert Geladenen an den Tischen unterhalb des Rostrums mit der Tafel der Ehrengäste. Von dort herab schmettert Honecker sein Wortgewitter gegen die Imperialisten, Kapitalisten, Rassisten und Kolonialisten, die in Afrika am Werke seien – dazu trinkt man „Fleur du Cap", den Wein aus dem verteufelten rassistisch-kapitalistischen Südafrika.

Bis zuletzt ist die Visite des ostdeutschen Staatsoberhauptes von Pech verfolgt. Das Abschiedszeremoniell auf dem Flugfeld ist schon beendet, die Delegation ist in der Interflug-Maschine verschwunden, die Türen sind geschlossen. Aber das Flugzeug startet nicht. Eine Viertelstunde vergeht in der glühenden Sonne. Technische Panne? Kaunda tritt sichtlich übelgelaunt von einem Bein aufs andere, das Diplomatische Corps macht Ausbruchsversuche, die Musikkapelle stellt ihre Dienstleistung ein. Zentralkomitee-Mitglied Matipa und Landwirtschaftsminister Chinkwanda wenden sich zu mir und machen in starken Worten ihrem Ärger Luft, überhaupt sei der Affront gegenüber China ein kardinaler Fehler gewesen. Mit SWAPO-Vizepräsident Muyongo verläuft die Unterhaltung etwas anders. Ich sage, bei allseits gutem Willen sollte jetzt der VN-Vorschlag aufgenommen werden und die UNTAG-Friedenstruppe für einen friedlichen Übergang zur Unabhängigkeit Namibias ihren Einsatz bald beginnen können. Es sei vielleicht eine letzte Chance, eine Ablehnung könnte einen langjährigen Krieg bedeuten. Hierauf meint der SWAPO-Führer: „Wäre ein Krieg nicht besser? Wenn alles erst einmal zerstört ist, können wir nach unserem Willen aufbauen, vielleicht mit Hilfe der Deutschen, ihr habt doch Erfahrung bei so etwas. Wie lange dauert denn so ein Wiederaufbau?“ Auf meine entsprechenden Entgegnungen lacht er nur. Es ist eine beunruhigende Vorstellung, daß vielleicht solche Leute die Regierung des jungen Staates Namibia übernehmen sollten.

Nach einer peinlichen halben Stunde des Wartens hebt die DDR-Maschine endlich ab in Richtung Maputo, dem nächsten Besuchsziel. Nach wenigen Tagen wird mein DDR-Kollege abgelöst und kehrt nach Ostberlin zurück. Der hölzerne Funktionärstyp wird nicht vermißt. Doch der Fauxpas seines Staatsoberhauptes ist nicht ihm anzulasten gewesen.

Wer nicht in der auf ihre Weise unterhaltsamen und aufregenden politisch-diplomatischen Arena steht, wie die meisten meiner Kollegen hier, für den ist Lusaka ein trostloses Nest. Die hier lebenden Ausländer beklagen die Monotonie dieser freudlosen Hauptstadt. Diplomaten beschäftigen sich aber auch mit sich selbst im Ablauf ihrer eingespielten Usancen, wie überall auf der Welt. Jeder im

„westlich-kapitalistischen Lager“, Afrikaner aus der Umgebung Kaundas eingeschlossen, kennt hier jeden, jeder weiß nach zwei oder drei Abendessen „alles“ über den anderen: wo sein Zuhause ist, wohin man in die Ferien fliegt, was die fernen Kinder machen. Mein Freund Leonard Allinson, der die britische Krone vertritt, meint aber auch: „Und bald werden wir alt und steif geworden sein im Dienst für unser Land, die Kinder verheiratet, der Ruhesitz gebaut – und werden wehmütig erkennen, wie schön die Jahre der großen Herausforderung und Freiheit gewesen sind, Lusaka inbegriffen.“

Der Diplomat ist ein seltsames Wesen, auch dann noch, wenn er die berufliche Bühne verlassen hat. Ein greifbares Andenken an seine Leistung, wie sie ein Maler oder Architekt hinterläßt, gibt es nicht. Das „Werk“ ist allenfalls noch im Archiv faßbar, wenn Forscher nach historischen Ereignissen fahnden. Kommt er mit fünfundsechzig gesund in die Heimat zurück, kennt er zwar die Welt, aber nur vage seinen neuen „heimatlichen“ Lebensort. Freunde und Verwandte sind längst zu Nebenpersonen geworden, sie gingen ihren eigenen Weg, für sie sind wir kauzige Vögel, deren Denken und Erzählungen man nur mit mäßigem Interesse verfolgt.

Kaunda hört es gern, wenn ihm vom Bundesminister für Entwicklungshilfe Rainer Offergeld gesagt wird, sein Land sei ein Schwerpunkt deutscher Außenpolitik und Hilfeleistungen. Der Besucher bringt aus dem deutschen Staatsbudget den hohen Betrag von einhundertzwanzig Millionen Mark an Kapital- und technischer Hilfe; ein Teil soll dem Verkehrsstrang der Tansam-Bahn zugute kommen. Beim Mittagessen regt der Präsident an, ich solle später ein Buch schreiben, etwa unter dem Titel „Rainbow over the Zambesi“, und darin den Lesern raten, ihr Geld in Sambia anzulegen.

Der Besuch des Ministers gibt wieder die Gelegenheit zu einer Fahrt in das „Victory-Camp“ der ZAPU-Flüchtlinge. Jetzt sind es schon neuntausend Mädchen, die hier zumeist arbeits- und unterrichtslos kampieren, es wimmelt von Kleinkindern. Durch deutsche Hilfe sind die Unterkünfte besser geworden, zwei Mädchen schlafen in einem Bett mit einer Decke, eine Krankenstation ist eingerichtet. Vieles hat sich getan seit einem Jahr. Joshua Nkomo ist in Sorge: „Hoffentlich bleiben die Mädchen von einem weiteren rhodesischen Luftangriff verschont, es gibt keine Luftschutzbunker."

Bald darauf trifft es ihn selbst, Nkomos Haus liegt in meiner unmittelbaren Nachbarschaft. Im Morgengrauen dringt auf der einzigen Süd-Nord-Straße ein rhodesisches Kommandounternehmen zweihundert Kilometer weit nach Sambia ein und zerstört das ZAPU-Hauptquartier und eines der Wohnhäuser Nkomos in Lusaka. Er selbst war bei der bravourösen, aber sinnlosen Aktion nicht anwesend. Mit seiner „internen Lösung" auf militante Weise verspielt der Condottiere Ian Smith weiterhin seinen letzten Kredit bei den Vereinten Nationen und in der Öffentlichkeit der freien Welt.

Es ist April geworden, wir rüsten uns für den Heimaturlaub. Ein neuer Hausgenosse ist zu uns gestoßen, ein weiterer Weimaraner. „Kim" ist ein noch scheuer tapsiger Hund von vier Monaten, mit einem fein geschnittenen Kopf und einem noch zu großen Fell. Er frißt Avocados aus unserer reichen Ernte und gewinnt schnell die Duldung seines Kompagnon Joy, nachdem ihm dieser sein angestammtes Revier, die Bibliothek mit dem berichteschreibenden Botschafter, knurrend verboten hat. Die beiden bewachen jetzt gemeinsam das Haus.

IX. Anatolische Expedition

Wer nie Pilav mit Unschlitt aß,
Wer nie am Mangal frierend saß,
Wer nie im Bett den Schirm aufspannte,
der kennt Dich nicht – Du herrliche Levante!
General von der Goltz-Pascha

Ein Wiedersehen mit der Türkei nach vierzehn Jahren. Vier Jahre war ich als Botschaftsrat in Ankara tätig, von 1971 bis 1975. Kein Land hat stärker von mir Besitz ergriffen als die stille, an vielen Orten noch immer homerische Welt von Kleinasien. Ein türkischer Freund gab mir zum Abschied damals eine kleine byzantinische Ikone, sie ist aus Silber und am Hals zu tragen. Er sagte: „Es ist eine Reise-Ikone, um wiederzukommen!"

Anatolien ein Entwicklungsland, und doch könnte kein Gegensatz größer sein als der zu Sambia. Wir beschließen, einen Teil des Urlaubes im Frühling 1979 an jenen Stätten zu verbringen, wo Geschichte und Kulturen aus alter Zeit überall noch greifbar sind. In keinem Land habe ich die Begegnung mit der antiken Welt fesselnder gefunden als hier, oder um es mit Mörike zu sagen: „Du bist Orplid, mein Land, das ferne leuchtet ..." Hinzu kamen neben den Ruinen von drei Jahrtausenden die faszinierenden Landschaften und die noch schlichte Ursprünglichkeit der Menschen.

Ich bin damals viel gereist, was die Aufgabe als Leiter der Wirtschaftsabteilung an der deutschen Botschaft bedingte. Immer wieder führte mich mein Weg in die alte Metropole Istanbul-Konstantinopel. Seitdem ich in Anatolien gelebt habe, verstehe ich, in Grenzen, was der antike Mensch sich unter einer arkadischen Landschaft vorgestellt hat. Es blieb noch manches übrig an den Küsten von Kilikien und Pamphylien, von Lykien und der Troas, Tonscherben und Mauern, Theater und Statuen von hoher Kunst. Alles was herumlag oder noch aufrecht stand zwischen hohen Bäumen und kahlen Felsen, waren die tradierten Zeugnisse unserer eigenen kulturellen Identität. Immer wieder die Besuche der

Museen und der Orte, aus denen die Artefakte aus Stein, Ton, Bronze und Glas stammten, diese sichtbaren „Leitmotive“ vieler Epochen. Es war das größte Geschenk meines Berufes, einige hundert Meter vom Schreibtisch entfernt die Rätsel der Antike zu schauen. So konnte ich mir ein wenig klarer vorstellen, wie es gewesen sein mag, das Leben von der hethitischen bis zur byzantinischen Epoche.

Das Erlebnis Türkei forderte zur Wiederbegegnung geradezu heraus, zumal für den, der aus einer völlig anderen Welt kommt, aus Schwarzafrika. Wir fahren in zwei Tagen durch den Balkan, auf schlechten Straßen, durch elende Dörfer mit halb verfallenen Häusern ohne Glasfenster, die Menschen apathisch und zum Erbarmen arm. Wir fragen uns, ob es einen Unterschied gibt zwischen dem System des hier praktizierten Sozialismus und der verteufelten Kolonialherrschaft.

Gleich hinter der bulgarischen Grenze erscheint wie eine Fata Morgana der farbige Orient. Durch Thraziens wohlbestelltes Land erreichen wir als erste türkische Stadt Edirne alias Adrianopolis. Im

Der Bosporus, seit der Antike eine der befahrensten Schiffahrtsstraßen der Welt

Kerwan-Hotel ist ein Fest fröhlicher junger Leute, sogleich werden die ankommenden deutschen Touristen eingeladen mitzumachen. Am Abend spazieren wir entlang der Hadrianischen Mauer zur schönsten Moschee, der Selimje, die zugleich des großen griechischen Baumeisters Sinan letztes Werk gewesen ist. Im alten Stadtviertel sind Häuser und Brunnen von zerbrechlicher Schönheit, das Quartier mag sich nicht allzusehr verändert haben, seitdem Kaiser Friedrich Barbarossa hier sein Winterquartier aufschlug. Es war im Jahre 1189, und es sollte zugleich sein letztes Jahr werden. Das Ziel Jerusalem hat er nicht erreicht. Die deutsche Botschaft in Ankara hat dem Staufer an der Bergstraße beim tief ins Gebirge eingeschnittenen Fluß Saleph-Göksu, wo er im Juni 1190 ertrunken ist, einen Gedenkstein gesetzt.

Am späteren Abend in Istanbul serviert Osman-Bey Gänseleberpastete, Palamut-Soufflé, die zarteste Crème caramel, den alten Bordeaux , wie immer seit vielen Jahren. Von der Terrasse des Hauses unserer Freunde Hans und Fanny von Aulock schauen wir vom steilen Berghang des Vororts Arnavutköy auf die Lichter in beiden

Der Doyen der aniken Numismatik, Hans von Aulock bei der Arbeit

Erdteilen, vom Wasser des Bosporus getrennt. Hier verlief in der Antike und noch lange Zeit danach die Grenzlinie zwischen Europa und Asien, im Grunde bis auf den heutigen Tag. Denn jenseits beginnt Anatolien, dort wohnt die Mehrheit der Türken, es ist ein tief asiatisches Land geblieben, voller Geheimnisse und Geschichten. Dort begann lange vor Alexanders Eroberungszug das rätselhafte Reich der Perserkönige, gigantisch in seiner Ausdehnung und Menschenzahl.

Am diesseitigen Ufer, wo Villen und elegante osmanische Holzhäuser die Küstenstraße flankieren, lebt die türkische Oberschicht, die in München und London ihre Zweitwohnungen hat und die auf das jenseitige Kleinasien noch heute ebenso herabschaut wie Hofgesellschaft und Beamtenadel zu Sultans Zeiten. Unterhalb der weiten Terrasse blicken wir auf das Falzziegeldach des Hauses, das vor nicht so langer Zeit der große Theodor Wiegand, der Gründer des Pergamon-Museums in Berlin, mit seiner Frau Marie geborene von Siemens bewohnte. Er hat durch seine Grabungen und Vermessungen große Namen wieder ans Licht des Tages gebracht: Pergamon, Milet, Didyma, Priene.

Hans von Aulock sollte eigentlich eine Büste in der Walhalla bekommen. Jedenfalls hätte er ein Kapitel in dem Werk „Die großen Deutschen“ verdient, als Numismatiker und Erforscher der Antike durch seine Sammlung griechischer Münzen und ihre wissenschaftliche Analyse. Der hagere grand old man der Deutschen in der Türkei ist auch ein Grandseigneur, eine respektheischende Autorität noch im Alter. Auch sein Lebenslauf könnte dem Vergleich mit Heinrich Schliemann standhalten. Die Goethe-Universität Frankfurt am Main hat den Altertumsforscher zum Ehrendoktor promoviert, jedes Jahr erscheint ein Band seiner Forschungen über phrygische und griechische Münzen, auch verschollene antike Orte hat er so wiederentdeckt.

Dabei begann alles ganz unwissenschaftlich. Der ehemalige Direktor der Istanbul-Filiale der Deutschen Orientbank wurde wie alle Deutschen gegen Ende des Krieges 1945 interniert. Denn gerade noch fünf vor zwölf erklärte die bis dahin neutrale Republik Türkei dem befreundeten Deutschen Reich den Krieg. Im Februar

1945 wurde die deutsche Kolonie auf vier kleinere Orte in der Umgebung von Istanbul verteilt. Es war keine strenge Internierung, man war in den Lagern in einer Art Ehrenhaft und hatte manche kleinen Freiheiten. Die freundschaftlichen Gefühle der Türken für die Waffenbrüder aus dem Ersten Weltkrieg hat die auf alliierten Druck erfolgte formale Kriegserklärung nie belastet.

Aus Langeweile begann Hans von Aulock, sich für antike Münzen zu interessieren. Die Bauern brachten ihre Funde, die der Regen aus den Äckern schwemmte, in Zeitungspapier gewickelt ins Lager. Haufenweise kamen griechische und römische Kleinode zutage. „Als ich vor dem Zweiten Weltkrieg in die Türkei kam, war ich nur Bankier, kannte keine antike Münze und kaum die Namen der römischen Kaiser." Heute gilt unser Freund als bedeutendster Kenner griechischer Münzen, als weltweit anerkannter Wissenschaftler. Zugleich ist er einer der besten Kenner dieses weiten Landes. So sehe ich ihn seit Jahren vor mir: am Schreibtisch seiner großen Bibliothek, umgeben von antiken Büsten griechischer und römischer Herrscher und Philosophen und von neolithischen Yortan-Gefäßen, vor ihm ausgebreitet ein Canakkale-Kasak in leuchtenden Rottönen aus seiner Sammlung anatolischer Teppiche. Die Münzen und die Lupe auf dem Tisch. Und wenn er nicht schreibt, flieht der Nimrod in sein Jagdhaus bei Gordion in wüstenartiger Landschaft und schießt Wölfe. Und jetzt sind wir wieder seine Gäste.

Wir blicken auf den regen Schiffsverkehr auf dem Bosporus. Wie ein Silberstrich schwingt sich die elegante Hängebrücke über das Wasser. Es ist die schmalste Stelle, sie war im Persischen Reich des Dareios schon der Ort für die Pontonbrücke, über die im Jahr 513 v. Chr. sein Heer in das griechische Europa hineinmarschierte. Auch für die moderne Türkei wurde die Bosporus-Brücke zum „Jahrhundertwerk". Wir erlebten die Einweihung am Tag der Fünfzigjahrfeier der Gründung der Republik, die das Ende der sechshundert Jahre währenden Monarchie bedeutete.

Wir erinnern uns an das Erlebnis des historischen 30. Oktober 1973, als die Brücke eröffnet wurde. Seit Jahren war die Großbaustelle in aller Munde, sie hat mich auf dem Schreibtisch in Ankara beschäftigt. Der Himmel bescherte Kaiserwetter. Von der Diploma-

Wilhelm II. in türkischer Generalsuniform: nach Protesten durch den deutschen Zeitgeist erst abgehängt und nun wieder aufgehängt im Generalkonsulat in Istanbul

tentribüne am asiatischen Ufer schaute ich auf die sich von beiden Ufern nähernde begeisterte Menge, als Staatspräsident Fahri Korutürk in der Mittagszeit das rote Band zerschnitt. Im Fahnenwald von Gallipoli-Veteranen und unter den schmetternden Klängen einer Janitscharen-Kapelle führte er die Prozession der Gäste an, von Ost nach West, von Asien nach Europa. Ein Vorgriff auf die Zukunft der Türkei?

Seit sechs Jahren fließt nun der Autoverkehr über das 1560 Meter lange Bauwerk, das sich vierundsechzig Meter hoch über dem Bosporus erstreckt. Es ist allein der erdbebensicheren Fundierung wegen eine technische Meisterleistung der Baufirmen Hochtief und Cleveland Bridge, ein deutsch-britisches Gemeinschaftswerk, finanziert von einem europäischen Konsortium.

Ein kalter Wind bläst vom Schwarzen Meer. In den Mantel gehüllt, mit klammen Fingern, spazieren wir am nächsten Tag durch den Palast des Topkapi Serail. In der Tat: „Wer nie am Mangal frierend saß ...“ Im Restaurant „Bosfor“ ist der Ofen geheizt, und wohin wir schauen, ist Vergangenheit: hinter den roten Dächern die gewaltige antike Stadtmauer, die Kuppeln und Minarette aus osmanischer Zeit. Hinter dem weißen Leanderturm im Hafen ist das jenseitige Ufer zu erkennen, wo Chalcedon lag, die 685 v. Chr. von Dorern gegründete Stadt, Mitglied des Attischen Seebundes und Hauptort der römischen Provinz Bithynien. Nur wenige Ruinen sind geblieben, die Menschen siedelten am anderen Ufer, des „süßen Wassers“ wegen, sie gründeten Byzanz und Konstantinopel. Das asiatische Ufer blieb den Paschas und Steuereintreibern, die Sultane mieden Anatolien. Dann kam Wilhelm II. auf einem Schimmel geritten und eröffnete im Jahr 1889 das geostrategische Großprojekt der Bagdadbahn, was dem Einvernehmen mit Großbritannien nicht gerade förderlich war.

Auf den Resten von Chalcedon steht der Bahnhof von Haiderpasha, ein graues Monstrum, Beginn der Bahnstrecke, die den ganzen türkischen Orient durchquert zum Transport von Menschen, Soldaten und Waren. Für meine vielen Dienstreisen von Ankara nach Istanbul war der Bahnhof das Ende der elf Stunden langen Fahrt im überheizten Schlafwagenabteil mit dem „Anadol Expresi“, wo man im dichtverrauchten Speisewagen bei Meze und Raki die Eliten des Landes traf und immer wieder dazulernte, um dieses riesige Land und seine Menschen zu verstehen.

Maestro Nicanor Zabaleta spielt in der Irenenkirche

Erst hinter Üsküdar, wo sich die Bahntrasse ins Gebirge windet, beginnt das weite Land der Archäologie, der uralten Rätsel und Kulturen, aus denen Europa wurde: Troja, Pergamon, Didyma, Ancyra, Sardeis ... Als ich 1971 meinen Posten antrat, gab mir Professor Rudolf Naumann, der Direktor des Deutschen Archäologischen Instituts in Istanbul, Nachdenkenswertes mit auf den Weg:

„Es gibt Zehntausende von bekannten und meist noch unerforschten antiken Orten. Wir können uns kaum vorstellen, welch ein reges Leben in dem Waldland von Anatolien und an seinen Küsten vor zweitausend, dreitausend, viertausend Jahren geherrscht hat. Sie werden, wo immer Sie in Anatolien unterwegs sind, eine riesige Schatztruhe der Alten Welt vorfinden."

Den Nachmittag verbringen wir in der Hagia Eirene, der Irenenkirche, die mir immer die liebste war. Sie wurde 539 n. Chr. vollendet und ist so alt wie die benachbarte, mächtigere Hagia Sophia. Von der Empore schauen wir hinab in das lange Mittelschiff des von Kaiser Justinian gebauten Gotteshauses, das dem heiligen Frieden geweiht war. Wir rechnen nach: dreißig Generationen dürften es gewesen sein in den tausend Jahren, in denen die Bürger der kaiserlichen Metropole für den Frieden gebetet haben. Bis das „Zweite Rom" zu seinem Ende kam und im Mai 1453 n. Chr. in die Hände der osmanischen Eroberer fiel.

Tarabya, das Geschenk von Sultan Abdul Hamid II. an Kaiser Wilhelm II. am Ufer des Bosporus

Auch diese Kirche ist ein Ort der persönlichen Erinnerung. Es war ein heißer Julitag 1974, ich saß mit Bettina von Siemens auf der Empore, das Haus gefüllt mit Menschen im Konzert. Maestro Nicanor Zabaleta war zu den ersten Istanbuler Festspielen gekommen. Da wo einst der Altar stand, unter einem riesenhaften Kreuzmosaik, saß ein alter Mann und spielte die Harfe. Zwei Tauben, Friedensboten für den Christen, flogen durch die olivgrüne Kuppel mit der griechischen Inschrift. Der berühmte Spanier spielte Beethoven, Bach, Vivaldi, Granados, atemlos lauschten die Gäste. Das fahle Licht des späten Nachmittags lag über dem ockergelben Raum, es war wie aus einer Zeit, als diese Basilika noch ein Hauptbau des Oströmischen Reiches war. Als der Islam einzog, wurde sie zum Zeughaus der Janitscharen und dann zum Armeemuseum des Osmanischen Reiches.

Wieder ist der Friede bedroht. Wird es Krieg geben um Zypern, fragen sich die Menschen, die im Vorhof beim Sarkophag des Kaisers Konstantin in der Konzertpause lebhaft diskutieren? Wird der Westen seinen NATO-Partner Türkei von einer Invasion abhalten können? Die Nachrichten vom Vormittag waren bedrückend, britische und sowjetische Kriegsschiffe sind auf dem Weg nach Zypern. Steht wieder ein Eroberungskrieg bevor, der zugleich ein Glaubenskrieg sein wird?

Der Ausgang ist bekannt. Der Ministerpräsident Bülent Ecevit gab kurz darauf der Armee den Befehl zum Einsatz. Die Folgen der Invasion sind bis heute nicht gelöst.

Den letzten Nachmittag vor der Weiterfahrt nach Anatolien hinein verbringen wir in Tarabya. Der kleine Ort, wo eine Mineralquelle entspringt, die der „Therapia" seiner zumeist griechischstämmigen Bewohner seit Jahrhunderten wohl bekommt, liegt am Eingang zum Schwarzen Meer. In einer Zeit, als Monarchen noch fürstliche Geschenke machten, machte Sultan Abdul Hamid II. ein zum Bosporus hin sich öffnendes waldreiches Tal seinem Freund Kaiser Wilhelm II. bei dessen Staatsbesuch 1898 zum Geschenk. Es war der Lieblingsaufenthalt des osmanischen Kronprinzen in den heißen Sommerwochen gewesen. In dieser prachtvollen Landschaft baute Heinrich von Schliemanns Nachfolger, der Architekt und

Archäologe Wilhelm Dörpfeld, eine stattliche Sommerresidenz für den in Konstantinopel residierenden kaiserlichen Botschafter. Mit noch mehr Lust und Freude fliehen bis heute die deutschen Missionschefs mit wenigen Beamten und ihren Familien aus dem kargen, heißen Ankara in den kühlen Talboden von Tarabya. Wegen der ständig in Bewegung befindlichen Erde baute Dörpfeld die Residenz mit angebauter Kanzlei, Häusern für Botschaftsrat, Militärattaché, Kanzler und Personal und, was für den christlichen Monarchen selbstverständlich war, auch die Kapelle, aus Holz. Wenn ich in den Jahren 1971 bis 1975 morgens am Schreibtisch saß, bekam ich mit, was sich unten im Hades tut: Immer wieder vibrierte der Holzboden unter meinen Füßen.

Auch dieser Ort birgt Erinnerungen an dienstlich nicht allzu strenge Sommertage, bis dann der Zypernkrieg wie ein Blitz einschlug und Aufregungen brachte. Ich wohnte mit den Töchtern Odilia und Linnéa im beliebten „Matrosenhaus“, das wegen seiner Lage am Berghang und der Sicht auf den Bosporus besonders

Wegen der stets vorhandenen Erdbebengefahr wohnte man in Holzhäusern: die Sommerresidenz des deutschen Botschafters in Tarabya

begehrt war. Vor dem eisernen Tor zur Straße hin stand ein weißes Badehaus, von dessen Dach die Kinder in das frische Wasser sprangen. Höhepunkt war das jährliche Sommerfest des Botschafters im Rosengarten, wo Christen und Muslime zur Blasmusik der „Chiemgauer" ihren Durst mit Löwenbräu vom Faß löschten.

Beinahe wäre das Staatsgrundstück verkauft worden, weil einige Bundestagsabgeordnete meinten, damit könne man die Bundeskasse um einige Millionen auffüllen – und das Flair eines feudalen Zeitalters beseitigen. Botschafter Gustav Adolf Sonnenhol intervenierte bei Außenminister Walter Scheel, und dieser rückte die Sache wieder zurecht. Kein Türke auch in Atatürks Republik hätte den Affront verstanden, ein Geschenk des Sultans an den Kaiser zurückzugeben, und auch noch gegen Geld! Kein deutscher Besucher, von Konrad Adenauer bis Helmut Schmidt, der nicht von der subtropischen Fülle des Parks in Tarabya beeindruckt gewesen wäre.

Wir spazieren an diesem Frühlingstag 1979 durch den Wald mit alten Eichen und Buchen hinauf zur Talhöhe, wo die Gedenksäule für Hellmuth von Moltke steht, der in den Jahren 1836 bis 1839 im Dienste des Sultans stand. Den schönsten Blick auf den Bosporus mit seinen Schiffen hat man vom Soldatenfriedhof mit siebenhundert Grabstätten, darunter das Grab des Feldmarschalls Colmar von der Goltz-Pascha und des kaiserlichen Botschafters Hans Freiherr von Wangenheim.

Ich sehe das Bild vor mir, als an einem Julitag 1972 Bundesverteidigungsminister Helmut Schmidt und seine Frau, erschöpft von einem viel zu vollgestopften Programm in Ankara, den Weg über die Palmenallee zum Friedhof gingen. Sie sollten sich nach den anstrengenden Tagen des Besuches bei der türkischen Generalität vor dem Rückflug nach Bonn einen Tag der Ruhe gönnen. Karl Schiller war von seinem Amt als Superminister für Wirtschaft und Finanzen überraschend zurückgetreten. Er war mit der Aushöhlung der liberalen Ordnungsprinzipien der Erhardschen Marktwirtschaft durch die Regierung Brandt nicht länger einverstanden. Am späten Nachmittag rief der Bundeskanzler in Tarabya an und bot Schmidt die Nachfolge Schillers an. Beim Abendessen war der

Der Soldatenfriedhof im Park von Tarabya wird nicht nur von Militärs besucht

Minister entschlossen, das Doppelministerium aus gesundheitlichen Gründen nicht zu übernehmen. Vielleicht besprach er auf jenem schweren Gang auch mit seiner Frau, daß der glücklosen Regierung Brandt keine lange Zukunft mehr beschieden sein könnte? Am nächsten Tag hörten wir in der Deutschen Welle, Schmidt habe akzeptiert. Es war wohl unter anderem sein Pflichtgefühl, das den Ausschlag gegeben hatte.

Zwei Jahre darauf setzte sich die türkische Kriegsmaschine nach Zypern in Bewegung, es begann am 20. Juli 1974. Botschafter Sonnenhol blieb der angespannten Lage wegen in Ankara zurück, ich blieb in Tarabya, um Verbindung zur Presse und deutschen und türkischen Institutionen in Istanbul zu halten. Schon seit Wochen klangen die Stimmen aus dem Parlament und der Regierung bedrohlich, die Diplomaten rechneten mit irrationalen Aktionen. Die seit 1878 britische Insel Zypern war 1960 unabhängig geworden. Der Staatschef, Erzbischof Makarios, strebte nach der Vereinigung mit Griechenland. Würde der sozialdemokratische Ministerpräsident Bülent Ecevit wider alle Warnungen der Vereinten Nationen den Befehl zum Einsatz geben?

Da geschah etwas völlig Unerwartetes. Ein türkischer General meldete sich plötzlich bei uns in Tarabya zu einem Besuch an. Er kommt im Helikopter, es ist der Befehlshaber der Ersten Armee. Wir steigen hinauf zum Soldatenfriedhof, der General legt am Grab des deutschen Generals von der Goltz-Pascha einen Kranz nieder, verharrt dort längere Zeit, er betet. Dann fliegt er davon. Es war ein mir unerklärliches, fast weihevolles Ritual. War es eine moderne Art, die Pythia zu befragen? Am nächsten Tag erfuhr ich die Lösung, im Morgengrauen begann die Invasion durch die Erste, die thrazische Armee.

Schon wenige Stunden darauf meldete BBC, fünftausend türkische Soldaten seien bei Kyrenia gelandet, Fallschirmtruppen bei Nicosia, es fänden schwere Kämpfe mit zyprischen Verbänden statt. Ich treffe mit Kanzler Kolscher, Frau Sonnenhol und der Sekretärin Renate Sahin die dringendsten Vorbereitungen. In Istanbul rechnet man mit einem griechischen Luftangriff. Eine türkische Militärkommission wird im Deutschen Krankenhaus bei Chefarzt Professor Hermann Quincke vorstellig: Inspektion und Bestandsaufnahme des im ganzen Nahen Osten wegen seines hervorragenden Rufes bekannten Spitals. Auf dem Bosporus sind Boote und Schiffe verschwunden, die Menschen stehen auf dem Dorfplatz von Tarabya vor der Moschee oder sitzen besorgt in ihren Gärten an der Uferstraße. Die allgemeine Verdunkelung wird angeordnet.

Aus den Lautsprechern ertönt den ganzen Tag über Marschmusik – ich kenne dieses Szenario aus meiner Jugend. Auch wir sitzen gespannt beisammen, Dolmetscherin Leyla Saman versucht, Nachrichten aus dem türkischen Rundfunk zu bekommen, wir verlassen uns aber lieber auf BBC. Griechische Panzertruppen sollen sich in Thrazien auf die türkische Grenze zu bewegen. Eine Bombardierung der Millionenstadt Istanbul, ohne Luftschutzkeller, ohne Luftabwehr, käme einem Inferno gleich. Von den ausländischen Missionschefs ist nur Åke Frey, der Botschafter Finnlands, in Tarabya geblieben. Mit ihm halte ich laufend Lagebesprechungen, aber wir tauschen auch Mutmaßungen über Bülent Ecevit aus: Was ist der eigentliche Beweggrund des Ministerpräsidenten, auf der Insel zu landen? Ist es das Wiederaufleben der großtürkischen Expansionsgelüste oder die Ablenkung von der schlechten Wirtschaftslage?

Der türkische Ministerpräsident gilt als ein etwas versponnener Mensch, er ist auch Lyriker, hat T. S. Eliot und Ezra Pound ins Tür-

Wer erinnert sich noch an den „älteren Moltke": Gedenkstein für den kaiserlichen Generalfeldmarschall, 1836 – 1839 Instrukteur der türkischen Armee, in Tarabya

kische übersetzt und schrieb 1947 „Das türkisch-griechische Gedicht“, in dem er zur Versöhnung der beiden „Erzfeinde“ aufruft. Der 1925 als Sohn eines Arztes und einer Malerin in Istanbul geborene Bülent Ecevit besuchte dort das renommierte britische Robert College. Warum also dieser Schritt eines gebildeten Menschen?

Die Regierung in Athen droht, wenn es nicht innerhalb von achtundvierzig Stunden zu einem Waffenstillstand komme, werde Griechenland der Türkei den Krieg erklären. Jetzt bricht eine Lawine des türkischen Chauvinismus los, in Presse und Rundfunk, bei Eliten und bei jedermann. Es erfüllt einen nicht gerade mit Vertrauen in die entsprechenden Institutionen: Zwei NATO-Partner gehen aufeinander los, und die vielen gutdotierten deutschen Friedensinstitute sind am Ende ihres Lateins.

Unser Alltag am Bosporus geht weiter, von der fieberhaften Tätigkeit der westlichen Diplomatie bekomme ich nicht viel mit. Am Nachmittag kommen Peter von Siemens, der sein Haus in Istanbul vertritt, und seine Frau Bettina zum Kaiserschmarren in die Residenz und bringen noch ihre Nichten, die kleinen Prinzessinnen zu Hohenlohe mit. Meine Tochter Odilia und ihre Gäste fangen am Ufer kleine Fische – weil doch die Katzen aus der Nachbarschaft in der Dämmerung am Badehaus immer ihr Abendessen abholen! Herr von Siemens kann mit seiner Zentrale in München nur auf englisch telefonieren: „weil wir auf deutsch nicht mithören können“, wie das ehrliche Fräulein vom Telefonamt Istanbul bekennt. Groß wie Luftballone leuchten die roten und lila Hortensien auf den Parkwegen, von Krieg und Kriegsgeschrei ist hier nichts zu spüren und auch eine griechische Bombardierung Istanbuls bleibt aus. Am 22. Juli kommt es zur Feuereinstellung, für den Eindringling Türkei nicht ganz ungelegen, denn die Invasionsarmee begegnet heftigstem Widerstand und die Luftwaffe hat aus Versehen auch noch den falschen Zerstörer versenkt, den eigenen.

Wir kehren zurück ins Jahr 1979. Wird die Reise nach Anatolien zu einem gewagten Abenteuer? Das Benzin ist rationiert, wie auch der Kaffee, für die Türken wahrlich ein nationales Opfer. Werden wir genügend Treibstoff finden? Hans von Aulock macht uns Mut:

„Ihr seid doch im alten Bakschischland, jenseits der Bosporusbrükke beginnt eine andere Welt.“ So ist es denn auch, an den Tankstellen von „Petrol Ofisi“ gibt es „Süper-Benzin“ und keine Warteschlangen. Auf einer vorzüglichen neuen Straße erreichen wir den Bolu-Paß, hier ist die geologische Erdbebenscheide. Das weite Land im Herzen von Anatolien ist über große Entfernungen ohne die Schrecken der stets in Bewegung befindlichen Erde. Nach acht Stunden Fahrt sind wir in Ankara. Auch hier steigt man nicht zweimal in denselben Fluß. Die Hauptstadt ist im Viertel der Präsidentenvilla und der Eliten grüner, freundlicher geworden als damals 1975, als ich meinen Dienstort nicht leichten Herzens verließ. Noch jeder deutsche Diplomat war gerne an diesem seiner Geschichte und der freundlichen Menschen wegen faszinierenden Ort.

Wir sitzen auf der Dachterrasse von Mustafa Özcans großem Haus auf halber Höhe des Talkessels im Quartier von Cankaya. In der Ferne der Kranz waldloser Gebirge, die wie bizarre braune Zirkuszelte hoch in den Himmel ragen. Nur wenige Schritte weiter steht das Haus, in dem Kemal Atatürk wirkte und mit Verstand und Gewalt aus dem, was von einem monarchischen Großreich übrigblieb, eine moderne säkulare Republik schuf. Seine Vision war es, die Türkei auf den Stand der zeitgenössischen westlichen Zivilisation zu heben. In Mustafa Özcans Haus, das einem Zikkurat vergleichbar ist, wohnte ich damals vier lange Jahre, inklusive Dachterrasse.

Von hier schauen wir hinab in den Kessel der riesenhaften Stadt, die sich im violettgrauen Dunst des Smog verliert, und auf die schemenhaft aufragenden Klötze der beiden Zitadellen im Ulus Meydani, der Unterstadt. Es gibt nur wenige Orte wie diese Festung, in deren Ziegelmauern sichtbar und geradezu „begreifbar“ die Jahrtausende eingegraben sind und in denen Menschen leben bis auf den heutigen Tag. Immer wenn ich in meinen Jahren in Ankara hinauf zur Zinne stieg, durch enge Gassen mit bunten Läden, Schafen und Hühnern der ärmlichen Bewohner, fühlte ich die Vergänglichkeit des Lebens und der Geschichte. In die Mauern sind Spolien aus hethitischer, phrygischer, galatisch-keltischer, römischer, schließlich seldschukischer Zeiten hineingebacken. Überall liegen Haufen von antikem Schutt, die Visitenkarten der Geschichte. Alexander der Große besetzte die Zitadelle 334 v. Chr. vor dem Weitermarsch nach Persien. Livius sprach von der Stadt Ancyra in der römischen Provinz Galatia, daß sie eine „nobilis in illis locis urbs" gewesen sei. Am Fuße der Felsen steht gut erhalten der Tempel des Augustus und der Roma mit dem einzig erhaltenen Testament des Kaisers, das an der Außenwand eingemeißelt ist; er hat Ancyra das römische Stadtrecht verliehen. Vielleicht kann man sagen, Atatürk hat hier wieder angeknüpft, indem er Ankara zur Hauptstadt seines neuen Staates machte und nicht das wirtschaftlich bedeutende, internationale Istanbul.

Und so wie in meinen Berufsjahren damals an der Botschaft dröhnen auch an diesem Abend über den Dächern der Stadt aus ungezählten Lautsprechern, von ungezählten Minaretts die Klagerufe der Muezzine herauf und werfen an den Bergwänden, wo die Gecikondos, die über Nacht erbauten Hütten der Landflüchtigen stehen, ihr vielfaches Echo zurück. Archaische Bilder und islamische Klänge aus Kleinasien, die im Gedächtnis geblieben und jetzt wiedererstanden sind. Auch das Wiedersehen mit den Amtsgebäuden der deutschen Botschaft am Atatürk-Boulevard wird zur Erinnerung an frühere Jahre. Am Torhaus stehen die Kawassen, einige erkennen mich wieder und küssen Brigitte und mir die Hand nach alter Sitte. Sie sind die treuen, zuverlässigen Amtsboten und Wächter, ehemalige Krimtartaren, die beim Rückzug der Wehrmacht 1943 aus der Ukraine mitgekommen sind. Und auch manche der Sekretärinnen von damals sind geblieben, mit Türken verehelicht. Sie laden uns zum Essen ein und schütten ihr Herz aus: „Die Liebe ist groß, die Liebe macht blind, dann kommt die Zeit der Tränen."

Auch das Türchen im Zaun, durch das der berühmte Spion im Zweiten Weltkrieg, der britische Geheimagent Cicero kam, ist noch vorhanden. Das große Areal unserer Vertretung lag damals außerhalb des Zentrums der Stadt. Botschafter Franz von Papen konnte sich bei seinem täglichen Ausritt am frühen Morgen noch durch eine stille Landschaft mit Weinbergen und phrygischen Grabhügeln bewegen. Jetzt wächst die Metropole des Sechzig-Millionen-Volkes der Türken zu einer Megastadt heran, ungeachtet des eisigen Winters, der Hitze des Sommers und des knappen Vorrats an Trinkwasser. Mit großen Plastikflaschen fuhr ich vier Jahre lang hügelabwärts ins Büro und mittags mit zwei Schulkindern und gefüllten Wasserbehältern in die Wohnburg zurück.

*

Die Türkei war damals, nach Indien, für uns finanziell das zweitgrößte, politisch-strategisch als NATO-Partner aber unser wichtigstes Entwicklungsland. Die dicksten Aktenstöße auf meinem Schreibtisch betrafen Großprojekte wie die Bosporus-Brücke, den Keban-Staudamm, das Elbistan-Kraftwerk, das PAL-Fernsehnetz, landwirtschaftliche Programme und die Hilfe für aus der Bundesrepublik Deutschland zurückkehrende Gastarbeiter. Wir gingen damals davon aus, daß die Gastarbeiter früher oder später in ihre Heimat zurückkehren würden. Es war die kluge Idee von Botschafter Gustav Adolf Sonnenhol, für junge Türken, die in Deutschland arbeiten wollten, eine Rotation von fünf Jahren vorzusehen, aber keinen Familiennachzug. Sie würden mit fachlichen Kenntnissen und dem Ersparten nach Anatolien zurückkommen, um hier eine Existenz zu gründen. Über eine Million arbeitswilliger Türken wollten in das Rotationsprogramm aufgenommen werden, die Regierung in Ankara war begeistert. Aber die damalige sozial-liberale Bundesregierung hielt nichts von diesem Vorschlag. Es war eine der folgenreichsten „Torheiten der Regierenden“. Deutschland hat sich durch die massive Einwanderung verändert. Wir Diplomaten haben unsere Politiker in Bonn rechtzeitig und nachdrücklich auf die Gefahr eines säkularen Desasters hingewiesen.

Hinter Ankara, auf der Landstraße nach Süden, wird die bergige Landschaft wüstenartig und zugleich durch ihre stille Erhabenheit bezaubernd schön. Am Wege ziehen die Bauern mit Eselskarren, der Gebieter sitzt obenauf, die Frau geht und hält die Zügel. In vielen Dörfern sehen wir eine zweite Moschee, wie ich höre, mit dem Geld des libyschen Diktators Gaddafi gebaut. Die Zahl der Moscheen übersteigt bereits die Anzahl der Schulen. Es scheint, die

Jahrhunderte haben mit vorgefundenem Material an der Zitadelle von Ankara gebaut

Staatsmacht weicht der Glaubensmacht, ob Kemal Atatürk damit einverstanden gewesen wäre?

Noch ist wenig Grün in Hochanatolien zu sehen. Ein schwarzes Züglein dampft am Horizont dem Taurusgebirge zu, es ist die Strecke der „Bagdadbahn". Unser Tagesziel ist Gordion, die Königsstadt der Phrygier. Amerikanische Archäologen haben bisher ein Drittel der Residenzstadt des sagenumwobenen Königs

Midas aus den Sandhügeln gegraben. Wir stehen auf dem Marktplatz in den Ruinen der Megaronbauten, keine Touristen, keine Ausgräber hier. Es ist kaum vorstellbar: Hier war pulsierendes Leben, ein Zentrum der alten Welt, am Rande von Wäldern, die längst nicht mehr sind. In der Langeweile des Winterquartiers von 334 v. Chr. gelang es Alexander, den Knoten zu durchhauen. Den gewaltigen Grabhügel des Königs Midas hat er nicht öffnen lassen. Später kamen die Römer und nach ihnen der Wind, der den Ort mit Staub und Erde zudeckte.

Das ist es, was den Zauber Anatoliens ausmacht, dieses Gefühl, nicht mehr ganz in unserer Zeit zu leben. Es gab Epochen lange vor unseren Wichtigkeiten. Wir sitzen zum Picknick am träge fließenden Bach vor den Sandbergen der Grabung, eine Flasche Lal-Rosé aus dem letzten noch existierenden Weinberg in Ankara haben wir mitgebracht. Ein Schäfer treibt seine Schafherde zum Wasser, große schwarze Falter gaukeln über das noch blasse Grün. Nur wenige Schritte weiter erhebt sich der fünfzig Meter hohe Grabhügel des Midas. Bukolischer könnte keine Landschaft sein. Was mag noch unter der Erde verborgen liegen, der Mensch denkt doch immer an die Schätze der Vergangenheit. Tausende reisen nach Ankara, um im Archäologischen Museum die Kunst der Phrygier und Hethiter zu bewundern, die bemalten Tonvasen und die aus Urartu stammenden Bronzekessel aus den Grabungen in Gordion.

König Midas soll 684 v. Chr. hier gestorben sein, seine Residenzstadt zählte an die zehntausend Einwohner, eine große Stadt in jener Zeit. Von den verstreut liegenden siebenundsechzig Tumuli sind bisher siebenundzwanzig geöffnet worden, wir wissen immer noch wenig von dem Volk der Phrygier. Ein einzelner Wächter steht vor dem Grabhügel, er ist sich seiner Bedeutung bewußt. Denn obwohl in dieser Jahreszeit kaum Besucher zu erwarten sind, trägt er eine verschlissene Phantasieuniform mit vier goldenen Streifen am Ärmel und eine Kapitänsmütze, die Karbidlampe in der Hand. Im gespenstischen Flackern seiner Lampe führt er uns durch den niedrigen, etwa siebzig Meter langen Stollen in die einstige Grabkammer. Mächtige Zedernstämme, zweieinhalbtausend Jahre alt, halten das Gewölbe bis heute zusammen. Uns befällt ein seltsames Schuldgefühl, wir sind Eindring-

Die „Bagdadbahn" strebt dem Taurusgebirge zu

linge in ein sakrales Gemach, unbefugte späte Störer der Ruhestätte eines schon in der Antike berühmten Herrschers. Alexander der Große ehrte die Totenruhe, er hat das Baudenkmal nicht beschädigt. Bis die Neugier des heutigen Menschen auch dieses Mysterium zerstörte. Amerikanische Ausgräber fanden die Gebeine des Königs intakt mit einhundertsiebzig wertvollen Beigaben.

Wie Türkis glänzt der Burdursee in der Frühlingssonne, eingebettet in eine surrealistisch anmutende, wilde und kahle Berglandschaft. Sobald wir die Hochebene verlassen haben, umfängt uns der schönste Frühling in der Küstenebene am Mittelmeer. Hier war Pamphylien, noch immer das Land, wo die Zitronen und Orangen blühen. Oft bin ich in Side gewesen, und auch nach vielen Jahren werden wir im ersten Haus am Platze, dem schlichten Motel Turtel, erkannt und mit einem herzlichen „Hos Geldiniz" begrüßt. Was vor 1914 die Côte d'Azur für die Hautevolee war, bedeutete mehr oder weniger der kleine stille Ruinenort Side für die gestreßten Diplomaten in Ankara. Es gab kaum eine Plauderei, ohne daß der Name Side fiel.

Geblieben ist das Dorf, das sich um das prachtvolle hellenistische Amphitheater und den antiken Hafen gruppiert, geblieben sind auch die Alten und Jungen, die am Spätnachmittag auf dem Dorfplatz schwatzen. Auch Hussein-Bey, der junge blonde Händler mit Krimskrams, Kelims und Onyx, ist noch da. Er freut sich auf das ganz große Geschäft, wenn die Zukunft bringt, was alle flüstern: Der Küstensaum soll in eine Kette von Hotels und Ferienclubs verwandelt werden. Gott gebe, daß dem nicht so ist.

Noch ist es still am sandigen Strand, wie seit Jahrtausenden. Es ist das reine Vergnügen, kilometerweit in den auslaufenden Wellen zu gehen, in denen grüne römische Glasteilchen glitzern, über die Fülle der Tonscherben einer früheren Siedlungszeit. Hinter dem schmalen Ufersaum erhebt sich eine mäßig hohe, macchiabewachsene Hügelkette mit knorrigen Olivenbäumen und Säulenresten, mit den von Bauern zusammengetragenen Haufen von Tonscherben. Wir wandern durch diese stummen Zeugen längst vergangener Generationen und schauen auf das Kleinod der prachtvollen Ruinen von Side. Unter einem Oleanderstrauch entdecke ich ein granitenes Ei, so groß wie ein Straußenei, ein Fünftel davon ist abgebrochen. Ich suche im Gestrüpp und finde auch noch das fehlende Teil. Was mag das gewesen sein? Granit gibt es nicht in dieser Gegend, war es Teil eines Frieses, oder ein Wurfstein, wie er in der Antike als Waffe üblich war?

Die Bauern in den Baumwollfeldern, die Dorfleute in der Bucht messen die Zeit am Morgenwind, am Abendwind, am Wachsen der Baumwolle, am Schnee auf dem Kamm des Taurusgebirges. Am Hafen für die Fischerboote, wo im seichten Wasser die mächtigen Bruchstücke von Tempeln und Theater liegen, hat Ahmed noch immer sein kleines Restaurant mit den wackligen Stühlen im Freien. Auch das Menü ist noch dasselbe: gebratener Fisch, frisches würziges Fladenbrot, Schafskäse, Oliven, gefüllte Weinblätter, Weißwein und Raki. Von draußen fächelt ein Wind. Es muß eine idyllische Stadt gewesen sein, ein Ort für Händler, Pensionäre und Künstler damals. Man aß vor zweitausend Jahren dasselbe und ging abends ins Theater zu Aischylos.

*

Wieder spricht die Erinnerung. Hier in Side war ich während der sogenannten „Zweiten Zypernschlacht“, im August 1974, als trotz vereinbarter Feuereinstellung türkische Truppen ihr Besatzungsgebiet an der Nordküste und am Korridor nach Nicosia in der Form „kriechender Attacken“ korrigierten. Es hieß, sie bewegten sich gar auf Famagusta zu. Nur wenige Gäste aus Ankara und Istanbul wohnten damals im „Turtel“. Offiziell war der Friede zurückgekehrt. Die Bauern und Dorfleute feierten das Fest des „Deniz Bayram“, den Tag des Meeres. Verschleierte Frauen und Mädchen wurden von den Anhängern der Traktoren ins Meer geschoben, sie wiegten sich still und stumm in voller Pluderhosenkleidung, des Schwimmens unkundig und sich an den Händen haltend im seichten Wasser. Es war der Tag der endgültigen Waffenruhe auf der Insel Zypern. Ich spazierte zur Siegesfeier beim Atatürkdenkmal. Jetzt, wo sie bekommen haben, wonach die nationale Seele brannte, huldigen sie dem Sieger Bülent Ecevit und seinen Soldaten.

Auch ein vaterländisches Fest, die Feier des Sieges in Zypern, nimmt hier eine bukolische Form an: Zwei Trommler und ein Schalmeienbläser umschreiten die lange Stange, an der die Fahne mit dem Halbmond hängt. Ein Lastwagen mit Folkloretänzern in buntbestickten Westen und Turbanen erscheint. „Konyak“ heißt ihr Tanz, sie stampfen rhythmisch und schnalzen mit den Fingern, stoßen dabei kräftige Urlaute aus. Ein Veteran in irgendeiner Uniform erscheint und führt seinen frisch beschnittenen Enkel vor. Der stolziert verklemmt mit steifen Beinen in einem weißen Phantasiegewand wie ein Zirkusclown auf und ab und wird beklatscht. Glutrot versinkt die Sonne hinter den lykischen Bergen, und dort, wo Zypern liegt, stehen die Seewolken im letzten rosa Licht. Überall wird jetzt getrommelt und gefeiert. Hussein-Bey, mein Freund und Besitzer der „Antik-Butik“, meint: „Großer Sieg ist schlecht fürs Geschäft“, der kriegerische Sommer habe kaum Besucher ins Dorf gebracht, und es sei jedenfalls klüger, daß sein Laden nicht länger als „Hermes-Butik“, sondern als „Sultan-Butik“ firmiere.

Vierzehn Jahre später, 1993, sind wir wieder in Ankara zu Besuch. Der ungehemmte Massentourismus hat die Küste von Antalya bis weit hinter Side zerstört. Mustafa Özcan rät: „Fahrt nicht nach Side. Wo Idylle war, ist jetzt Asphalt und Geplärr. Ihr würdet weinen." Wir sind nicht gefahren.

*

Termessos ist ein Ort, den Atem anzuhalten. Mit einiger Mühe klettern wir den steilen Bergpfad hinauf zu der bisher nicht ausgegrabenen Stadt im lykischen Gebirge. Mehr Festung als Stadtanlage, sind die Ruinen in einem Gestrüp von Bäumen und Macchia versunken. Alles ist noch Geheimnis. Wer waren die ersten Bewohner, diese rätselhaften Solymer, die vor den Griechen kamen und laut

So baute man in hellenistischer Zeit: Aphrodisias im alten Karien war das damalige Baden-Baden

Strabo eine eigene Sprache hatten? Wir klettern auf überwucherten Pfaden an der Agora, an Tempelmauern und Zisternen vorbei zum Amphitheater hinauf. Es gab keine prachtvollere Kulisse für die etwa viertausend Zuschauer auf den gut erhaltenen Stufenreihen der Cavea als die hinter der Skene wie eine Riesenpyramide steil aufsteigende Wand des Mont Solymos. Die Orchestra liegt unter Steinblöcken begraben, so wie die meisten Gebäude von Termessos. Unter der dunklen Wand glitzert das grüne Wasser der Bucht von Antalya.

Wann wurde hier zum letzten Mal ein Drama, eine Komödie aufgeführt? In griechischer oder lateinischer Sprache? Alexander der Große machte kehrt und gab vor dem mächtigen Mauerwerk die Belagerung 334 v. Chr. auf, obwohl er auf seinem Heerzug durch Pamphylien mit „modernstem Kriegsgerät", Holztürmen mit Schleudermaschinen, gezogen kam. Wir streifen eine Stunde durch die in der wuchernden Natur versteckte Nekropole. Tausende von Sarkophagen aus hellenistischer Zeit lassen auf einen beträchtlichen Wohlstand schließen. Es war kein Wächter in der Ruinenstadt zu sehen. Nur im weiten Gräberfeld begegnen uns vier wild aussehende, freundlich grüßende Männer mit Arbeitsgerät, das Gewehr geschultert. Sie kommen von der Arbeit, man kann sich denken, was sie tun. Da auf die Dauer nichts unerforscht bleibt, wird auch das Geheimnis von Termessos und seiner Bewohner eines Tages gelüftet werden. Schon heute wird an vielen Orten die antike Welt zum Freizeitpark degradiert, so in Perge und Aspendos.

In einer Lokanta neben dem Apollon-Tempel von Didyma bekommen wir nicht nur gebratenen Barbunya-Fisch, sondern auch – die Frankfurter Allgemeine Zeitung vom Vortag! Wir sind überrascht, und dennoch stimmt dieser mediale Einbruch in die stille alte Welt von Anatolien auch melancholisch. Die Zeitung ruft uns in die Gegenwart zurück: In London ist eine Mrs. Margaret Thatcher zur britischen Regierungschefin gewählt worden. Wie wird sie auf das brisante Geschehen im südlichen Afrika einwirken? Die bisherige Labourregierung hat ebensowenig den Frieden gebracht wie der amerikanische Präsident Jimmy Carter.

Auf belebter Straße, die nach Izmir führt, fahren wir durch das Mäandertal. Felder und Äcker sind für den Sommer bestellt. Die Menschen in Anatolien sind genügsam. Aber ohne die klaglose, devote Arbeit der Frauen und Mädchen wäre die Versorgung der Familien nicht denkbar. Wir wollen Nysa wiedersehen. Im Wald versteckt, fast noch so unberührt wie Termessos, liegt das griechische Theater am bewaldeten Hang. Es ist still bis auf das Konzert der Zikaden, kein Wächter, keine Besucher. Aus den steil aufsteigenden Stufenreihen wachsen die Ölbäume. Zur Zeit von Julius Caesar standen Naumachien, die Aufführungen von Seeschlachten, auf dem Spielplan. Der römische Tunnel, durch den noch heute das Wasser des Baches strömt, ist intakt.

Wir streifen durch das, was von der kleinen Stadt im dichten Grün noch übrigblieb. Überall liegen Bruchteile von Friesen und Kapitellen herum. Ein kleines Buleuterion, oder war es ein Odeon, liegt versteckt in einem Ölbaumhain. Immer wieder versuchen wir uns in die Zeiten hineinzudenken, in denen hier die Stadtväter das Wichtige ihres Tages besprochen haben: vielleicht über eine Erhöhung der Eintrittspreise im Theater, über ein Gastspiel der Truppe aus dem benachbarten Kultort Aphrodisias oder auch nur über den neuesten Klatsch aus Smyrna und dem fernen Rom?

Auch in Aphrodisias, der bedeutenden Kur- und Kunststadt, fragen wir uns im Odeon, ob die Wissenschaft uns noch eine hellenistische Notenschrift überliefern wird. Und wie mag die Musik in diesem eleganten Konzert-Theater geklungen haben? Die Ausgrabungen an dem riesenhaften Amphitheater unter Professor Kenen Erim stehen erst am Anfang. Noch stehen vierzehn Säulen des Tempels der Aphrodite. Im gut erhaltenen Stadion konnten dreißigtausend Zuschauer den Wettkämpfen folgen, es ist das größte der hellenistischen Welt. In Aphrodisias im alten Karien liegen noch viele Wunder bereit. Auch hier wird uns bewußt, was sich der Mensch damals unter dem, was wir auch heute noch mit einem Hauch von Wehmut „Arkadien“ nennen, vorgestellt hat. Man kann den „ordo temporum“ nur schwer durchschauen. In der Türkei gelingt am ehesten noch der Blick in die Abfolge der Zeit. Vier Jahre Leben in Anatolien, das waren auch vier Jahre Leben am Rande einer anti-

Auf diesen Substruktionen soll das Trajaneum in Pergamon wiedererrichtet werden

ken Aura. Man muß nur schauen, die Grundzüge der alten Geschichte lesen, dann ist in diesen Landschaften Kleinasiens vieles auf uns gekommen.

Manchmal gelingt es dem Diplomaten, zu einer guten Tat anzuregen. In Pergamon beginnt die Wiederaufrichtung der Reste des Trajan-Tempels. Es wird, neben dem großartigen Amphitheater mit achtzig Stufenreihen, in einigen Jahren das bedeutendste Bauwerk der Königstadt Pergamon sein. Bei einem Besuch mit Botschafter

Sonnenhol 1974 klagte der Ausgräber Wolfgang Radt, der „Freizeitpark“ mit Son et Lumière solle nach dem Willen des Bürgermeisters von Bergama auf dem Burgberg Einzug halten. Auf meine Frage, ob es nicht noch etwas anderes an sichtbarem Bauwerk als den Sockel des Zeus-Altars gebe, meinte der Archäologe: „Allenfalls das Trajaneum, wenn man die Bruchstücke verwenden könnte.“ (Heute stehen die mächtigen Säulen des Trajan-Tempels als eine deutsch-türkische Gemeinschaftsarbeit wieder aufgerichtet auf dem schönsten Platz der antiken Stadt.)

Wir suchen das Grab des großen Archäologen Carl Humann neben dem Sockel des Zeus-Altars. Ein Wächter kommt auf uns zu und erklärt: „Hier liegt Homer begraben.“ Das wird den vielen fremden Besuchern von den Kreuzfahrtschiffen gewiß mehr Eindruck machen als der Name des Ausgräbers. Nicht an allen Grabungsstätten sind Wächter aufgestellt. Und dennoch spürt man über diesem weiten Anatolien die Staatsmacht, es gibt Ordnungskräfte, es gibt lokale Behörden, und es gibt die Kraft des Islam in den Menschen, die das Gefüge aus Bauern, Dörflern und Städtern zusammenhält.

Der Bergginster blüht in leuchtendem Gelb in der waldigen Troas, als wir Troja erreichen. Es ist unser letztes Ziel in Anatolien und noch ist Afrika unendlich fern. Der berühmteste Ruinenhügel der Welt ist kleinräumig, leicht überschaubar, in einer Stunde spaziert man durch die Mauern, hinter und unter denen die Phantasie von der Sagenwelt der Alten träumt. Der rote Mohn leuchtet aus den Spalten, auch hier sind wir allein, der Wächter ist schon nach Hause gegangen. Wir blicken im Licht der untergehenden Sonne auf die blaßgrüne Ebene hinab. Ein Schäfer zieht mit seiner Herde weißer Schafe am Skamandros, der sich durch Felder und Weiden zur Meeresküste mäandert. In etwa fünf Kilometer Entfernung heben sich als dunkle Pyramiden die Grabhügel von Achilles, Ajax und Patroklos ab. Wir holen Homer hervor: „Agamemnon blickt über die trojanische Ebene, und die große Zahl der vor Ilium angezündeten Feuer, der Ton der Schalmeien und Flöten, der Lärm der Krieger setzten ihn in Erstaunen“ (Ilias X, 11-13). Auch dieses Bild ersteht vor dem Auge mit ein wenig Phantasie.

Wiederholt war ich an diesem „geweihten Ort“, und immer wieder übersteigt es die Vorstellung, wie das alte Ilion des Priamos wohl ausgesehen haben mag im Gang seiner Geschichte. Noch steht der mächtige steinerne Altar mit breiter Platte, auf der Alex-

Was vom Trajan-Tempel übrigblieb

ander und Caesar den Göttern geopfert haben sollen. „Männer machen die Geschichte", auch hier begann auf vielen Wegen und Umwegen, was heute Europa ist. Wir fragen uns, wo wohl Schliemanns berühmter „Schatz des Priamos" geblieben ist, der 1945 noch in Berlin aufbewahrt wurde.

Die kleine Autofähre bringt uns am anderen Morgen von Canakkale über die Dardanellen zur Halbinsel Gallipoli. Wir schauen auf die kahlen Hügel, auf denen eine der schwersten Schlachten des Ersten Weltkrieges tobte. Da wo sich die Meerenge in die offene Ägäis öffnet, steht riesenhaft das türkische Kriegerdenkmal. Man hat die deutsche Waffenbrüderschaft nicht vergessen. In jedem Jahr legten in meiner Ankara-Zeit türkische Generäle und der deutsche Militärattaché dort Kränze nieder. Mehr als siebenhundert Jahre früher, im März 1190, setzten die Kreuzfahrer unter Kaiser Friedrich I. Barbarossa hier von Europa nach Asien über. Ein Kreuz wurde allerdings nicht aufgestellt.

Es war eine Reise zu den Wurzeln der abendländischen Kultur, die uns zu Nachdenklichkeit und Ehrfurcht vor der Alten Welt anregte. Die Türkei war das eindrucksvollste Land, in dem ich gelebt und gearbeitet habe. Kaum eine alte Stadt, die nicht einen illustren Namen in ihrer Erinnerung bewahrte: Homer, Hippokrates, Herodot, Mausolos, Alexander, Paulus. Wie sagte man doch sprichwörtlich im Altertum am Ziel einer langen Reise? – „Das war wie die Landung in Side."

X. Auf den Spuren von Lettow-Vorbeck

Vieles ist geschehen in Lusaka in den zwei Monaten, in denen wir auf Urlaub waren. Um das Grundstück der Residenz ist eine hohe, weißgetünchte Mauer mit Stacheldrahtkrone errichtet worden, was das Gefühl der Sicherheit erhöht. Und in Rhodesien haben die Weißen nach fast neun Jahrzehnten wenigstens formal die Macht abgegeben. Unter dem Druck der internationalen Diplomatie sah sich der „Rebell" Ian Smith gezwungen, seine sogenannte interne Lösung in die Tat umzusetzen. Die schwarze Mehrheitsregierung wird seit dem 1. Juni 1979 von dem kleingewachsenen Methodisten-Bischof Muzorewa geführt. Ich begegnete ihm vor einiger Zeit im State House von Lusaka, er machte mir den Eindruck eines zwar umtriebigen, aber ängstlichen Mannes in spitzen grünen Schlangenlederschuhen. Eigentlicher Chef aber bleibt der selbstbewußte Ian Smith, der immer wieder mit Militäraktionen auf sambischem Gebiet demonstriert, wer der Herr im Hause Rhodesien ist. An der demokratischen Legitimierung der neuen Regierung besteht nach den formal ordnungsgemäß abgehaltenen Wahlen kein Zweifel.

Am 14. Juni bittet Kaunda um ein Gespräch. Er begrüßt mich herzlich und läßt sich ausführlich über meine Reise in die Türkei und die dort und anderswo zu beobachtende sich verstärkende Re-Islamisierung berichten. Hierauf übergibt er mir einen Brief für Bundeskanzler Helmut Schmidt mit dem Petitum, die Bundesregierung möge das Regime Muzorewa völkerrechtlich nicht anerkennen, es sei nicht in der Lage, den Krieg um Rhodesien zu beenden. Auch sollten wir die bestehenden wirtschaftlichen Sanktionen nicht aufheben. Vor allem bittet Kaunda, die Bundesregierung möge sich bei der britischen Regierung für eine Allparteienkonferenz zur Lösung der Rhodesienfrage einsetzen.

Auf meinen Einwand, ob es nicht ratsam wäre, Muzorewa wenigstens eine faire Chance zu geben, dies würde Bonn als Zwischenlösung betrachten, widerspricht Kaunda nicht. Er ist sogar bereit, Muzorewa „als Übergangsregierung" zu akzeptieren. Auch läßt er durchblicken, daß die Versorgungslage Sambias sich weiter verschlechtert habe, weshalb er eine Öffnung auch des Landweges nach Rhodesien erwäge.

Kaunda hat sich in letzter Zeit, um seine Macht und das Überleben Sambias zu sichern, nicht mehr sonderlich um die strikte Einhaltung der Solidarität der Patriotischen Front gekümmert. Er weiß, sein Volk will ein rasches Ende der Drangsale durch den Guerillakrieg, es will Friede, Nahrung, Arbeit, mehr Sicherheit. Nach dem Machtwechsel in London erhofft er sich von einer konservativen Regierung Thatcher, die noch immer die völkerrechtliche Zuständigkeit für Rhodesien-Zimbabwe besitzt, eine realistischere Bereitschaft, zu einer friedlichen Lösung durch alle Parteien zu gelangen.

Einige Tage darauf haben wir Gäste zum Abendessen, darunter Humphrey Mulemba, den einflußreichsten Außenpolitiker im Zentralkomitee der UNIP-Einheitspartei, Präsidentenberater Marc Chona, Missionsbischof Adolf Fürstenberg und den in Görlitz geborenen neuen Pronuntius und Afrikaexperten des Vatikans, Erzbischof Georg Zur. Vor dem wärmenden Kaminfeuer reden wir über den Jammer dieses Landes und über die nicht minder von Krisen und Konflikten heimgesuchten übrigen Länder südlich des Sambesi, ferner über Namibia, Zaire, Uganda, Angola, Somalia, Biafra. Der Grund aller politischen und wirtschaftlichen Nöte liege nicht in zuwenig Hilfe vom Ausland, sondern in den Defiziten von Regierungen und Verwaltungen. Statt für ihr Volk dazusein, steht für viele die Lust an der Macht und das persönliche Wohl im Vordergrund. Auch unsere afrikanischen Gäste sind dieser Ansicht.

Wenige Stunden später werde ich in den frühen Morgenstunden durch das Geheul der Sirenen aufgeschreckt. Die Ambulanzen bringen Verletzte in das University Teaching Hospital. Ein Sabotageunternehmen des Ministerpräsidenten Muzorewa zeigt, wie wenig er Herr in Rhodesien ist. Sechs Kampfhubschrauber donnerten über den Stadtteil Roma und zerstörten Wohnhäuser von Mitgliedern der Regierung und der ZAPU-Guerilla, man zählt dreiundzwanzig Tote. Humphrey Mulemba konnte sich nur mit knapper Not aus seinem brennenden Auto retten. Außer Bomben fielen Tausende von Flugblättern nieder, und da Radio Lusaka sofort verbot, diese aufzulesen, was bekanntlich immer das Gegenteil bewirkt, erfahren die verschreckten Bewohner der Hauptstadt, was sich ohnehin nicht leugnen läßt: „ZAPU ist der wahre Herrscher in Sambia, ihre Führer leben in Luxus auf euere Kosten, sie essen euere Nahrungsmittel und greifen euere Bürger an ..." Kaunda schweigt, was soll der Mann im State House seiner frustrierten Bevölkerung noch sagen, das beruhigend und glaubhaft wäre. Er müßte den Bankrott seiner Politik eingestehen.

Jeden Tag sehe ich, wie gefährdet die junge afrikanische Freiheit ohne eine straffe Hierarchie und überzeugende Regierungen ist. Was überhaupt noch Sambia zusammenhält und bisher Ausbrüche von Aggressionen und Revolten im Kupfergürtel verhindert hat, ist das traditionelle Eigenleben der Stämme, ihre Regeln und Sitten, und die Einwirkung der Kirchen durch ihre Missionen. Auch eine Bevölkerung mit nur sechs Millionen Menschen ist schwer zu regieren, wenn das Land zu groß ist und es an schneller Kommunikation fehlt. Alle sieben Haupt- und siebzig Nebenstämme haben ihre eigenen Sitten, Traditionen, Sprachen, Tabus und Religionen, ihre eigene Welt. Ich frage mich, was ist Sambia eigentlich? Nicht umsonst ist eine der ständig wiederholten Maxime „nation building"!

Die Kilometer darf man auf Fahrten über Land in Afrika nicht zählen. Es ist Ende Juni. In einer Woche fährt uns Ernest zweieinhalbtausend Kilometer durch das gelb-grünliche Buschland. Die Straßen sind leer, barfuß laufen die Menschen am Rande des Weges, sie bewegen sich am Rande der Existenz. Wohin? Zu irgendwelchen Lehmhütten und Wasserstellen. Nur auf den Missionsstationen finden wir lachende Kinder. Bei den Dominikanerinnen in der Fatima-Oberschule herrscht Freude. Oberin Sr. Brunhilda ist es gelungen, aus Spenden einen Ochsen zu kaufen. Jetzt gibt es dreimal ein Fleischgericht für die über fünfhundert Schülerinnen, im Speisesaal winken sie uns fröhlich zu. Sie sind auch recht verwöhnt. Kommt, wie an den meisten Tagen, der Maisbrei ohne Beilagen auf den Tisch, dann strecken sie unter heiterem Protest ihre Löffel in die Höhe. Die sambische Regierung subventioniert die Schule mit rund sechshundert Mark im Monat, das muß für die nötigsten Einkäufe wie Medikamente, Decken, Lebensmittel, Putzmittel, Schulhefte reichen, sofern das Nötige in Lusaka zu kaufen ist. Die Oberin ist besorgt, immer wieder kommt das Wasser nur spärlich oder auch gar nicht aus dem Brunnen.

In einem solchen Fall erweist sich das sogenannte „Kleinstprojekt“ als eine der besten Erfindungen unserer Entwicklungspolitiker. Sie gibt dem Botschafter die Möglichkeit der Soforthilfe aus eigener Verantwortung für Projekte bis zu zehntausend Mark. Bald wird es nun eine zweite Bohrung und einen weiteren Brunnen geben. Wasser ist die Zukunft der afrikanischen Demokratie: Ohne das Wasser gibt es keine Erziehung und Bildung, und ohne diese keine stärkere Beteiligung am öffentlichen Leben, keine Kontrolle der Regierenden.

Bei Roan Consolidated Mines in Mufulira im Kupfergürtel beginnt man langsam aufzuatmen. Seit der Öffnung der Südroute der Bahn nach Rhodesien und Südafrika fließen die auf Halden gelagerten Mengen des im Vorjahr erzeugten Kupfererzes ab. Wir wohnen im Gästehaus der Unternehmensleitung, es könnte ein repräsentatives Landhaus in einem Park in Sussex sein. Ausgerechnet jetzt, wo der Weltmarktpreis für Kupfer wieder steigt, geht die sambische Produktion zurück, klagt die Direktion. Es liege an der Abwanderung der europäischen Ingenieure und technischen Facharbeiter. Die aus Indien und den Philippinen angeworbenen Fachkräfte seien kein gleichwertiger Ersatz.

In einem Nest an der bewaldeten Grenze zu Kongo-Zaire im Nordwesten betreibt das deutsch-indische Ehepaar Patel einen kleinen Textilbetrieb. Wir haben die tatkräftigen Leute in Lusaka kennen gelernt. Ich frage mich, wie ein mittelständischer Betrieb in Sambia zurechtkommt. Die Produktion von einfachen Stoffen kann nur stoßweise erfolgen, es fehlt an den notwendigen Ersatzteilen, an Öl und Rohwaren. Hinzu kommt, der Fabrikant kann seine zwanzig Arbeiter nicht mehr ernähren, wie es hier im Betrieb bisher üblich war. Für die tägliche Mahlzeit fehlt es an Maismehl und Speiseöl, seit Monaten gibt es weder Fleisch noch Eier, Mehl, Margarine, Seife, und wenn etwas davon auftaucht, wandert es zu besseren Preisen als Schmuggelware nach Zaire. „Ach ja, es hat sich nicht gelohnt, Geld und Tatkraft in diesen Betrieb zu investieren. Die Ware fand zwar immer ihren Markt. Aber sie zu erzeugen, braucht man ebenfalls Waren und vor allem Sicherheit. Wir werden Sambia verlassen und uns in Deutschland oder Südafrika ansiedeln."

Wieder folgt ein Tag auf eintöniger Landstraße, ab und zu verläuft die Straße parallel zur Tansam-Bahn. Kein Zug, der uns begegnet. Die untergehende Sonne färbt Busch und Hügel in ein glühendes Rostrot, als stünde das dramatische Schlußbild aus der „Götterdämmerung" vor uns.

Nach über fünfhundert Kilometern erreichen wir das Missions-Hospital von Chilonga. Wir befinden uns bereits im Bereich der riesengroßen Diözese von Bischof Adolf Fürstenberg. Bei den irischen Schwestern werden wir erwartet. Auch hier dasselbe Lied. Oberin Sr. Josephine führt einen ermüdenden Kampf um die vom Parlament zugesagten Lieferungen an Medikamenten für ihr Krankenhaus mit zweihundert Betten. Der gute Wille von Kaunda sei schon vorhanden, aber Korruption und Unfähigkeit der Verwaltung bis in die kleinen Amtsstellen hinein stören den normalen Betrieb des voll belegten Spitals. Hinzu kommt, daß sich Kranke oft nicht an die medizinischen Verordnungen halten, sie vertrauen oft mehr dem traditionellen Natur- und Geisterglauben. Auch in den Krankheiten spiegelt sich das Drama Afrikas wider: Es sind vor allem Malaria, Schlafkrankheit, Bilharziose, Schlangenbisse, Frühgeburten und Verbrennungen, die zu behandeln sind. Es ist keinesfalls so, wie die Lehrmeinung sagt, daß Malaria meist nur in sumpfigen Niederungen, aber nicht auf dem Hochplateau grassiert. Sie ist überall. Die Oberin bittet um Spielsachen und Geräte aus Deutschland für den Kinderspielplatz, nicht allein des Spielens wegen, sondern um die Kinder der erkrankten Mütter aus den Krankensälen wegzulocken. Sonntagmorgen, mit lautem Tamtam werden die Gesunden des Chilonga-Spitals in die große Backsteinkirche getrommelt. Sie ist bis auf den letzten Platz gefüllt, als Pater Pennings aus Holland die Messe hält.

Und wieder geht es weiter, auf schnurgerader Straße nach Norden. Wenn im trostlosen, unendlich scheinenden Busch völlig unerwartet ein dicker Baobab auftaucht, ist er ein wohltuender Blickfang. In der Mittagshitze erreichen wir einen kleinen Ort der großen Geschichte, den Flußübergang des Chambeshi River. Hier erfuhr General Paul von Lettow-Vorbeck vom Waffenstillstand in

Europa. Am 14. November 1918 nahm seine Truppe einen britischen Melder gefangen, dieser berichtete, daß der Weltkrieg vor drei Tagen zu Ende gegangen sei.

Jenseits der Brücke am nördlichen Ufer stoßen wir auf ein Denkmal. Auf einem Sockel ist eine kleine Steinpyramide errichtet mit einer Tafel, die an diesen historischen Tag erinnert. Davor eine Feldhaubitze mit der Inschrift von 1892 „In Treue fest“ und das bayerische Wappen. Im Falle von Lettow-Vorbeck und seinen Mitstreitern galt in der Tat: „Im Felde unbesiegt“. Mit 155 Deutschen und 1311 Afrikanern, Askaris und Trägern, ging der legendäre General in die Gefangenschaft. Es war ein Buschkrieg, der noch den Geist von Fairneß und Sport atmete. Im Zelt des britischen Kommandeurs in Abercorn, wie Mbala damals hieß, gab es für den General und die dreißig Offiziere ein „Ehrenmahl“.

Ursprünglich bestand die deutsche Schutztruppe aus dreitausend Weißen und zwölftausend Askaris, wobei diese ihre Frauen mit-

Erinnerung an General von Lettow-Vorbeck am Chambeshi-Fluß: Hier erfuhr die Schutztruppe erst am 14. November 1918 vom Ende des Weltkrieges

nahmen. Hinzu kamen einige tausend „Hilfskrieger“ und Träger. Ihnen stand eine Viertelmillion alliierter Soldaten gegenüber. Es war ein beispielloser Hin-und-Her-Feldzug, man verlor Gelände und eroberte es wieder zurück. Auf dem Territorium von Portugiesisch-Ostafrika wurden die Deutschen von der farbigen Bevölkerung als „Befreier“ begrüßt. Im Jahr 1917 sah es aus, als ob eine Kapitulation der zahlenmäßig weit unterlegenen Deutschen unmittelbar bevorstünde. Der alliierte Oberbefehlshaber General Jan Smuts ließ sich voreilig schon in London als Sieger feiern. Aber von Lettow-Vorbeck zog weiter, durch Nyassaland und Nordrhodesien, wobei er den nachrückenden Briten empfindliche Schläge versetzte. Die kleine Armee zog zweieinhalbtausend Kilometer durch Gebirge und Busch, bis sie den Flußübergang am Chambeshi erreichte.

Die militärische Glanzleistung wurde vom Gegner anerkannt. Bei einem ersten Aufenthalt in Daressalam, als ich 1964 mit der tansanischen Regierung über den ersten Einsatz unseres Deutschen Entwicklungsdienstes verhandelte, machte ich die Bekanntschaft einer alten Dame. Sie war Krankenschwester und die Vertraute des Generals von Lettow-Vorbeck gewesen, machte die Feldzüge mit und erzählte mir von menschlichen Schicksalen durch Tod, Erschöpfung, Krankheit in der Durststeppe und sprach von der Gerechtigkeit des Generals gegenüber Weiß und Schwarz gleichermaßen. Sie ist in Afrika geblieben, das Land am Kilimandscharo hat sie nicht mehr losgelassen. Den Pour le mérite nahm der General erst in Empfang, als Deutschland schon Republik geworden war. Das Luftschiff Zeppelin L 59, das mit dem Nachschub auch den vom Kaiser verliehenen höchsten Orden im Gepäck hatte, war im Sudan zur Umkehr gezwungen worden.

Wir fotografieren das Denkmal am Fluß. Aus den Strohhütten am tiefer gelegenen Ufersaum dringt lautes Gegröle. Der Brücken-Polizist springt hinab, dann meint er beruhigend: „Da drinnen wird gekämpft, es geht ums Bier.“ Schließlich verbietet er mir, die in der Ferne sichtbare Eisenbahnbrücke mit aufs Bild zu nehmen. Natürlich, wir sind schließlich im „Frontlinienstaat“ Sambia.

Auf der Weiterfahrt kehren wir bei den Weißen Vätern von Kasama ein. Diese Missionsstationen in der von der Sonne verbrannten

Bischof Fürstenberg vor dem Stolz seiner Diözese, der Kathedrale von Mbala

Savanne sind wie die Karawansereien im alten Anatolien: Halte- und Ruhepunkte für den Reisenden. Hier ist Wasser und ein gedeckter Tisch, hier werden Nachrichten ausgetauscht, Wegeverhältnisse erfragt, Post mitgegeben. Die aus Kanada stammenden Patres gehen hinaus in die fernen Dörfer „zu Menschen, die fast noch wie im Neolithikum leben". An diesem bewaldeten kleinen Ort, den von Lettow-Vorbeck eine Oase in der Wildnis nannte, erbeutete er 1918 zwanzig Burenwagen des Feindes mit Verpflegung. Und er hörte zum ersten Mal „künstliche Musik", denn außer Proviant befand sich in der Beute auch ein Grammophon – er hörte eine Bachsche Fuge und den „Donauwalzer".

Die restlichen einhundertundfünfzig Kilometer zum Diözesansitz Mbala am südlichen Ufer des Tanganyika-Sees fahren wir auf einer waschbrettartigen Naturstraße in drei Stunden. Der Weiterbau einer Teerstraße stagniert wegen der fehlenden Lohnzahlungen aus Lusaka. Wie mit dem Lineal gezogen führt der Weg über die hügelige Hochebene, unterbrochen nur alle paar Kilometer von einem plötzlich auftauchenden einsam stehenden Baum. Am Horizont ziehen blaue Berge vorüber. Selten tauchen Menschen am Wege auf und verschwinden wieder in der rotbraunen Staubwolke, die wir hinter uns herziehen. Selten eine Hütte oder ein Dorf, deren Existenz sich im Busch durch ein Rauchfeuer verrät. Will diese rotbraune, glühende Erde denn nirgendwo enden? Es klingt wie schlechter Humor, jetzt an „Entwicklung“ zu denken. Eine Mondlandschaft als „Entwicklungsland“?

Zur Kolonialzeit war das 1800 Meter hoch gelegene Abercorn wegen des angenehmen Klimas und guter Böden ein beliebter Sitz für Kaffeefarmer und Pensionäre. Heute besteht die Gemeinde der Europäer in Mbala, wie die Kleinstadt jetzt heißt, aus den Weißen Vätern und Schwestern. Neben dem aus Stein erbauten Haus des Distriktgouverneurs und den Holzbuden indischer Händler entdekke ich ein Denkmal für General von Lettow-Vorbeck, der an diesem Ort die Waffen niederlegte, es war der 25. November 1918, vierzehn Tage nach dem Ende des Ersten Weltkrieges in Europa. Gemäß der „Kongo-Akte“ von 1885 sollte nie ein europäischer Konflikt in die afrikanischen Besitzungen getragen werden. Aber sogleich nach Kriegsbeginn griff die Entente die deutschen Schutzgebiete an, Kamerun hielt sich bis Anfang 1916, Deutsch-Ostafrika blieb unbezwungen bis November 1918.

Lange habe ich den Besuch bei Bischof Adolf Fürstenberg aufschieben müssen. Jetzt werden wir herzlich begrüßt. Im Mittelpunkt der weiten Klosteranlage steht die Kathedrale, ein monumentaler Rundbau, dessen majestätisches Dach die Dächer der Kleinstadt überragt. Sie wurde von den Weißen Vätern selbst erbaut, die Mittel sammelte Kardinal Jäger in Paderborn. Um den Kirchenbau gruppieren sich unter Bäumen weiträumig die Gebäude im Bungalowstil, Wohnhäuser, Verwaltung, Handwerksbetriebe, Bibliothek und Gartenanlagen. Besonders stolz zeigt man uns das in Afrika berühmte Moto-Moto-Museum für afrikanische Kunst, Musik- und Gebrauchsgegenstände und prähistorische Steinfunde.

Der Bischof führt uns zu der Stelle, an der er 1938 im Zelt sein Werk begonnen hat, es folgte die Grashütte, dann das erste Haus aus Lehm. In seiner Bibliothek mit fünfzehntausend Büchern entdecke ich eine Kindheitserinnerung wieder, von Lettow-Vorbecks bekanntes Buch „Heia Safari“. „Wie Sie sehen, sind wir eine weltoffene Gemeinschaft, wir werfen keine Buchgeschenke weg, in den oberen Regalen stehen die Werke des Kommunisten Kim Il-sung“, meint lachend der Bischof.

Lange sitzen wir abends mit den Patres zusammen. Man begegnet nicht oft einer Gruppe von Menschen, die „abseits der Welt“ ihre eigene Welt aufgebaut haben und die bei aller Genügsamkeit glücklich sind in ihrem Glauben an Gott und in der Arbeit für den afrikanischen Menschen. Von dieser Zentrale werden über dreihundert Stationen betreut, Schulen, Krankenhäuser, eine landwirtschaftliche Kreditgenossenschaft. Der Zulauf zu Kirche und Taufe ist groß. Der Bischof sagt: „Das Christentum wird niemals in den Herzen der Afrikaner Wurzel schlagen, wenn es nicht auf ihren kulturellen Werten und Traditionen aufbaut. Die Vergangenheit des Schwarzen Kontinents ist unerschöpflich und erst dabei, entdeckt zu werden. Das unendliche Reich der Geister, die immer und überall gegenwärtig sind, bei Tag und bei Nacht. Sie leben in den Ahnen und stecken in jedem Wesen, selbst in jedem Stein. Es ist eine Welt der Magie, die sie auch im christlichen Glauben empfinden. Auch

Nach dem Sonntagsgottesdienst

ist es falsch, Afrikaner mit unseren Wertvorstellungen zu messen, Afrikaner sind ganz anders. In unserem Moto-Moto-Museum finden Sie ihre Ahnenwelt, daher ist es für Afrikaner wie auch für uns so wichtig."

Auch an diesem Abend kommt die Sprache alsbald auf das, was alle bewegt: Wie schätzt der deutsche Botschafter den sambischen Staatspräsidenten ein, ist Kaunda vernünftig und pragmatisch genug, den Frieden zu bewahren, einen Bürgerkrieg mit Rhodesien zu verhindern? Wie wird Sambias Zukunft aussehen, geht der Weg nach links oder nach rechts, oder wird es wie bisher ein bißchen von allem sein, eine durch *Laisser-aller* und *Laisser-faire* abgemilderte Autokratie? Das frühere Nordrhodesien war einmal ein reiches Land und lebte gut von der Landwirtschaft und dem Export seiner Rohstoffe. Die Patres sagen offen, was in Lusaka in jeder westlichen Botschaft auch nicht anders gesehen wird: Jetzt ist Sambia heruntergewirtschaftet durch Führungsschwäche, Korruption und eine verhängnisvolle „Frontlinienpolitik". Wie stark ist Kaundas christlicher Glaube? Am Beginn von Sambias Unabhängigkeit schickte er Soldaten, um unschuldige Anhänger der „Prophetin" Lenshina, die sich die Stimme Gottes nannte, umzubringen.

Es ist kalt in der Zelle, nur sieben Grad, wir sind auf der Höhe von Sils-Maria, also 1800 Meter hoch. Pater Cox stammt aus Holland, er ist um unser Wohl besorgt und bringt uns Wärmflaschen ans Bett. Am nächsten Morgen um sechs Uhr läuten helle Glocken mit dem „Salve Regina" im Dreiklang den Sonntag ein. Fern von uns, in Deutschland, feiert Tochter Odilia ihren achtzehnten Geburtstag – Diplomatenkinderschicksal, sie wird ins allgemeine Gebet eingeschlossen. Ich weiß nicht, ob man heute beim Frühstück im Kloster Beuron oder Andechs mit Musik erfreut wird. Im Konvent von Mbala weiß man sich ganz auf der Höhe der Zeit, im Refektorium ertönen aus Stereoboxen die heiteren Melodien von Mantovanis Orchestra. Und da hoher Besuch im Kloster ist, kocht „der Bruder für alles und die Gärtnerei", Adalbert Knobelspiess aus Radolfzell, zum Mittagsmahl selbsteingelegtes Sauerkraut und Schweinebraten.

Pater Jean Corbeil stammt aus Montreal. Ich war dem etwas kauzigen Gelehrten schon 1967 in Lusaka begegnet, als er bei Kaundas

Père Jean Corbeil und das Sklavenkreuz

Empfang zum dritten Jahrestag der Unabhängigkeit Sambias in State House Grounds, wo ein kleiner Markt seine Buden aufgeschlagen hatte, prähistorische Pfeilspitzen und Steinwerkzeuge zum Kauf anbot. In den vielen Jahren, die er durch den Busch wanderte, ist er noch gebeugter und skurriler geworden, doch hat er seinen Humor behalten. Außerdem war er fünfmal verheiratet.

Wir bewundern seine Schätze im Museum. Tanz- und Geistermasken der Bemba-Stämme, Heilpflanzen mit und ohne Zauberkraft, Musikinstrumente, einen wie er glaubt etwa zweitausend Jahre alten Schmelzofen für Kupfer, schließlich eines der seltenen „Katanga-Crosses", ein grob gegossenes Kupferkreuz von über einem Kilo Gewicht. „Man nennt sie Sklavenkreuze, denn sie waren der Kaufpreis, den die arabischen Händler entlang der Sansibar-Katanga-Route im 19. Jahrhundert, also noch vor der Kolonie Deutsch-Ostafrika, für einen Menschen zahlten. Gezahlt wurde an den Clan, den Stamm. Das Kreuz diente auch als Geldersatz, also lange vor der kolonialen Geldwirtschaft, und auch als Mitgift." Mit diesem „Geld" kauften Clan und Familien Kattun, Salz, Feuerwaffen. Schon einige Jahrhunderte vor Christi Geburt soll in der Umgegend Kupfer geschmolzen und geformt worden sein.

Dann führt uns der Museumsdirektor zu seinen „Frauen": Es sind Sprechtrommeln aus Häuptlingsbesitz, die er durch jahrelan-

„Der alte Hexenmeister" Père Corbeil inmitten seiner Schätze im Moto-Moto-Museum

ges Verlöbnis und schließliche Hochzeit erwerben konnte. Pater Corbeil trauert den alten Zeiten vor zehn, zwanzig Jahren nach, als solche Trommeln noch die einzige Kommunikation von Dorf zu Dorf gewesen waren, die heute nur noch selten zu hören sind. Ich frage nach Erinnerungen bei den Stämmen an die Jahrhunderte der Sklaverei. Ja, meint der Weiße Vater, man spricht bei Treffen der Stammes-Häuptlinge noch davon, denn die Sklaverei überzog ganz Schwarzafrika wie ein Flächenbrand, und noch bis in unser Jahrhundert sind Menschenkäufe vorgekommen, lange nach der Aufhebung der Sklaverei durch die britische und deutsche Regierung. Man darf die Geißel der Sklaverei nicht mit dem modernen Kolonialismus verbinden, dieser dauerte von der Berliner Konferenz 1885 bis zur Unabhängigkeit der afrikanischen Staaten nach dem Zweiten Weltkrieg, also ganze siebzig Jahre. Aber schon Jahrhunderte vor 1885 gab es den Handel mit afrikanischen Sklaven.

Er braut uns einen Tee aus Kräutern der Savanne und legt sich, zu unserem Erschrecken, eine Pythonschlange um den Hals: „Sie ist ganz ungefährlich, das Biest ist erst zwei Meter lang.“ Er kauert sich, einem Zauberer nicht unähnlich, auf ein Löwenfell und erzählt die Geschichte vom „Schwarzen Stein“, den er uns zeigt. Diese glatte, dünne Steinscheibe von der Größe einer Streichholzschachtel wurde dem Priester von einem „unbedeutenden, kleinen Stamm“ geschenkt. Er hat ihm bei Schlangenbissen einige Male das Leben gerettet. Der Stein, dessen Kraft oder Magie sich bislang im Labor nicht analysieren läßt, wird auf die Bißwunde gelegt, saugt sich fest, und sobald er das Gift aufgesogen hat, fällt er ab. Wird er gekocht, läßt der Wunderstein sich reaktivieren. Vater Corbeil schenkt uns einen der wenigen Steine aus seinem Besitz: „Sie müssen ihn in Afrika immer bei sich tragen.“ Und dazu eine Schuppe vom Panzer des Gürteltieres: Streicht man mit ihr über einen Insektenstich, läßt der Juckreiz sogleich nach. Die Erfahrung mit der Schuppe können wir bestätigen.

Am Nachmittag fahren wir mit dem Bischof zur Südspitze des Tanganyika-Sees. In breiten Bögen führt die mit deutscher Hilfe gebaute Teerstraße zu dem eintausend Meter tiefer gelegenen Dorf Mpulungu. Es hat einen kleinen Hafen, dort warten Säcke mit

Zement auf die Barke aus dem fernen Burundi. Drei Tage ist das Schiff unterwegs für die siebenhundert Kilometer lange Strecke. Es ist eine herrliche Landschaft, wir schauen auf bewaldete Berge und von üppigem Grün eingerahmte Buchten, Ausläufern des afrikanischen Grabenbruchs. Über dem See, auf einer Anhöhe, liegt ein strohgedeckter Pavillon, in dem ein Einsiedler-Bruder des Klosters wohnt. Wir sehen ihn nicht, er ist hinausgerudert, um sich das Abendbrot zu fischen. Die Hitze ist unerträglich, läßt uns kaum atmen. Unter der Anhöhe kauern wie braune Champignons die wenigen Rundhütten eines Dorfes unter den Mangobäumen. Kinderstimmen und Hahnenschreie dringen herauf.

Der Bischof weist auf die blauen Höhenzüge bei Kasanga hin, alias Bismarckburg. Er berichtet von einer Besonderheit auf Gottes Erde: Der See hat die unglaubliche Tiefe von eintausendvierhundert Metern, einhundertsechsundvierzig Fischarten hat man darin gefunden. Mit drei Kriegsschiffen hatte die kaiserliche Marine hier einst die absolute Seeüberlegenheit. Das muß Marineminister Winston Churchill nach 1914 ein Dorn im Auge gewesen sein. Die Admiralität in London beschäftigte sich mit den feindlichen Einheiten, die den riesigen See kontrollierten. Dann begann eine filmreife Geschichte. In geheimer Mission wurden 1915 zwei kleine, knapp zwölf Meter lange Kanonenboote aus England nach Kapstadt verbracht, dort zerlegt und über den belgischen Kongo unter größten Anstrengungen zum Tanganyika-See geschafft. Drei Monate dauerte der Transport von Schiffsrümpfen, Motoren, Kanonen und Munition auf der zweihundertfünfzig Kilometer langen Strecke durch Wald, Gebirge und über zweihundert Knüppelbrücken. Die Zeit für diese phantastische Kriegsexpedition lief ab mit jedem Tag, den die Regenzeit näherrückte. Der Regen hätte das geheime Kommandounternehmen buchstäblich im Schlamm erstickt. Aber es gelang. Ende Oktober 1915 wurden die HMS Mimi und HMS Toutou ins Wasser gelassen. Am zweiten Weihnachtstag kam dann der große Sieg, das ahnungslos patroullierende deutsche Kanonenboot SMS Kingani wurde außer Gefecht gesetzt. Im Februar 1916 lief auch SMS von Wissmann in die Falle und wurde in Grund gebohrt. Das mit 1500 BRT größte Schiff SMS Graf von Götzen ist von der sich zurückziehenden Schutztrup-

Dies ist keine Meeresbucht:
Bischof Fürstenberg am Tanganyika-See

pe selbst versenkt worden. Es wurde später von den Engländern gehoben und fährt heute als MS Liembra unter tansanischer Flagge.

Am Abend vor unserer Rückfahrt nach Lusaka kommt der Bezirksgouverneur ins Kloster. Er wünscht sich eine Teerstraße zu den vierzig Kilometer entfernten Kalambo-Wasserfällen. In der Regenzeit ist der Naturweg unpassierbar, viele Dörfer sind abgeschnitten. „Entwicklung" ist das Zauberwort, er möchte den Tourismus in seinen Bezirk holen, und wie schon einige Male stehe ich vor der Frage: das Projekt in Bonn befürworten oder der Umwelt und der Natur zuliebe nichts tun, um die Zerstörung noch für eine Weile aufzuhalten? Zum Abschied ruft uns der Wunderdoktor Père Corbeil zu: „Et gardez bien votre sourire." Er hat uns einen Blick in die Ursprünge der afrikanischen Kultur tun lassen.

Wie erkannte doch General von Lettow-Vorbeck so richtig: „Die Unendlichkeit Afrikas läßt den Menschen klein werden vor der Natur und vor sich selbst." Wir fahren vierhundert Kilometer bis zu unserem Tagesziel, die Lwitikila-Missionsschule. Fünf Autos sind uns an diesem Tag begegnet.

Die Station besteht aus einem kleinen Dorf mit hübschen Bungalows, einem Schwimmbad, einem kleinen Amphitheater und einem von Père Corbeil eingerichteten Neben-Museum. Oberin Kieran Marie ist schon betagt, sie stammt aus Irland, und auch sie erzählt von Nöten. Die meisten ihrer fünfhundert Schülerinnen kommen aus den Hütten im Grasland und schlafen zum ersten Mal in einem Bett. Natürlich fehlt es auch hier seit Monaten am Notwendigsten. Manches hat sich seit der Unabhängigkeit gebessert, die allgemeine Schulpflicht, wo immer die Geographie es zuläßt, ist eingeführt, freier Zugang zu den Krankenhäusern und Schulen der Mission. Denn keine Institution, auch nicht die Entwicklungshilfe der reichen Staaten, hat so viele Möglichkeiten wie die christliche Kirche und ihre Missionsstationen, etwas gegen das Leid und die Armut der Menschen in Afrika zu tun. Vor der Unabhängigkeit haben die Europäer alles gehabt und die Schwarzen so gut wie nichts. Jetzt, wo sie frei und unabhängig sind, möchten sie so wie ehedem die Weißen leben. Aber das gelingt nicht. „Das Leben ist mit jedem schwarzen Jahr dürftiger geworden. Nur die Elite in Lusaka und im Kupfergürtel lebt so wie die einstigen Kolonialherren, aber die Masse ist arm geblieben."

Gelegentlich tauchen noch Zeugnisse der einstigen Währung auf

XI. Frauen sind doch bessere Diplomaten: die Queen und Mrs. Thatcher in Lusaka

Wie ein erster Wolkenbruch in der jetzt beginnenden Regenzeit ergießt sich völlig unerwartet ein Apfelsegen aus Südafrika über Lusaka. Der Apfel – seit Jahren die Frucht, mit der Wohlstand verbunden wird, die wunderbaren heimischen Tropenfrüchte wie Bananen, Ananas, Guava und Papaya gelten wenig gegenüber dem Luxusgut Apfel, das jetzt in allen Läden der Stadt zu haben ist. Hat etwa der Landesvater ein Herz gezeigt? Weit gefehlt, die Apfelkisten kamen ins Land dank eines Kommafehlers des für Importe zuständigen Beamten in der Landwirtschaftsbehörde „Namboard“, der für die Versorgung der Delegationen auf der bevorstehenden Commonwealth-Konferenz zuständig ist.

Auch meine Botschaftsangehörigen haben eine Bestellung an Lebensmitteln und anderem Notwendigen in Johannesburg aufgegeben. Die Rechnung kam, nicht aber der Lastwagen mit der begehrten Fracht. Just als der Transport das Ufer des Sambesi erreichte, wurde das sambische Fährschiff von rhodesischen Kampfflugzeugen versenkt. Unser Vaterland indessen zeigt ein Herz für die Bedrängten, das Auswärtige Amt genehmigt „vorläufig bis Dezember“ eine von uns so genannte Zitterzulage von 150 Mark pro Person, ausgenommen die Familienangehörigen. Wir können uns jetzt viele Äpfel kaufen.

Die sambische Regierung richtet sich auf das Gipfeltreffen des Commonwealth of Nations ein. Vielleicht hat die Tatsache, daß die Konferenz in Sambia stattfindet, den Internationalen Währungsfonds doch noch veranlaßt, die Haushaltslücke durch einen Kredit von vierhundert Millionen Dollar zu schließen. Jetzt wird für gepumptes Geld eingekauft. Für die vierzig erwarteten Staatsoberhäupter ist man nicht länger hungerndes Entwicklungsland: In aller Eile werden siebenundneunzig Villen gebaut mit je vier Schlafzimmern, drei Bädern, fünf Toiletten, Fernsehen, dazu Frühstückskoch und Polizeieskorte engagiert. Vierzig Mercedes-250-Limousinen, dreihundert Honda-Motorräder, Wein von Rhein und Mosel werden eingeführt, es bedarf der Intervention des deutschen Botschafters, in Stuttgart die PKW-Lieferung zu beschleunigen.

Aber die sambische Presse ist empört: „Wie sollen wir uns waschen ohne Seife? Wissen denn diese Bürokraten in ihren weichen Betten nicht, daß die Grundnahrungsmittel in Lusaka und den anderen Städten so gut wie nicht zu bekommen sind? Wir haben Hunger. Sambia als Nation kämpft ums Überleben!" Parallel dazu geht der Kalte Krieg auf diplomatischer Bühne weiter. Dem Präsidenten des Sambischen Roten Kreuzes überreiche ich eine Spende des Deutschen Roten Kreuzes im Wert von zwanzigtausend Kwacha für Medikamente, medizinisches Gerät, Verbandstoff, Wolldecken. Viel Dank und Presse. Eine Woche darauf präsentiert der sowjetische Botschafter in einer ähnlichen Übergabezeremonie ebenfalls eine Spende seines Roten Kreuzes – es sind fünfundzwanzigtausend Kwacha. Ein Schuft, wer Böses dabei denkt.

Im Falle der DRK-Spende läßt sich noch annehmen, daß die Hilfe die Bedürftigen erreicht. Dennoch bin ich skeptisch, was den Nutzen der Aktivitäten vieler privater Hilfsorganisationen in Sambia und anderswo in Afrika betrifft. Wer da was mit den oft hohen Beträgen macht, ist meist nicht zu überblicken. Beispielsweise kommt nach einer Pressekonferenz Joshua Nkomo auf mich zu und bedankt sich herzlich für eine Spende der deutschen evangelischen Kirche über hunderttausend Dollar zur Verwendung für seine Flüchtlingslager. Er habe sich soeben dafür ein weiteres privates Haus in Lusaka gekauft.

Wir decken uns von Tag zu Tag, von Woche zu Woche mit dem, was an Lebensmitteln zu haben ist, ein. Ist unsere Vorratskammer leer, fahre ich mit Brigitte zwanzig Kilometer zu unserem Farmer Frost, einem der letzten im Lande gebliebenen britischen Farmer, von denen es noch etwa zweihundert von ehemals über zwanzigtausend gibt. David Frost berichtet, am Vortag seien auf der Farm des Nachbarn ZAPU-Guerillas erschienen und hätten zwei Afrikaner erschossen, als diese sagten: „Nein, der Farmer ist nicht da, er ist nach Lusaka gefahren."

In den Frühnachrichten des 27. Juli 1979 piepst das Vögelchen-Sendezeichen von Radio South Africa aus Johannesburg: „Die

Ihre Majestät eröffnet auch bei diesem Staatsbesuch die unvermeidliche Landwirtschaftsschau, Juli 1979

Queen kommt heute nach Lusaka. Ist man sich dort bewußt, daß der rote Teppich für die Monarchin und die täglichen vier Eisenbahnzüge mit Waren aus dem der Patriotischen Front verhaßten Südafrika stammen?" Lusaka ist außer sich vor Freude, in den Hauptstraßen, in Kinderhänden, überall wehen die Fähnchen mit dem Union Jack und erinnern an koloniale Zeiten. Alle verbalen Ausfälle gegen die frühere Kolonialmacht, etwa wenn wieder das Leitungswasser nicht läuft und das Telefon nicht klingelt, scheinen vergessen.

Um 16 Uhr rollt die Maschine der Royal Air Force auf dem Flugfeld aus, der Himmel ist blau und die Luft zittert in der Hitze. Freudiges Chaos, die begeisterten Sambier durchbrechen die Absperrungen und stoßen bis nahe zum roten Teppich vor, entlang dem die Missionschefs und ihre Frauen zur Begrüßung aufgereiht sind. Kurz bevor die Besucher die Maschine verlassen, trägt ein heftiger Windstoß Brigittes vom Protokoll vorgeschriebenen Hut davon, sie hatte die Hutnadel vergessen. Geistesgegenwärtig eilt der apostolische Pronuntius mit fliegender Soutane hinterher und fängt den weißen Florentinerhut wieder ein, gerade noch rechtzeitig, bevor Ihre Majestät die Maschine verläßt. Die Queen trägt ein gelbes Kleid und einen gelben Hut, ihre Lieblingsfarbe. Salut, die Militärkapelle spielt „God save the Queen“. Sie sieht müde aus, seit Tagen ist sie unterwegs in Tansania, Malawi und Botswana gewesen. Die ersten Tage in Sambia sind für den Staatsbesuch vorgesehen, vom 1. bis 4. August ist sie hier als das Oberhaupt des Commonwealth.

Bei Kaundas Bankett im Hotel Intercontinental ist sie wieder hellwach. Tischgebet und Militärmusik. In gelber Robe mit Diadem und reichem Schmuck lacht sie entspannt mit dem Gastgeber und mustert aufmerksam von der erhöhten Tafel der Gastgeber und Ehrengäste die Gesellschaft im Saal. Man sagt Freundliches in den Tischreden, die britische Königin setzt sich die Brille auf und erinnert daran, schon 1947 sei sie mit ihren Eltern im Lande gewesen, an den Victoria-Fällen, und fährt fort: „Nicht wahr, nicht alles ist schlecht gewesen damals“, auch ihr Land habe fünfhundert Jahre eine römische Besatzung gehabt, manch Gutes aus jener Zeit sei geblieben, und sie wünsche, daß auch Sambia noch vom Guten der britischen Kolonialzeit profitiere. Hierauf gibt es donnernden Beifall und vierhundert Gäste singen stehend „God save the Queen“.

Wir westlichen Botschafter sprechen noch lange von dieser Rede. Wie ist es möglich, daß Großbritannien bei solchen Anlässen eine Atmosphäre von geradezu viktorianischem Glanz verbreitet, die sich auch der Bevölkerung mitteilt? Auch Kaunda im schwarzseidenen Safarianzug ist begeistert, er spricht von einem „Markstein in den Beziehungen“. Es ist die unvergleichliche Persönlichkeit dieser zierlichen Frau, die ihren anstrengenden protokollarischen Pflichten Würde und Leben verleiht. Wir Botschafter sind überzeugt, daß es der Königin als dem Oberhaupt des Commonwealth in den nächsten Tagen gelingen wird, das vorausgesagte Auseinanderbrechen dieser heterogenen Staatengemeinschaft zu verhindern. In einer Ecke des Saales hat KGB-Altmeister Solodovnikov die Vertreter der Ostblockstaaten um sich versammelt, mit Zetteln in der Hand, um die Texte der Ansprachen für die Drahtberichte in ihre

Zentralen zu vergleichen. Derlei ist gegen alle diplomatische Gepflogenheit, man schreibt bei einem Staatsbankett nichts auf.

Der Chor singt das „Hallelujah“ von Händel in der Mulungushi Hall, als Generalsekretär Ramphal die 22. Commonwealth-Konferenz der sechsundzwanzig Staats- und Regierungschefs, die erste auf afrikanischem Boden, eröffnet. Sogleich liegt das Hauptproblem auf dem Tisch, an dem der heterogene Staatenclub zu zerfallen droht: Rhodesien. In einem kunstvoll arrangierten Verfahren wirken die Königin persönlich, Prime Minister Mrs. Thatcher und der australische Premier Malcolm Frazer über das Wochenende des 3. bis 5. August 1979 immer wieder in Audienzen und Gesprächen auf die einzelnen Staats- und Regierungschefs ein. Der Plan gelingt, es kommt zum Durchbruch in der Rhodesienfrage, indem man sich auf eine „Allparteienkonferenz“ in London einigt. Es war, wie wir Missionschefs aus der Nähe beobachten können, harte Überzeugungsarbeit, vor allem gegenüber Ian Smith und den Führern der „Patriotischen Front“.

Diese Tage in glühender Hitze mit einem Programm für die Mächtigen der englisch sprechenden Welt erinnern an Bilder aus fernen Zeiten. Etwa wenn die Queen im Stadion bei der „Lusaka Agricultural and Commercial Show“ im offenen Landrover bei der Ehrenrunde von einer berittenen Eskorte sambischen Militärs in weißen Tropenhelmen begleitet wird. Die Damenwelt in großen Hüten, fast wie Ascot in Afrika. Große Heiterkeit, als Ihre Majestät einem Viehzüchter den Pokal überreicht und dieser dann kundtut, der stattliche Herfordbulle höre auf den Namen „Karl Marx“. Mit bayerischem Bier konnte ich zum Sommerfest im deutschen Pavillon beitragen, aber wichtiger noch, ich lieh meinem britischen Kollegen unseren Diener Samson für die königliche Luncheon-Party aus. Er ist danach nicht wiederzuerkennen, er durfte der Königin im Garten der britischen Residenz Rheinwein einschenken und erzählt uns voller Stolz: „This was the greatest event in my life.“

In diesen Tagen komme ich mit dem Ministerpräsidenten von Singapur, dem chinesischen Rechtsanwalt Lee Kuan Yew ins Gespräch. Wir haben zur gleichen Zeit 1949 in Cambridge studiert und tauschen Erinnerungen aus. Ich teile seine Analyse über die Wirkung westlicher Entwicklungshilfe an Afrika: Ohne eine straffe, korruptionsfreie Regierung und eine funktionierende Verwaltung ist Afrika ein Faß ohne Boden bis in alle Ewigkeit. Auch Singapur sei einmal Entwicklungsland gewesen. Jetzt herrsche dort Wohlstand und Marktwirtschaft, auch wenn sein Inselstaat oft mehr Kritiker als Bewunderer in der westlichen Presse finde. „Ich gelte als autoritär, weil ich die Gesetze und die gesellschaftliche Ordnung beachte." Ich nenne meinen Lehrer an der Universität Freiburg, Walter Eucken, den Theoretiker der sozialen Marktwirtschaft: „Der Zerfall der Ordnungen beginnt mit dem Verstoß gegen die Prinzipien." Lee stimmt dem zu. Er ist die eindrucksvollste Persönlichkeit der „Dritten Welt" auf dieser Konferenz.

„Pomp and Circumstance", wie man es in diesem Zusammenhang mit Großbritannien verbindet

Für deutsche Botschafter ist bei Staatsbesuchen des Bundespräsidenten allenfalls ein freundliches Dankeschön und ein Bild mit Widmung übrig. In Monarchien ist das anders. Mein Kollege Leonard Allinson und seine Frau Peggy, die das schwerste Amt in Sambia haben, werden zu „Sir“ und „Lady“ geadelt. Die Investitur verläuft in den hergebrachten Formen: Der Hochkommissar hat das rechte Knie gebeugt und empfängt von Ihrer Majestät den Ritterschlag, indem sie ihm das Marineschwert ihres Vaters erst auf die rechte, dann auf die linke Schulter legt und ihn mit der Aufforderung nobilitiert: „Arise, Sir Leonard“. Händedruck, der Kasten mit den Ordensinsignien, Glückwünsche von der Königin und ihrem Gemahl, Geschenke für beide Allinsons.

Kaunda atmet auf, es ist auch sein Erfolg. Er hat persönlich einen wesentlichen Beitrag geleistet bei dem kunstvollen Zusammenspiel mit Außenminister Lord Carrington, dem tansanischen Premier Nyerere, dem australischen Premier Frazer und Generalsekretär Ramphal, um in einem neuen Szenario einen Friedensplan für Rhodesien zu schaffen. Es ist der Konsens aller Mitgliedstaaten des Commonwealth auf dieser Konferenz, daß das Regime von Ian Smith seit 1965 illegal sei und eine neue Verfassung einen gerechten Machttransfer an die Mehrheit der Bevölkerung bringen soll. Die weiße Minderheit soll geschützt, allgemeine Wahlen vom Mutterland Großbritannien überwacht werden. Es ist ein Plan ohne die Beteiligung der Vereinten Nationen oder Amerikas, eine reine Commonwealth-Leistung. Vor dem Staatsbesuch wurde Mrs. Thatcher in der sambischen Presse in rüdem Ton als „Rassistin“ bezeichnet, jetzt wird sie mit Lorbeeren verabschiedet. Sie wird bei den Verhandlungen in London die Hauptlast zu tragen haben.

Wie werden, nachdem die Rhodesienlösung einvernehmlich formuliert worden ist, die beiden Kampfparteien der „Patriotischen Front“ reagieren, die, kaum daß die Königin und die Staatsmänner abgeflogen sind, wieder die Parolen vom gewaltsamen Marsch nach Salisbury verkünden? Wie wird Moskau reagieren, wenn das strategische Fell Rhodesien für die sowjetischen Afrikapläne wegzuschwimmen droht? Wie wird Premier Muzorewa, sprich Ian Smith, auf den britischen Friedensplan antworten, läßt er weiterhin seine Truppen gegen ZAPU und ZANU in Sambia und Mosambik marschieren? Joshua Nkomo wird einen harten Stand in einer neuen rhodesischen Regierung haben, so sie denn zustande kommen wird. Er weiß, daß sein Stamm der Matabele und seine Zimbabwe African People's Union bei freien Wahlen keine Mehrheit gewinnen würden. Das diplomatische Spiel um die Macht im südlichen Afrika ist noch lange nicht zu Ende.

*

Wir sind wieder in Daressalam. Ich muß nahe an die Luke der MS Tagama der Deutschen Ostafrika Linie herangehen, um Gepäck und ein Auto sicher in die Hand zu bekommen. Es ist keine erfreuliche Rückkehr, mit jedem Jahr mehr scheint diese Hauptstadt in Unordnung und Verwahrlosung zu versinken. In kaum ein afrikanisches Entwicklungsland hat die Bundesregierung soviel Geld hineingepumpt wie in das reiche Tansania mit seinen achtzehn Millionen Menschen – der Erfolg ist gleich Null.

Im Kunduchi Beach Hotel kämpfen wir gegen Myriaden von Moskitos an und erwachen am nächsten Morgen mit geschwollenen Gesichtern. Vor uns liegt die Küste mit dem feinsten weißen Sandstrand, die Palmen wedeln und klappern im Wind, Dhows ziehen am Horizont und über der smaragdenen Bucht kreist der Fischadler. Hier ließe sich ohne größere Investitionen ein touristisches Paradies einrichten, ebenso wie an der kenianischen Küste, wenn nur die Investition „Law and Order" mit einer ideologiebereinigten Führung nicht so teuer wäre! Die Gebäude am Hafen aus deutscher Zeit, die arabischen Handelshäuser, das ehemalige Kaiserliche Krankenhaus starren vor Schmutz. Bei meinem ersten Besuch im Jahr 1964 hatte ich die Hafenfront noch hell und ordentlich gesehen.

In den Tagen unseres Aufenthaltes ist Frontlinien-Besuch eingetroffen. Die um die Macht rivalisierenden Brüder im sozialistischen Geist Joshua Nkomo und Robert Mugabe sind hier, um zu beraten: Wie soll es nach der erfolgreichen Commonwealth-Konferenz mit ZAPU und ZANU weitergehen, wenn am 15. September 1979 in London die Rhodesien-Konferenz beginnt? Kaunda ist nicht nach Daressalam gekommen, auch Nyerere weicht aus, er befindet sich auf dem Lande. Es ist schwierig, aus der jetzt herrschenden „drôle de guerre" die richtigen Schlüsse zu ziehen, um dem Auswärtigen Amt zuverlässig berichten zu können. Mein Kollege in Daressalam urteilt über unseren Beruf: „In der Diplomatie ist es wie beim Tennisspiel: Gezählt werden nur die Fehler!"

Frühmorgens verlassen wir die Stadt und fahren in zehn Stunden durch die abwechslungsreiche Landschaft nach Mbeya, dem hübschen Ort im Gebirge. Im Bishop's House begrüßt uns der Diözesanbischof Sanga mit einem kühlen Bier. Er und seine Benediktinerpatres sind voller Zuversicht für eine friedliche Entwicklung, nachdem die britische Regierung die Dinge jetzt in die Hand genommen hat. Und für eine gerechtere Zukunft für Tansania, nachdem Julius Nyerere den Irrtum seines afro-sozialistischen Experiments eingesehen hat und die kommunistischen Kooperativen in den Dörfern aufzulösen beginnt. Auf seinen Befehl trägt man in den Städten und auf dem Lande wieder die traditionelle bunte afrikanische Kleidung, die das „One nation"-Gefühl festigen soll. Das wird, meint der Bischof, von seinen achtzigtausend Katholiken gerne befolgt werden. Wir sehen es am Abend. Eine Gruppe von Abiturienten aus der Diözese Rothenburg ist auf Besuch gekommen und hat eine halbe Million Mark mitgebracht für ein Jugendheim und für ein Elektrizitätswerk des Benediktiner-Spitals. Zum Dank führen die Enkel der Askaris Tänze und Gesänge ihres Stammes vor.

Wieder begegnet uns kein Zug und kaum ein Auto auf der endlos erscheinenden Great North Road, bis wir nach zwölf Stunden durch unser Tor einfahren und von den Hunden freudig begrüßt werden.

*

September 1979. Zwei Jahre bin ich nun schon in diesem Land, arbeite sieben Tage in der Woche und erlebe täglich die kleinen und großen Überraschungen der sich entfaltenden Zeitgeschichte. Kaunda klammert sich an die Staatskunst von Margaret Thatcher und Außenminister Lord Carrington, die das schier Unmögliche zustande bringen sollen: Frieden für ein unabhängiges Rhodesien. Kaundas engste Berater bei der Staatslenkung Marc Chona, Punabantu und Dominic Mulaisho (er ist auch Schriftsteller und hat einen Roman über die Victoriafälle „The storm that thunders" geschrieben), mit denen ich fast täglich zu tun habe, sind skeptisch. Diese jungen Afrikaner beeindrucken durch ihre Intelligenz, haben aber auch ein spielerisches Element bei ihren Beurteilungen, sie sind emotional und oftmals unberechenbar, wie ihr oberster Chef. Sie sehen die Lage, in die Kaunda das Land geführt hat, und stehen doch loyal zu ihrem Präsidenten, den sie von allen afrikanischen Führern als den integersten und angesehensten bezeichnen.

Seine widersprüchliche Natur zeigt sich in einem Akt von staatlicher Selbstdarstellung bei leeren öffentlichen Kassen. „Tout Lusaka" wird zur großen Hochzeitsfeier seines fünften Sohnes Musuzgo Kaunda mit Florence Mpundu in die anglikanische Kathedrale und in das State House eingeladen, Regierung und Partei, Botschafter, Klerus und „alle Freunde". Dann folgen zwei Stunden im Park mit Jazzbands, traditionellen Tänzen und dem Geschrei der vom Getrommel aufgebrachten Pfauen. Von ihren Brautjungfern gestützt, wird die hochschwangere Braut herumgeführt und vorgezeigt. Es ist doch alles im Lot in Familie und Staat.

Zur gleichen Zeit streiken die Bergleute im Kupfergürtel. Der Vorsitzende des Gewerkschaftsbundes meldet sich in Presse und Fernsehen zu Wort: „Wir lassen uns nicht länger wie Sklaven behandeln" und wendet sich auch an den Zentralrat der sambischen Kirchen mit der Warnung: „Vorsicht, Kaunda predigt den Weg des wissenschaftlichen Sozialismus-Marxismus-Leninismus". Möglich ist in der Tat alles: Kaunda kam gerade vom Gipfeltreffen der Blockfreien-Bewegung in Havanna zurück, er ist voller Bewunderung für Fidel Castro, welcher der Menschheit vieles zu sagen habe.

Auch in die Namibiafrage ist Bewegung gekommen. Nach langen Debatten in den Vereinten Nationen über Details wie Waffenstillstandsbedingungen, Stärke der Überwachungstruppen und anderes können wir „Lusaka Fünf" am 4. Oktober 1979 die SWAPO-Füh-

Nach der Öffnung der Südgrenze kamen wieder lang entbehrte Dinge ins Land

rung über eine „Demilitarisierte Zone“ für einen friedlichen Machtwechsel in Namibia unterrichten. Zum ersten Mal erlebe ich SWAPO-Vizepräsident Muyongo in einer entspannten und sogar freundlichen Atmosphäre. Er scheint zu erkennen, daß die westliche Diplomatie der „Fünf“ und des VN-Generalsekretärs Kurt Waldheim einen Plan als ultima ratio zustande gebracht haben. Aber wird SWAPO-Präsident Sam Nujoma überhaupt an den Konferenztisch kommen, wenn er von der 30-Jahr-Feier des Bestehens der DDR aus Ostberlin zurückgekehrt ist? Dort traf er sich mit Breschnew. Ohnehin fühlt sich die sowjetische Weltmacht gestärkt, nachdem der amerikanische Präsident Jimmy Carter die auf Kuba heimlich aufgebaute sowjetische Kampftruppe von 2500 Soldaten ohne Widerspruch zu tolerieren scheint. Amerika unter einem schwachen Präsidenten hätte dann in seiner eigenen Hemisphäre die Partie verloren.

Wieder Ärger mit dem Deutschen Entwicklungsdienst, dem Lieblingskind unserer Entwicklungspolitiker in Bonn. In der sambischen Presse erscheint eine „DED-Erklärung zur politischen Lage“, in der die Bundesregierung von sambischem Boden aus aufgefordert wird, „die nukleare Zusammenarbeit mit dem rassistischen Südafrika und die Hermeskreditierung deutscher Exporte nach Südafrika“ einzustellen. Ich zitiere den DED-Beauftragten in die Botschaft. Er sagt, die Resolution sei mit Billigung seiner Zentrale in Berlin auf der kürzlichen Konferenz der Länderbeauftragten in Nairobi beschlossen worden. Ich kann mir nicht denken, daß die jungen Leute des American Peace Corps oder des israelischen Entwicklungsdienstes auf solche Weise in die Domäne der Außenpolitik eingreifen würden. Solche Aktivität ohne Absprache mit der Botschaft festigt nur noch meine Haltung, daß die Entwicklungspolitik eine Domäne des Auswärtigen Amts und nicht die eines aufgeblähten eigenen Bundesministeriums sein sollte. Was der DED in Sambia in seinen Projekten leistet, kann mein zuständiger Wirtschaftsreferent ohnehin nur schwer evaluieren. Die jungen Frauen und Männer sollten ihre Fertigkeiten zur Besserung der Lebensverhältnisse im Gastland verwenden, ein Quantum Abenteuerlust inbegriffen, sich aber von politischen Parolen fernhalten.

Das Vaterland kommt Sambia mit viel gutem Willen entgegen, und zwar in Form von amtlicher und privater Hilfe. Ich kann Kaunda dreißig Millionen Mark an Warenhilfe übergeben, davon fünfzehn Millionen Mark für den Straßenbau im Nordwesten und von der Christoffel-Mission einen Landrover für die Blinden. Natürlich wird das von der Sowjetbotschaft registriert mit der Folge, daß die Moskauer Zeitung „Sozialistische Industrie“ unsere Hilfe als „eine besondere Form der Aggression“ bezeichnet.

XII. Der Eklat

Es ist die Zeit der Jacarandablüte. In violetten Farben leuchten die Baumkronen in den Straßen. Das Keramion-Quintett aus Köln ist wieder zu einem Gastspiel gekommen, auch in der Residenz wird Brahms, Schumann und Schubert gespielt, die Türen in den Garten sind weit geöffnet. Diesseits lauscht die schwarze politische Elite bei uns, die Damen in teuren Gewändern. Jenseits unserer Gartenmauer leben diejenigen, die um Seife und Maismehl betteln. Es ist Brigitte gelungen, ein Buffet zusammenzustellen, aber die Hitze ist groß, außer Wein, Bier und Wasser stehen da auch Schälchen mit Salztabletten.

Am nächsten Tag ruft der Protokollchef an, der Präsident wolle mich abends sprechen. Ich treffe am 19. Oktober 1979 einen entspannten, gutgelaunten Kaunda an. Wie immer sitzen wir allein in dem kleinen Bibliotheksraum mit den hohen Wänden bei Orangensaft mit Honig. Er dankt für die prompte Intervention des Bundeskanzlers bei Mrs. Thatcher in der Frage der Interimslösung für Rhodesien. Ich bitte um die formale Annahme des neuesten Namibia-Vorschlages der „Fünf“ durch Sambia und Angola. Er bittet um deutsche Hilfe beim Bau einer Pontonbrücke über den Chambeshi bei Kasama, da die Eisenbahnbrücke kürzlich durch Feindeinwirkung in die Luft flog. Mit dem Ausfall der Nordroute zum Hafen Daressalam ist Sambia für den Export von Kupfer und Kobalt ganz auf die Südroute durch Rhodesien angewiesen. Es liegt nun ganz in der Hand von Muzorewa und Ian Smith, die sambische Lebensader abzudrücken. Nach zwei Stunden verlasse ich das State House mit der Zusage, aus unserer Kapitalhilfe zwölf Krupp-Lokomotiven zu bestellen anstelle des französischen Angebotes, für das mein Kollege mit attraktiven Einladungen nach Paris geworben hatte. Diplomatie sollte immer auch „do ut des“ sein. Die Früchte des Kanzlerbesuches in Lusaka kommen unserer Wirtschaft zugute, Kaunda hält Bundeskanzler Helmut Schmidt ohnehin für den größten Staatsmann im heutigen Europa.

Kaunda begeht sein fünfzehntes Regierungsjubiläum inmitten eines Sturms von Vorwürfen und Kritik in der erstaunlich offenen Presse und im Fernsehen: Er habe seinem Volk kaum Fortschritte gebracht und nur die Kluft zwischen arm und reich vergrößert. In einer öffentlichen Podiumsdiskussion gesteht er mit hilflosen Argumentationen das Scheitern seiner Einheitspartei in der Außenpolitik und in der Versorgung mit Lebensmitteln ein. Es wird sogar ein Flugblatt der Studenten-Union genehmigt, in dem ebenfalls gegen die United National Independence Party protestiert wird, die nicht erkenne, was in der Gesellschaft vor sich gehe, nämlich die Verelendung der Massen. Die Staatsphilosophie des sambischen Humanismus wird als das erklärt, was sie ist, Utopie und Träumerei.

Schon eine Woche später bittet er mich wieder zum Frühstück ins State House. Es geht um die Behelfsbrücke über den Chambeshi-Fluß, da alle Landverbindung unterbrochen ist. Ich kann ihm versichern, die„Freunde in der Not“ seien am Werk, in wenigen Tagen träfen drei Experten der deutschen Technischen Nothilfe zur Prüfung am Tatort ein. Es werden jedoch entgegen seinem Wunsch keine Pioniere der Bundeswehr ins Land kommen, auch nicht Polizei mit Hubschraubern, die er für den Schutz der Pontonbrücke und im Einsatz gegen Wildfrevler in den Nationalparks gerne einsetzen möchte. Ich erläutere ihm, daß die Bundeswehr im südlichen Afrika nicht eingesetzt werden kann.

Es bleibt ihm bei allem guten Willen, sich von der Last der Guerilla-Armeen zu befreien, nichts erspart. Nun verbietet Muzorewa, der doch einmal ein Bischof war, auch Sambias Eisenbahnverkehr nach Süden, und wir fragen uns, wie Kaunda reagieren wird: Es könnte einen Putsch geben, Kaunda könnte die Kubaner aus Angola ins Land holen, das würde den letzten entscheidenden Funken in den schon schwelenden Brandherd werfen. Also bleibt letztlich nur die Hoffnung auf die Briten. Zusammen mit dem britischen Hochkommissar Sir Leonard Allinson, dem besten Kenner und Berater in dieser komplexen Angelegenheit, fliegt Kaunda zur Rhodesienkonferenz im Lancaster House nach London.

*

In Europa wächst die reiche und stabile Bundesrepublik Deutschland mehr und mehr in den Part einer Ordnungsmacht hinein. Im südlichen Afrika spielt die Republik Südafrika diese Rolle für die umliegenden Länder der Region. Deren Regierung hat ein sicherheitspolitisch lebenswichtiges Interesse an den Entwicklungen nördlich des Limpopo. Außerdem ist die Republik Südafrika als Schutzmacht für Südwestafrika direkt in die Unabhängigkeitsfrage von Namibia eingebunden. Einer der führenden Außenpolitiker im Bundestag, Dr. Werner Marx, besucht mich auf dem Rückweg von Pretoria. In einem langen Gespräch hat ihm Premier Botha seine Vision einer Staatengemeinschaft des südlichen Afrika vorgetragen, eine politisch und wirtschaftlich mächtige Southern African Constellation of States. Wenn, wie Botha annimmt, Muzorewa die kommenden Wahlen gewinnt und Rhodesien international legitimiert ist, wird auch der Guerillakrieg ausgetrocknet werden. Dann wäre eine Friedensperiode möglich. Was aber, wenn die „Patriotische Front" der Exilparteien ZAPU und ZANU die Wahlen gewinnt, wenn Law and Order kollabieren mit der Folge eines Massenexodus der Weißen aus Rhodesien? Dann werde er, Botha, vom Parlament die „Politik der starken Hand" verlangen müssen, also eine mögliche militärische Intervention nördlich des Limpopo, um die Lage im Pufferstaat Zimbabwe zu stabilisieren – ein gewagtes Spiel ist das alles. In der Namibiafrage werde Südafrika so lange auf der Stelle treten, bis das Rhodesienproblem gelöst ist. Außerdem wäre die Regierung Botha bereit, Sambia mit günstigen Warenkrediten umgehend beizuspringen, um eine Hungerkatastrophe zu vermeiden.

Nach Absprache mit Präsidentenberater Marc Chona fliege ich privat nach Pretoria, um im Außenministerium mit meinem persönlichen Freund, dem Abteilungschef Hendrik Geldenhuys, und dem deutschen Geschäftsträger Michael Schmidt solche Vorstellungen zu erörtern. Südafrika ist für die deutsche Wirtschaft viel zu wichtig, um nicht alle Verbindungen zu nutzen und sich zu informieren. Das Leben in Pretoria fließt äußerlich ruhig dahin. Wir werden wie Menschen aus einer anderen Welt bestaunt, wir bringen aufregende Erzählungen mit aus einem Land, von dem der ehe-

Hier denkt man an die portugiesischen Seefahrer: am Kap der guten Hoffnung

malige sambische Außenminister Rupiah Banda sagt, nie sei sein Land für einen Diplomaten interessanter gewesen als heute. Ich spreche im Außenministerium in Pretoria auch die Frage der Apartheid an. Man sagt mir, vieles sei schon erreicht, der Rest werde folgen, aber mit dem von westlichen Politikern und Medien geforderten Tempo sei in Südafrika nichts zu gewinnen. Erstmals werden Farbige und Inder in den Auswärtigen Dienst aufgenommen.

Wir stehen voller Bewunderung vor „Willy's Delicatessen" und vor den Adventsdekorationen im Café Kranzler. Ein Orchester mit schwarzen und weißen Musikern spielt am Abend Melodien aus dem alten Wien.

Von Lusaka nach Südafrika zu reisen, ist nicht einfach. Zuerst fliegen Brigitte und ich in drei Stunden mit Royal Swazi Air nach Manzini im grünen Hügelland von Botswana. Dort warten wir fünf Stunden auf den Anschluß nach Johannesburg. Nach den Gesprächen in Pretoria folgt der Weiterflug mit dem neuen europäischen Flugzeug „Airbus" nach Kapstadt. Es gibt nur weniges, was dem Anblick der unendlichen Wasserfläche von Cape Point aus gleicht, wo die Strömungen von Atlantik und Indischem Ozean zusammentreffen.

Es ist wie an einem Sonntagmorgen in England, die Kirchen sind voll, die Restaurants und Geschäfte geschlossen. Wir sitzen mit Freunden unter den Palmen des Mount Nelson Hotels, vom Tafelberg streicht ein leichter Wind in die Vorgärten von Kapstadt. Die Wirtschaft blüht in allen Sparten, der Hafen als Barometer der Konjunktur ist voll von Frachtschiffen, die Hotels sind gut belegt mit Touristen aus aller Welt. Niemand versteht, weshalb Sambias Führung es nicht ebenso macht wie Botswana oder Malawi, Wohlstand schaffen statt einer Politik des Säbelrasselns. In der Addeley Street zeigen elegante Geschäfte ihre Weihnachtsauslagen, im Golden Acre Center stellt die schöne Barbara Barnard, die Frau des Herzchirurgen Christian Barnard, ihre Kollektionen aus.

Wir mieten einen Volkswagen und fahren durch eine Bilderbuchgegend. Die Kap-Provinz zählt zu den bezauberndsten Landschaften auf dem Globus. Herrensitze im holländischen Stil in Parks und Weingärten, Windwasserräder drehen sich in den Feldern und Obstplantagen, bekannte Namen französischer Cognacfirmen weisen auf die südafrikanische Herkunft ihres Rohstoffes hin, an der Küste von Mossel Bay schaukeln die Segelboote im Wasser. Bald werden die Gäste in die Bungalows mit den hübschen Blumengärten einziehen, wenn am ersten Dezember die Sommerferien beginnen. Wir verbringen ein paar Tage im Hotel Plettenberg, ein kühner Bau auf einer ins Meer hinausragenden Granitzunge. Es ist voll besetzt mit Sommerfrischlern aus Europa. Die andere Realität muß man erst erfragen: Unser farbiges Zimmermädchen hat die Grundschule abgeschlossen und ist froh über den Monatslohn von etwa 100 Mark. Am späten Nachmittag kehrt sie mit dem Sammelbus für die Einwohner minderen Rechts zurück zu ihrer zehnköpfigen Familie in das eingezäunte Ghetto „New Horizon“. Die Presse schreibt offen von sozialen Konflikten in der Industrie, bei General Tires, und bei Ford im nahen Port Elizabeth werden schwarze Arbeiter ausgesperrt wegen Lohnforderungen „and bad relations with white supervisors“.

*

Wieder in Lusaka, empfängt uns Ulomba mit der freudigen Nachricht: „Wieder kein Wasser in der Leitung." Aber unser hoher Nachbar im State House sei aus London zurückgekehrt, der Trompeter blase jetzt wieder das „last post" in der Dämmerung. Kaunda ist wie ein Triumphator zurückgekommen, die Verhandlungen im Lancaster House über einen Waffenstillstand sind günstig verlaufen: Die rebellische Kolonie Rhodesien nimmt die einseitige Unabhängigkeitserklärung von 1965 zurück und unterstellt sich wieder der Krone. Dieser von aller Welt aufmerksam verfolgte Prozeß läßt aufatmen, man bewundert die Kunst der britischen Diplomatie. Da fliegen die letzten vier Brücken in die Luft, jeder Verkehr nach Malawi und Mosambik ist unmöglich geworden. Waren es rhodesische Truppen in einem letzten Aufbäumen vor dem Unabänderlichen, dem Verlust der weißen Macht, oder waren es etwa doch sambische Saboteure? Jetzt sitzt Kaunda völlig in der Falle. Wie wird er reagieren? In seiner Wut und Ohnmacht schlägt er um sich, fast wie zu erwarten. Er ruft zum „totalen Krieg" auf, beruft Reservisten ein und sucht den Schuldigen bei Großbritannien.

In diesen Dezembertagen steigert sich seine Erregung von Stunde zu Stunde und nimmt groteske Züge an: Es kommt zum Eklat. Kaunda hält dem britischen Hochkommissar, mit dem er doch erst vor wenigen Tagen zu den Friedensgesprächen nach London geflogen war, vor, die britische Regierung sei mitschuldig an den rhodesischen Angriffen auf sambisches Territorium. Dieser weist die Beschuldigungen zurück. Außenminister Chakulya nennt ihn einen Nazi und Boten des Faschismus und Rassismus. „Britannien ist die weiße Rasse", und die Presse wettert, Allinson sei „ein Schaf im Wolfspelz, ein Vertreter von Rassismus, Kapitalismus, Faschismus, Imperialismus, Neo-Kolonialismus und Zionismus". Man meint das „Neue Deutschland" aus Ostberlin zu lesen. Hunderte von Studenten werden zur Demonstration vor die Britische Hochkommission gefahren, sie reißen das britische Staatswappen ab und überreichen die Trophäe grölend dem Präsidenten. Daß er sie annimmt, beruht auf einer Mischung aus afrikanischer Emotion und politischem Kalkül. Er beleidigt damit die britische Monarchin, bei der er vor wenigen Tage zu Tische saß. Die Studenten rufen nach der Verstaatlichung von Shell, Standard Bank und Lonrho. Ähnliches spielt sich derzeit auch in Teheran ab, wo die Angehörigen der amerikanischen Botschaft von Ayatollah Khomeinis Studenten als Geiseln gehalten werden.

Die britische Regierung ruft Sir Leonard Allinson zurück. Wir werden den Freund und seine Frau vermissen, der humorvolle und umgängliche Kollege war der am besten Informierte im Kreise von uns „Lusaka Five". Premier Mrs. Margaret Thatcher stellt sich vor ihren Beamten, sie macht ihn zum Chef der britischen Verhandlungsdelegation in Lancaster House. Ob Kaunda ihm bald dort wiederbegegnen wird? Wenn der Durchbruch zum Frieden gelingt, ist es in nicht geringem Maß auch der geschickten und beharrlichen, ruhigen Diplomatie von Großbritanniens „Mann in Lusaka" zu verdanken.

In der Nacht des 5. Dezember 1979 höre ich in der Deutschen Welle, die Patriotische Front habe in London den britischen Waffenstillstandsvorschlag angenommen. Schon eine Woche später trifft der britische Gouverneur für Rhodesien, Lord Christopher Soames, mit seiner Frau und fünfundsiebzig Beamten in Salisbury ein und übernimmt die legislative und exekutive Gewalt in dem wieder „zur Kolonie" gewordenen Land bis zur Bildung einer Regierung des unabhängigen Zimbabwe in zwei Monaten. Dieses ist ein gewagter Schachzug von Außenminister Lord Carrington: Die unmittelbare Statthalterschaft von Lord Soames hindert die rhodesischen Streitkräfte, ihre Luftangriffe und erdgebundenen Aktionen in Sambia und Mosambik fortzusetzen. Die Bundesrepublik und ihre Partner in der Europäischen Gemeinschaft heben die 1965 vom VN-Sicherheitsrat verhängten wirtschaftlichen Sanktionen gegen Rhodesien auf.

Kaunda aber scheint von diesem positiv verlaufenden Prozeß ausscheren zu wollen. In Havanna hat ihn Fidel Castros „schimmernde Wehr" geblendet, die Freude am politischen Spiel mit modernsten Waffen hat ihn gepackt. In einer streng geheimen Sitzung unterrichtet Kaunda seine engsten Vertrauten im UNIP-Zentralkomitee von seiner Absicht, in Moskau eine Staffel Mig-21 Kampfflugzeuge zu kaufen nebst Piloten und Logistik. Er müßte eigentlich wissen, Moskau macht keine Geschenke, und die Folgen sind gefährlich und unabsehbar. Sein Volk sehnt sich nach Frieden und steht Schlange für Maismehl und Fett. Gerade jetzt, wo der Erfolg von London nach einem siebenjährigen Kriegsgeschehen endlich den Frieden in greifbare Nähe rückt und eine demokratische Entwicklung im Herzen Afrikas verspricht, droht ein neues, höchst riskantes Abenteuer. Auch für die Bemühungen der Vereinten Nationen und des Westens, Namibia bald in die legale Unabhängigkeit zu führen, hatte der außenpolitische Sieg von Mrs. Thatcher neue Ermutigung gebracht.

Es weihnachtet, die Töchter Odilia und Linnéa sind zu Besuch aus Deutschland gekommen. Auf der Fahrt zur Farm von Metzger Bauer, um nach guten Dingen für das Fest zu schauen, versperrt eine schwarze Mamba unseren Weg. Wütend zischt das große Reptil und bäumt sich auf. Wenn sie davonschleicht, verheißt dies auf afrikanische Weise Glück. Als wir wieder in Lusaka sind, ist der Kuriersack aus Bonn eingetroffen, gerade rechtzeitig zu Weihnachten. Er bringt Glück, ein Brief des Personalchefs des Auswärtigen Amts ist unter der amtlichen Post: „Wir planen Ihre Versetzung als Botschafter nach Singapur." Mein Drahtbericht folgt schon am nächsten Tag: „Mit dortiger Planung einverstanden".

XIII. Ende einer Mission

Anfang Januar 1980 bedroht eine neue Invasion den Weltfrieden, die sowjetische Armee marschiert in einer Großoffensive in Afghanistan ein. Gehen nun in Asien die Lichter aus, dann trifft es auch Afrika, die ganze Welt. Die Gewalttat der Außenpolitik des Kreml ist die Fortsetzung einer globalen Machtstrategie. Die freie Welt protestiert, aber von Kaunda ist keine Reaktion zu vernehmen. Der chinesische Botschafter, immer gut informiert, kennt den Grund für sein Schweigen: Die ersten sambischen Piloten und Techniker sind zur Ausbildung an Mig-Kampfflugzeugen in die Sowjetunion abgereist. Kaunda wirkt nervös, seine lebhaften Augen flackern unruhig, als er mit den Händen seinen Maisbrei, Chima, aus der Schüssel ißt, während er seinen Gästen, dem Bundestagsabgeordneten Horst Ehmke und mir, europäisches Essen und südafrikanischen Rotwein vorsetzt. Er ist kaum zum Gespräch aufgelegt an diesem 9. Januar. Wir verweisen auf die Konsequenzen der sowjetischen Invasion für den Entspannungsprozeß, für das Helsinki- und das Salt-II-Abkommen , den mühsam von den Supermächten ausbalancierten Frieden in der Welt. Kaunda bleibt stumm, äußert sich mit keinem Wort.

Ob er sich der Folgen seiner Verstrickung in die Abhängigkeit von Moskau bewußt geworden ist? Auch zwei Tage später, bei der Parlamentseröffnung, erwähnt er mit keinem Wort, was die Welt bewegt, was viele Sambier erwarten, worüber die Zeitungen ausführlich berichten. Schließlich ist Afghanistan wie Sambia ein Mitglied der Blockfreien-Bewegung und Kaunda einer ihrer angesehenen Co-leader.

Auch Lord Soames in Salisbury steht vor dem schier Unmöglichen. Joshua Nkomo und Robert Mugabe halten sich nicht an den Friedensplan, dem sie in London zugestimmt haben. Sie schleusen weiterhin Truppen nach Rhodesien ein, verüben vereinzelt Terrorakte, vielleicht um Lord Soames zu nötigen, ausländische Militärhilfe anzufordern. Das würde Krieg im südlichen Afrika bedeuten.

Wo am Vortag noch fröhliches Lachen durch das Haus schallte und nasse Fußspuren vom Schwimmbad ins chaotische Gastzimmer führten, ist wieder der Alltag eingezogen. Die Töchter sind abgereist, viele afrikanische Andenken im Gepäck der Backfische, sogar eine Buschtrommel ist dabei. Auch Diplomaten haben Kinder nur auf Zeit. Für Odilia und Linnéa waren die Ferien in der exotischen Ferne von zuhause ein aufregendes Abenteuer, denn „daheim in Bad Reichenhall ist nichts los, da wohnen nur alte Leute". Wie eine traurige Weise klingt es heute Abend, wenn der Hornist vom State House den Zapfenstreich bläst.

Hohe Gremien beschwören in diesen Januartagen den Frieden in der Welt. Papst Johannes Paul II. sieht die dramatischen Ereignisse im Mittleren Osten als ernste Gefahr, und in New York verurteilt die Weltorganisation am East River die sowjetische Invasion in Afghanistan. Kaunda jedoch geht seinen eigenen Weg. In einem überraschenden Coup verstaatlicht er „aus Gründen der nationalen Vorratshaltung" die ausländischen Erdölfirmen in Sambia: Shell-BP, Mobil, Agip, Caltex und Total mit ihren Tanklagern und der Raffinerie am Endpunkt der von Daressalam bis in den Kupfergürtel nach Ndola führenden Pipeline. Es ist ein schwerer Rückschlag für die privaten Auslandsinvestitionen, auch für die in greifbare Nähe gerückte Zeit einer friedlichen Entwicklung in Sambia. Der „Kapitalismus" wird ebenfalls wieder bemüht, der von der Einheitspartei verurteilte Begriff einer freien Wirtschaftsordnung. Staatstheorie und staatliches Handeln werden immer erratischer. Der Popanz des „Anti-Kapitalismus" ist Teil von Kaundas unausgegorener Halbphilosophie des „sambischen Humanismus", die Aktion ist seinem Ruf nach mehr Auslandsinvestitionen diametral entgegengesetzt. Um das Ganze noch mit der nötigen roten Grundierung zu versehen, lädt der Präsident den Chef der Kommunistischen Partei Frankreichs, Georges Marchais, zu einem offiziellen Besuch ein. Der französische Botschafter tobt, es sei ein Bruch des politischen Stils, wenn ein Parteiführer so etwas wie einen „Staatsbesuch" mache, bevor der Präsident der Republik selbst hier gewesen sei.

Wieder gibt es eine Demonstration der Studenten, diesmal bewegt sie sich in Richtung Apostolische Nuntiatur. Der Zug wird in letzter Minute aufgehalten und zurückbeordert. Auslöser war der Papst in Rom, der es dem höchsten katholischen Kirchenmann Sambias, Erzbischof Milingo, untersagt, weiterhin mit seinem Hokuspokus und Gesundbeterei die Gläubigen zu irritieren. Schon lange ist der skurrile Bischof ein beliebtes Tischgespräch, da er sich weniger durch geistliche Qualitäten als durch zahlreiche Geschichten aus dem Fundus der „witchcraft" einen Namen gemacht hat.

An einem Samstag, es ist der 26. Januar 1980, sind nur wenige Leute in der Cairo Road. Ich gehe wie öfter allein durch die Straße, als ich plötzlich von einer Bande Jugendlicher überfallen, festgehalten und meiner Brieftasche beraubt werde. Ich versuche mich zu wehren, da blitzen die Messer. Die paar Kwatscha-Scheine waren es nicht wert, das Leben zu riskieren. Ich protestiere im Außenministerium und rufe Marc Chona im State House an. Schon am selben Abend berichtet Radio Salisbury vom Raubüberfall auf den deutschen Botschafter in Lusaka, die Buschtrommel kann es nicht gewesen sein, die den Vorfall über die Grenze transportierte.

Am nächsten Tag, bei einem Treffen der Missionschefs beim Doyen, dem somalischen Botschafter Mariano, wird über einen Rückzug der diplomatischen Vertretungen diskutiert, falls der Empfangsstaat den Schutz der Diplomaten nicht mehr garantieren könne. Wir wissen, das Außenministerium und die Polizei sind machtlos. Botschafter Fuat Husseini von Saudi-Arabien kündigt an, er werde abreisen, denn man habe es hier „mit Nationalisten, Emotionalisten und Irrationalisten, eben Afrikanern zu tun". Zur selben Stunde wird die Frau des Leiters des niederländischen Entwicklungsdienstes in ihrem Haus überfallen und mehrfach vergewaltigt.

Es ist Abend, wieder einmal gibt es weder Licht noch Wasser. Wir essen bei Kerzenschein und gehen bei Kerzenschein ins Bett, Taschenlampe und Pistole griffbereit. Der Stromausfall setzt alle elektrischen Sicherheitsmechanismen in Haus und Garten außer Gefecht. Zuhause im Fernsehen zeigen sie vielleicht wieder einen amüsanten Film über das Leben der Diplomaten zwischen rotem Teppich und Cocktailempfang. Man braucht Humor und starke Nerven auf diesem Posten mit der „Zitterzulage".

Die Brücke am River Chambeshi. Der treue deutsche Freund war bereits tätig, auf ihrem Rückweg besuchen mich zwölf Fachleute des Technischen Hilfswerks. Sie haben die Pontonfähre aufgebaut, jetzt ist sie betriebsbereit dank deutscher Gründlichkeit. Aber sie funktioniert dennoch nicht. Der sambische Partner ist nicht in der Lage, die Zufahrtsrampen zu bauen. Also haben wir vorerst für zwei Millionen Mark eine Entwicklungs-Ruine ins Wasser gesetzt. Es ist nicht der einzige Fall.

Was als Staatsgeheimnis galt, wird am 6. Februar für alle Welt publik: Der Londoner „Guardian“ macht die Waffenkäufe Sambias in Moskau öffentlich. Es sind sechzehn Kampfflugzeuge des Typs Mig-21 zum Preis von fünfzig Millionen britischen Pfund, lieferbar im ersten Halbjahr 1980. Sambia leitet seinen Kobalt-Export um und bezahlt mit dem begehrten Industriemetall die Sowjetunion. Das macht die sambische Luftwaffe, egal wer im Cockpit sitzt, zur schlagkräftigsten im südlichen Afrika neben der Flotte der Republik Südafrika. Es ist fraglich, ob sambische Piloten in der Lage sind, die Maschinen zu fliegen. Kaunda verankert sich im sowjetischen Orbit. Interessant ist, daß das geheime Lieferabkommen erst nach den Vereinbarungen von Lancaster House unterschrieben worden ist.

Kaunda hat die hilfsbereite westliche Geberwelt an der Nase herumgeführt. War es aus schierer Verzweiflung, oder ist es eine gezielte Politik seines Zentralkomitees hinein in das sowjetische Lager? Haben wir Kaunda in aller Treuherzigkeit doch zu sehr getraut? Die Frankfurter Allgemeine Zeitung meint in ihrer Silvesterausgabe: „Die deutsche Außenpolitik, freundlich-profillos im Kreise blickend, verhält sich prinzipiell konstruktiv und gibt jedem recht.“

*

Was nun folgt, notiere ich im Krankenhaus in Nairobi. Wir hatten Gäste zum Mittagessen, es war der 6. Februar 1980. Wieder im Büro, überfällt mich wie ein Stromstoß ein Schüttelfrost, ich muß mich am Stuhl festhalten. Ich weiß sofort: „Du hast Malaria!“ Die ersten vier Tage waren die schlimmsten. Ich lag im Bett, Fieberschübe, die immer kürzer wurden, starke Kopfschmerzen. Der deutsche Entwicklungshilfe-Arzt gibt mir zwei Tabletten Fansidar und meint, es sei nicht weiter dramatisch, er gehe jetzt auf Safari zum Kariba-Staudamm und komme in drei Tagen wieder.

Die Lage wurde ernst, Brigitte holt den sambischen Arzt Dr. Mundia, der erst einmal einen Bluttest macht: Es ist die gefährlichste Art dieser Geißel Afrikas, malaria tropica. Oft verläuft sie tödlich. Er weigert sich, mich in das University Teaching Hospital zu überweisen, denn es hat den Ruf, da kommen nur wenige lebendig wieder heraus. In Wellen, stündlich und auch halbstündlich, kommen diese Attacken von Kälte und Fieberhitze, dabei die totale Apathie am Rande der Bewußtlosigkeit. Dann fällt die Entscheidung um Mitternacht: Brigitte alarmiert Dr. Mundia, und dieser wagt einen letzten Versuch. Er spricht ihn mit Brigitte ab, wenn das Herz es aushält, könnte eine weitere Chloroquingabe helfen, oder auch nicht. Es gelingt, halbtot liege ich im Bett – nun aber gelb mit Hepatitis.

Scheu und still bringt Ulomba den Tee ans Bett und schaut zur Seite. Den „Master“ leidend zu sehen, das entspricht nicht seiner Vorstellungswelt. Noch ein Treuer wartet an der Türschwelle, es ist Joy, unser Weimaraner, er trinkt nicht, und er heult, wenn er mich stöhnen hört. Was durchleidet eine Hundeseele, wenn sein Herr vor Schmerzen stöhnt? Mein Vertreter, Rainald Steck, führt die Geschäfte und bereitet unermüdlich die nächsten Schritte vor: ein Flugzeug nach Pretoria, aber es ist nicht verfügbar, dann das Spital in Nairobi, aber erst nach zwei Tagen, und auch dorthin muß man erst einmal gelangen.

Dort komme ich wieder in die Hände eines kompetenten schwarzen Arztes. Dr. Warshow ist Chefarzt und Kardiologe, der hochgewachsene Mann stammt aus Mombasa und hat auch arabisches Blut. Zur Diagnose bringt er mich in das Aga Khan Hospital, das erste und einzige Krankenhaus in Ostafrika, das über eine neue Wundertechnik verfügt, man nennt sie Ultraschall. Nach vierzehn Tagen bin ich so weit hergestellt, daß ich wieder gehen kann ohne umzufallen. Im fernen Bonn ist Rosenmontag. Wenn ich in den Spiegel schaue, denke ich an Karneval, mit meinem gelben Gesicht könnte ich durchaus als Chinese durchgehen. In der schlaflosen Nacht schrillt der Heulton der Lokomotive, die den Zug nach Mombasa zieht. Kommt auch wieder einmal ein Stromausfall, schwitzen die Patienten vor sich hin, das Nairobi Hospital besteht aus einer Reihe von Bungalows aus der Kolonialzeit und hat noch keinen Generator. Aber es gibt prachtvolle Menschen, die Brigitte und mir zur Seite stehen, schwarze Ärzte und Schwestern, und alle sind freundlich und kompetent.

Wie es wohl um meine Akte „Versetzung nach Singapur“ in der Personalabteilung des Auswärtigen Amtes steht? Werde ich mit dem geschwächten Organismus vor dem deutschen Amtsarzt bestehen können? Brigitte ist nach Lusaka zurückgeflogen, um die Dinge zu ordnen, wir werden länger abwesend sein. Die Tage im Spital sind lang und monoton. Da lese ich vom Tode Oskar Kokoschkas, er wäre in einer Woche dreiundneunzig Jahre alt geworden. Als wir vor einem Jahr den Freund und seine Frau Olda in ihrem Haus hoch überm Genfersee besuchten, sagte er im Lehnstuhl sitzend: „Auf Wiedersehen, bleiben Sie gesund, auf Wiedersehen“ und schaute uns aus seinen noch im hohen Alter leuchtendblauen Augen an. Er war ein großer Maler und ein großer Humanist, mit seinen höflichen Umgangsformen und seiner klassischen Bildung ein Künstler der vergangenen Zeit. Auch war er ein großer Skeptiker, was den Lauf der heutigen Welt anging. Sollte er doch recht behalten mit dem russischen Oktopus, der mit der Invasion in Afghanistan die ganze Welt in Atem hält, wenn er in seinem Brief vom 20. Juni 1968 aus Villeneuve schreibt:

Lieber Herr Dr. Dufner,
Ich freute mich sehr, wieder von Ihnen Nachricht zu erhalten und besonders, daß Sie mit der Frau Gemahlin am 26. 6. bei uns hereinschauen werden. Ich bedaure bloß, daß Ihre Zeit so knapp bemessen sein wird, denn, abgesehen von dem Vergnügen, Sie beide wiederzusehen, gäbe es so viel Stoff zu diskutieren. Ich hoffe, daß Sie recht behalten, wenn Sie den russischen Oktopus für harmlos halten, der bisher 140 Völker verschluckt hat (die Zarenzeit und die Eroberungen natürlich einbezogen), ohne daß man sich in Europa

darüber aufgeregt hätte. De Gaulle wollte einzelne der Satelliten losknüpfen, doch fing er zu spät damit an und wird leider jetzt auch ausgespielt haben. Mit USA hatte er sich etwas vergriffen, doch rechtfertigt es ihn einigermaßen, daß er die amerikanische Politik, welche dem russischen Empire halb Europa zuteilte, als seinem Plan entgegenarbeitend fand, der Europa einig machen wollte. England war schwach geworden nach zwei Weltkriegen und mußte zwischen USA und Rußland Pendelpolitik treiben, was Europa auch nicht nützt. Aber hoffentlich behalten Sie recht, lieber Freund. Bitte empfehlen Sie mich recht herzlich der gnädigen Frau und seien Sie willkommen. Ihr O. Kokoschka

Der gute Hausarzt in Konstanz verordnet die Rekonvaleszenz im eigenen Haus anstelle einer stationären Behandlung. Hier erfahre ich von den freien Wahlen in Rhodesien. Das afrikanische Großereignis geht beinahe unter angesichts der sowjetischen Expansion in Asien und dem damit verbundenen Ende der Entspannungspolitik. Was kaum jemand in Lusaka für denkbar gehalten hätte, weder Diplomaten noch sambische Regierung, ist eingetreten: Der Guerillaführer und Marxist Robert Mugabe wird erster Regierungschef in Zimbabwe. Seine Partei „Zimbabwe African National Union" (ZANU) wird stärkste Kraft im Parlament von Salisbury. Nur ein Fünftel der einhundert Sitze entfällt auf die „Zimbabwe African Peoples Union" (ZAPU) von Joshua Nkomo, der zur Teilnahme an den allgemeinen Wahlen etwa dreißigtausend seiner Kämpfer aus Sambia nach Rhodesien zurückgeführt hat und mit der Rückführung von etwa vierzigtausend Kindern und anderen „Flüchtlingen" nach Zimbabwe beginnt. Ein weiteres Fünftel vertritt die weiße Minderheit. Auf den bisherigen Premier Bischof Muzorewa entfallen ganze drei Mandate.

Viele Menschen wählten Mugabe aus Angst vor einer Fortsetzung des Bürgerkrieges. Er drohte, eine Wahlniederlage werde seine Partei nicht hinnehmen, sonst werde er mit seinen Guerillas weiterkämpfen. Vorerst kehrt Ruhe ein. Zum Tag der Unabhängigkeit von Zimbabwe am 16. April 1980 vertritt Prinz Charles die Krone, begleitet von Mrs. Camilla Parker Bowles. Auch der Bundesaußenminister Hans-Dietrich Genscher fliegt mit einer Delegation von achtzig Personen zu den Festivitäten nach Salisbury (Harare), um Robert Mugabe zu seinem überwältigenden Wahlsieg zu gratulieren und seinen Mitstreiter, den Marxisten Sam Nujoma, nach Bonn einzuladen.

Die Zukunft für Zimbabwe verheißt unter diesem Regime wenig Gutes. Schon beginnt der Exodus der Weißen, sie machen sich keine Illusionen. Ihr Ziel ist in den meisten Fällen Südafrika. Lord Soames ist am 17. März nach erfüllter Mission nach London zurückgekehrt. Auf das, was nun folgt, hat die britische Regierung kaum Einfluß. Die Welt schaut gespannt in eine andere Richtung, nach Teheran. Dort ist der amerikanische Präsident Jimmy Carter mit seiner gewagten Kommandoaktion zur Befreiung von dreiundfünfzig Geiseln aus der US-Botschaft gescheitert. Sein Außenminister Cyrus Vance, der ihn vor dem mißlungenen Unternehmen gewarnt hatte, nimmt seinen Abschied. Bundeskanzler Helmut Schmidt spricht von der Möglichkeit, daß man wie anno 1914 ungewollt in einen großen Krieg hineinschliddern könnte. Die Sowjetarmee in Afghanistan, wird nun Zimbabwe das nächste Ziel sein? Die Europäische Union ist machtlos und tut alles, um Russen und Iranern nicht weh zu tun. Und Golo Mann spricht aus, was viele bewegt: „Der Ordnung, die man nach Konrad Adenauer benennen mag und der wir den langen Frieden verdanken, droht helle Auflösung."

Ende Mai 1980 fliege ich noch einmal nach Lusaka, um Abschied zu nehmen. Ein tiefblauer Himmel strahlt über dem Pfingstfest, im Garten reifen die Bananen, die Hunde weichen nicht von meiner Seite. Die Nächte werden kühl, der Winter naht. Nun empfinde ich doch ein Gefühl der Wehmut. Vielleicht bin ich in diesen drei turbulenten Jahren mehr Afrikaner geworden, als mir bewußt war. Ich gehe noch einmal über den bunten Cha-Cha-Cha-Markt, in dem sich das afrikanische Leben spiegelt, die Mütter im knöchellangen Kattunrock, den Säugling auf den Rücken gebunden. Sie kommen aus den übervölkerten Townships und von all der Plackerei, die ihr Leben ausmacht. Und überall der vertraute Geruch nach heißer Erde, nach Holzfeuer, das hinter den Mauern und Hütten glimmt.

Viele junge Menschen sind ohne Arbeit, reglos hocken sie im Schatten der Akazien.

Zum Abschiedsempfang im Garten der Residenz kommen mehr als dreihundert Gäste. Über neunhundert Kilometer weit vom Tanganjika-See ist auch Père Corbeil gekommen. Der Freund Marc Chona, engster Vertrauter des Präsidenten, vertraut mir seine Sorgen an: Er resigniere, er werde sich aus der Politik zurückziehen und es als Farmer und Viehzüchter versuchen. Schwer fällt der Abschied von meinen Botschaftsangehörigen, von meinem Vertreter Rainald Steck und meiner Sekretärin Gisela Becker-Biskaborn, einer souveränen und beherzten Dame. Noch einmal bläst der Hornist vom State House sein „last post" in die afrikanische Nacht, ich werde den Klang unterm Kreuz des Südens vermissen.

Präsident Kaunda hat mich eingeladen, meinen letzten Abend mit ihm zu verbringen. Es ist der 16. Juni 1980, wieder in der Bibliothek mit ihm allein. Er fragt nach meiner Genesung. Ich sage, ich verdanke mein Leben der Kunst zweier afrikanischer Ärzte, in Lusaka und Nairobi. Darauf nimmt er lange meine Hand in seine Hände, sichtlich gerührt, und meint: „Das hat mir noch kein weißer Mann gesagt."

Es ist die Chance, ihn nach dem Waffenkauf in Moskau zu fragen: „Why did you do that, Mister President?" Umständlich holt er aus, es handele sich nicht um eine Annäherung an die Politik der Sowjetunion, sondern um einen „commercial deal". Bedrohung und Krieg im südlichen Afrika hätten eine neue Lage geschaffen seit der Unabhängigkeit Angolas. Sambia sei so gut wie schutzlos geblieben, ohne Verteidigung. Seit 1968 habe er sich um Waffen aus dem Westen bemüht, bei Palme, Nixon, Heath, Ford, Kissinger, Mondale, Brandt, ohne Erfolg. Im Mai 1978 habe er bei seinem Besuch in Washington Präsident Carter eine bescheidene Wunschliste überreicht und nie eine Antwort erhalten. Nur die chinesische Regierung habe mit einer Gratislieferung leichter Waffen geholfen. Der britische Premier Callaghan schließlich habe eingesehen, daß er ein modernes Waffensystem brauche, und Rapier-Abwehrraketen geliefert. Rhodesische Aktionen hätten bekanntlich die Waffen zerstört. In seiner Not habe er sich an die Sowjetunion gewandt.

Auf meinen Einwand, auch die Verstrickung Afghanistans in den sowjetischen Machtbereich habe mit einem Mig-Geschwader begonnen, entgegnet Kaunda, die Welt und die Sowjets wüßten, daß er gläubiger Christ sei. Agostinho Neto in Angola sei Marxist gewesen, er sei es nicht. Er habe die sowjetische Invasion in der Tschechoslowakei öffentlich verurteilt. Und er werde an seiner Politik der Blockfreiheit festhalten, das habe er Breschnew unmißverständlich klargemacht. Er begrüße die Initiative des Bundeskanzlers, in dieser prekären Weltsituation nach Moskau zu gehen: „His approach is the best thing the West can do, I shall pray for his success." Auch mein amerikanischer Kollege habe ihm vorgehalten, der Krieg sei vorbei, wozu dann noch die Migs. Nein, der Krieg sei keineswegs vorüber, solange südafrikanische Truppen in der sambischen Westprovinz operierten und die Namibiafrage nicht gelöst sei. Dann dankte der Präsident herzlich für meine Arbeit in den vergangenen drei Jahren.

Die Zukunft Sambias

Es ist ein magerer Rechtfertigungsversuch des Fehlers, sich durch Waffenkäufe an die Sowjetunion zu binden. Er lebt im Zwiespalt zwischen den Gegebenheiten der realen Welt und seinem Wunschdenken. Ich bewundere seine Bescheidenheit, da er ohne den Luxus der Privilegierten lebt, und seine offene und warmherzige Art, ein afrikanischer Gefühlsmensch. Ich glaube, er hat ein über die Interessen seines Landes hinausgehendes, aufrichtiges Gefühl des Vertrauens und der Dankbarkeit gegenüber der Bundesrepublik.

Noch ein schwerer Abschied. Die Kisten für den Container unter den hohen Bäumen am Eingang der Residenz sagen meinen klugen Hunden, daß sich Außerordentliches zusammenbraut. Ich kenne die Hundepsychologie: kein Schwanzwedeln und kein Geheul. Sie liegen auf der Erde ganz nahe bei mir, mit überkreuzten Pfoten, und schauen mich an. Diese Blicke aus ihren schönen Bernsteinaugen sind traurig, ich werde sie nie vergessen. Als wollten sie sagen: Du läßt uns im Stich. Waren wir dir nicht von klein auf ergeben, haben dich treu bewacht? Wir haben mit dir gelitten in den Fieberschüben und waren dir Mitleidensgenossen. Wir sind mit dir herumgetollt, lebten in deiner Fürsorge, gehörten zur Familie. Du kehrst nie mehr zurück, was haben wir dir Böses getan? Du bist unser alles gewesen, unser Freund und Herr.

Sie verstehen nicht, was ich ihnen sage: Ich kann euch nicht mitnehmen, das feuchte Tropenklima in Südostasien ist nicht gut für die Rasse der edlen Weimaraner, es wäre euer Ende. Ich fahre durch das Tor, sie sind aufgestanden, sie schauen mir nach in ihrer Verlorenheit. Im Rückspiegel sehe ich sie stehen, zwei traurige graue Punkte. Das war der schwerste Abschied.

Ein halbes Jahr später, als wir in Konstanz im Urlaub sind, kommt ein Postpaket von der sambischen Botschaft in Bonn. Es ist eine Kupferschale mit einer gravierten Inschrift: „Dr. Wolfram Dufner. We say farewell to a very good friend of Zambia. God's Blessing, from His Excellency. The President and Mrs. Kaunda, June 1980".

XIV. Das Glück der Unabhängigkeit

Sambia zählt heute zu den ärmsten Ländern in Afrika, zusammen mit Zimbabwe, Malawi und Tansania. Der „sambische Humanismus“ legte den Grundstein für ein Armenhaus. Die Lebenserwartung liegt bei vierzig Jahren. In der Bevölkerung kam es nach 1980 immer wieder zu Unruhen. Nach siebenundzwanzig Jahren autoritärer Herrschaft verlor Kaunda 1991 sein Staatsamt und den Parteivorsitz. Parteien wurden zugelassen, aus den ersten freien Wahlen seit der Unabhängigkeit ging das „Movement for Multiparty Democracy“ als stärkste Kraft hervor. Frederick Chiluba wurde Präsident, ihm folgte 2001 Levy Mwanawasa. Noch einige Male versuchte Kaunda, wieder an die Macht zu kommen. Heute, im hohen Alter, wirkt er für die Aids-Aufklärung im Lande. Auf der Weltbühne erinnern sich nur noch wenige an ihn.

Zu meiner Zeit in Lusaka war das Aids-Virus noch nicht entdeckt, es gab noch nicht das millionenfache Sterben an der Immunschwächekrankheit. Die Tansam-Eisenbahn verkehrt wieder zwischen Sambia und Daressalam. Das vor vierzig Jahren weltweit größte Entwicklungsprojekt hat sich vor allem für den Erbauer, die Volksrepublik China, ausgezahlt. Das Kupfer, das mit Hilfe chinesischer Investitionen in Sambias Kupfergürtel produziert wird, geht heute vermehrt nach China. Eine kluge und vorausschauende Außenpolitik in Peking hat sich Afrika als Basis für die Sicherung der Industrierohstoffe verpflichtet. Sambias Bevölkerung ist von sechs auf elf Millionen Menschen gewachsen. Über eine Milliarde Euro an Entwicklungshilfe sind bisher in das Land geflossen, um größtenteils zu versickern.

Es ist müßig zu fragen, ob es in früheren Jahren den Menschen besser ging. Nordrhodesien, das heutige Sambia, wie auch Südrhodesien, heute Zimbabwe, und Malawi waren britische Kolonien wie viele andere in Afrika und Asien, die Verwaltungspraxis war überall gleich oder ähnlich. Es wurde unterschieden zwischen Europäern und Einheimischen; Kolonialbeamte und Militärs waren ihren Aufgaben verpflichtet und haben entsprechend britischer Kolonialpraxis sachlich und nicht erratisch gehandelt. Hierfür war die aus London gesteuerte Kolonialverwaltung bekannt, sowohl in Nord- und Südrhodesien wie in Malaya oder Singapur.

In Harare, dem ehemaligen Salisbury, regiert Robert Mugabe und seine ZANU-Patriotic Front noch immer. Tiefer kann ein Land nicht fallen, gründlicher kann ein sozialistisches Experiment nicht versagen. Als Lord Christopher Soames am 17. März 1980 nach London zurückkehrte, hinterließ er ein Land mit einer blühenden Landwirtschaft und einer geordneten Verwaltung. Die Welt schaute auf das Modell eines unabhängigen Zimbabwe. Was der Marxist Mugabe mit dem britisch-kolonialen Erbe getan hat, übertrifft alle Vorstellungen. Es ist nicht allein die persönliche Unfähigkeit, es ist die Dämonie eines Tyrannen, die sein Land ruiniert. Die Farmen in der einstigen Kornkammer des südlichen Afrika sind verbrannt, die Enteignung der viereinhalbtausend weißen Farmer führte zu deren Exodus, zu Hunger und Verelendung der afrikanischen Massen. Regt sich Opposition, wird sie brutal niedergeschlagen. Die freie Welt schaut bisher ohnmächtig zu und verhängt Sanktionen. Joshua Nkomo, nominell Vizepräsident, führte auch nach der Unabhängigkeit mit seinen ehemaligen Guerillatruppen einen jahrelangen grausamen Bürgerkrieg seines Nbele-Matebele-Stammes gegen die zahlenmäßig überlegenen Shona unter Mugabe. Schwerreich durch Korruption, mit einer Rinderfarm von der Größe Belgiens, starb Nkomo 1999, zweiundachtzig Jahre alt.

Namibia erreichte erst 1990 die Unabhängigkeit für seine zwei Millionen Menschen. Der SWAPO-Führer Sam Nujoma wurde wie erwartet der erste Präsident. Das Land, an Fläche so groß wie Deutschland und Frankreich zusammengenommen, ist im wesentlichen agrarischer Natur. Das Bauernland wird entsprechend dem afrikanischen Sozialismus seiner SWAPO-Führung umverteilt von Weiß zu Schwarz. Der Export von Diamanten und Uran bringt Wohlstand für große Teile der Bevölkerung, auch der zunehmende Tourismus und die voranschreitende Industrialisierung.

Als ich unser Land in Sambia vertrat, war Afrika noch ein Zentrum des Interesses unserer Außenpolitik. In den folgenden drei Jahrzehnten wandte sich der Zeitgeist, der auch die Politik bestimmt, anderen Energiefeldern zu. Afrika bekam trotz der allgemeinen Enttäuschung über das Ausbleiben von Erfolgen weiter Hilfe und blieb sich weitgehend selbst überlassen. Die Europäische Union und der Rest der Welt ziehen an Afrika vorbei, sie wenden sich anderen Kraftfeldern zu. Auch der vielbeschworenen Nord-Süd-Kommission unter Willy Brandt mit ihrem Traum von Gleichheit und Gerechtigkeit für die „Dritte Welt“ war kein nachhaltiger Erfolg beschieden.

Die Menschen in Afrika sind noch immer hungrig, arm und krank. Das ist der trostlose Befund von einem halben Jahrhundert Entwicklungspolitik. Die im Dunkeln sieht man nicht. Erst in jüngster Zeit regt sich wie damals auch das Weltgewissen wieder, in der Europäischen Union, in der Bundesregierung, in Amerika: Man hatte Afrika einfach vergessen. Was hilft, sind nicht neue Geldströme, die doch nur ihren Weg in die Kassen korrupter Regime finden.

Die Zeit des kolonialen schlechten Gewissens ist vorbei. Was uns die Geschichte Afrikas und die Erfahrung unserer eigenen Entwicklungspolitik lehrt, ist die Notwendigkeit gezielter Hilfe zur Selbsthilfe. Es sollte allein Sache des Auswärtigen Amts und seines Sachverstandes sein, die Entwicklungshilfe einzusetzen.

Nach meinen Erfahrungen war die Arbeit der kirchlichen Missionen am nachhaltigsten. Ohne Aufregung und Medienpräsenz taten sie im stillen, was den Menschen nützte. Bundespräsident Horst Köhler hat hierfür das rechte Wort gefunden, es benennt eine Verpflichtung für unsere Wohlstandsgesellschaft: „Die Menschlichkeit der Welt wird am Schicksal Afrikas gemessen.“

Bischof Adolf Fürstenberg, die bedeutendste Persönlichkeit, der ich in meinen Jahren in Afrika begegnet bin, ist nach einem halben Jahrhundert in Nordrhodesien-Sambia 1987 nach Deutschland zurückgekehrt und im Jahr darauf verstorben. Um seine Arbeit zu erhalten und weiterzuführen, wurde in Mainz die Bischof Adolf Fürstenberg Stiftung gegründet. Das erwähnte Sklavenkreuz aus dem Moto-Moto-Museum in Mbala wie auch der Sklavenfreibrief eines siebzehnjährigen Mädchens aus dem ehemaligen Deutsch-Ostafrika sind heute im Deutschen Historischen Museum in Berlin ausgestellt.

Namenverzeichnis

Wolfram Dufner
Frühe Wegweisungen
Chronik einer alemannischen Jugend 1926-1950
240 Seiten, gebunden mit zahlreichen Abbildungen
ISBN 978-3-7973-0656-2
€ 16,40

Der Autor, der in Süddeutschland aufwuchs und später viele Jahre als Diplomat tätig war, schildert in seinen Tagebuchnotizen Hitlerjugend und Wehrmachtszeit, den Beginn des Umdenkens einer verführten Jugend und das Ende des Krieges, schließlich seine Studentenjahre in der Schweiz und in England.

Durch die Fülle selbsterlebter Momentaufnahmen erhält besonders der nach dem Warum und Wieso fragende Leser der heutigen Generation Antworten, die hohen Erfahrungs- und Dokumentationswert haben.

„Die Autobiographie Wolfram Dufners vermittelt eine faszinierende Lektüre.“ *Neue Zürcher Zeitung*

„Väter, die in den ersten Nachkriegsjahren ihren Kindern so schwer erklären konnten, wieso sie damals so waren, werden es mit Dufners Buch vielleicht bei ihren Enkeln leichter haben.“
Frankfurter Allgemeine Zeitung

„Not many Germans have written books like it, except the novelists and then not always in wholly satisfactory form.“
Gordon A. Craig

Wolfram Dufner
An der Straße von Malakka

392 Seiten, Broschur mit zahlreichen s/w-Abbildungen
ISBN 978-3-7973-0912-9
€ 14,80

Ostasien durchläuft einen dramatischen Wandlungsprozeß. Der Wind dreht. Altes versinkt, die Wälder, die Küsten und das Meer, die Dörfer und die Menschen ändern sich. Die Moderne, so fraglich sie uns erscheinen mag, bricht sich in den alten asiatischen Kulturen überall Bahn. Die Menschen fordern, was ihnen im Fernsehen vom Leben in der westlichen Welt vorgespielt wird. Die Regierungen sind sich dieser Forderungen bewußt und zahlen, um des sozialen Friedens willen, ökologisch oftmals zukunftsblind, dafür jeden Preis. Als Wolfram Dufner 1980 an die Straße von Malakka versetzt wurde, stand der große Wandel erst am Anfang.

„Manches in dem Buch ist bereits Geschichte. Es enthält indes bleibende Lesegenüsse.“ *Frankfurter Allgemeine Zeitung*

„Wolfram Dufner pflegt seit Jahren mit Liebe und Einfühlsamkeit das Genre des literarischen Beobachters.“ *Neue Zürcher Zeitung*

„Der fast 400seitige Band mit einem kleinen Bildteil liest sich spannend wie ein Krimi, unterhaltend wie ein Bestseller-Roman und vermittelt ein eindrucksvolles Bild der wirtschaftlichen und politischen Entwicklungen in Südostasien.“ *Mittelbadische Presse*

Wolfram Dufner
Tage mit Ernst Jünger
200 Seiten, gebunden mit
zahlreichen s/w-Abbildungen
ISBN 978-3-7973-0863-4
€ 19,90

Ernst Jünger – ein Jahrhundertschriftsteller mit einem unvergleichlichen Werk. Der Diplomat Wolfram Dufner traf den Schriftsteller oft auf Reisen oder in seiner deutschen Heimat. Er beschreibt die gemeinsam verbrachte Zeit auf abenteuerlichen Pfaden im Urwald von Malaysia und Sumatra ebenso lebendig wie die von ihm arrangierten Zusammenkünfte mit Golo Mann und Friedrich Dürrenmatt.

„Eine facettenreiche, glänzend erzählte Geschichte von Jüngers letzten zwei Jahrzehnten. Die Begegnung mit späten Bewunderern gehört dazu, mit Friedrich Dürrenmatt und vor allem Golo Mann, zu dessen späten Jahren hier ein bewegendes Kapitel beigesteuert wurde.“ *Neue Zürcher Zeitung*

„Dufners nobles und fesselndes Erinnerungsbuch mit aufschlussreichen Gesprächsaufzeichnungen über Land und Leute, Natur und Kultur, Geschichte und Gegenwart – ob in Afrika oder Asien – gibt einfühlsam Einblick in Jüngers Erleben und in seine Weltsicht, ist heiter und geistreich im Anekdotischen, begeistert ebenso als freundschaftlich dezente ‚Annäherung‘ an den Menschen Ernst Jünger.“ *Schwäbische Zeitung*

MALI
Niger
NIGER
BURKINA FASO
Conakry
NIGERIA
BENIN
Abuja
Volta
Freetown
SIERRA LEON
Yamoussoukro
Benue
Monrovia
Lomé
Yaoundé
Accra
TOGO
LIBERIA
GHANA
KAMERUN
ELFENBEINKÜSTE
GUINEA
Libreville
REP.
GABUN